4级

HSK 词汇应试攻略 600词

李春玲 屠爱萍 孙荔 杨柳青 ◎编著

北京语言大学出版社
BEIJING LANGUAGE AND CULTURE UNIVERSITY PRESS

图书在版编目（CIP）数据

HSK 词汇应试攻略. 4级 / 李春玲等编著. -- 北京 : 北京语言大学出版社, 2019.8
ISBN 978-7-5619-5466-9

Ⅰ. ①H… Ⅱ. ①李… Ⅲ. ①汉语－词汇－对外汉语教学－水平考试－自学参考资料 Ⅳ. ①H195.4

中国版本图书馆 CIP 数据核字(2019)第 134843 号

HSK 词汇应试攻略（4级）

HSK CIHUI YINGSHI GONGLÜE (4 JI)

责任编辑：黄 英　尹晗羽
英文编辑：侯晓娟
责任印制：周 燚

出版发行：北京语言大学出版社
社　　址：北京市海淀区学院路 15 号，100083
网　　址：www.blcup.com
电子信箱：service@blcup.com
电　　话：编 辑 部　8610-82303647/3592/3395
　　　　　国内发行　8610-82303650/3591/3648
　　　　　海外发行　8610-82303365/3080/3668
　　　　　北语书店　8610-82303653
　　　　　网购咨询　8610-82303908
印　　刷：北京鑫丰华彩印有限公司

版　　次：2019 年 8 月第 1 版　　印　　次：2019 年 8 月第 1 次印刷
开　　本：787 毫米×1092 毫米 1/16　　印　　张：20.5
字　　数：392 千字
定　　价：68.00 元

PRINTED IN CHINA

编写说明

总体说明：为了帮助考生顺利通过汉语水平考试（HSK），提高考生对汉语词汇熟练运用与得体表达的能力，我们依据 2015 年孔子学院总部 / 国家汉办最新发布的《HSK 考试大纲》，结合目前已经公布的所有汉语水平考试真题，参考已出版的与汉语水平考试词汇有关的辅导书，编写了《HSK 词汇应试攻略》系列参考书。本系列参考书包括 1~2 级（300 词）、3 级（300 词）、4 级（600 词）、5 级（1300 词）、6 级（2500 词）共五册。每册词汇均按词群分类，编写体例也基本一致，由拼音、词性、中英文释义、词语扩展与搭配、仿真例示、反义词或近义词辨析等部分组成，其中 1~2 级、3 级的词语扩展与搭配部分有拼音标注，4 级、5 级、6 级不再标注拼音，以实现拼音到汉字的过渡。同时，根据每级词汇的特点及要求，在大原则不变的基础上，仍会凸显各册特色。

适用对象：本系列参考书适用于参加汉语水平考试的学生（第一语言非汉语的学生），也适用于从事汉语水平考试辅导的教师。

编写特点（例词以 4 级词汇为例）：

1. 词群分类，易于掌握

词群分为两级，一级词群和二级词群，二级词群是一级词群的下位词群。如 4 级词汇中的一级词群“家庭生活”类，包括下位二级词群“感知、个体、购物、家庭、健康、交流”六类。一级词群按生活的主次排序，二级词群内部均采用音序法排序，以便查询。这种分类方法符合人类的认知规律，有益于学生迅速联想同类词语，掌握同类词语。

2. 仿真呈现，易于定位

根据每个词条的不同义项和该词条在真题中出现的高频题型，编写相应的仿真题，即看到该词就会想到该词可能出现在哪种题型中。根据词条进行高频题型的操练，有助于推测词条容易出现的题型，做到有的放矢，提高考试通过率。如，词条“感觉”有两个义项，一个为动词，一个为名词，且较多出现在阅读题中，据此我们编写了下面的仿真题供考生操练（为了凸显考查的词条，“选词填空”题型的其他选项未呈现对应题目）：

<仿>阅读·选词填空：

A 既　B 态度　C 数字　D 坚持　E **感觉**　F 吸引

★生活中，积极乐观的人比较容易（　　）到幸福。　答案【E】

<仿>阅读·请选出正确答案：

不论是走在大街上，还是待在餐馆里，一听到家乡话我就总是很兴奋。虽然并不认识说话的人，也可能一点儿关系都没有，但看到他们，我总**感觉**非常亲切。

★说话人听到家乡话，有什么**感觉**？

A 喜欢　B 讨厌

C 想念　D 亲切　答案【D】

3. 扩展搭配，易于运用

每个词条均给出其常用扩展与搭配的类型，以便恰当掌握和运用该词条。如，词条"养成"，常与"习惯"搭配使用，在仿真题中我们也注意设计"养成"与"习惯"搭配出现：

<仿>阅读·排列顺序：

A 想让孩子从小**养成**良好的习惯

B 同时也要有足够的耐心

C 父母要付出很多努力　答案【ACB】

<仿>阅读·请选出正确答案：

良好的生活习惯不是一天两天就能**养成**的。它需要我们对自己有比较严格的要求，并且能够坚持，这样时间久了，才能形成习惯，进而使这种良好的习惯成为自己生活的一部分。

★ 良好的生活习惯：

A 要求不高　B 要长时间坚持

C 不难做到　D 有点儿无聊　答案【B】

<仿>书写·完成句子：

从小　他　读书的好习惯　就　**养成**了

参考答案：他从小就**养成**了读书的好习惯。

4. 词汇辨析，易于交际

词语存在明显的义近时，极易混淆。基于此，我们大都采用描述加举例的形式进行辨析，目的是让考生能够准确得体地运用该词语。如，"开心""愉快""快乐"和"高兴"

的辨析：

> **辨析**
>
> **开心　愉快　快乐　高兴**
>
> 四个词都能表示觉得满意时的心情，如“我们都很开心 / 愉快 / 高兴 / 快乐”。但“高兴”一般表示遇到某人或某事时的好的心情，如“很高兴见到你”。“愉快”多用于书面语，还可以形容工作或生活中的经历，如“这是一段不愉快的经历”。“开心”除了形容词的用法以外，还有动词的用法，表示为了使自己高兴，拿别人开玩笑，如“他经常拿朋友们开心”。“快乐”则常用于祝愿，如“新年快乐”“圣诞快乐”等。

5. 呈词限级，易于理解

每一个词条各个组成部分，都尽量控制超纲词。比如用中文释义时，我们依据权威词典，在保持意思不变的前提下，以考生已学过的词汇为基础，阐述词义，不增加理解超纲词的负担。每一部分出现的词 95% 以上均是考生已经学过的词语，这样便于理解，可以提高兴趣，增强自信。

6. 感官刺激，易于识记

对于能够给出图片释义的词语，我们会给出凸显词义的图片。人对能感官的事物特别敏感，抓住这一认知特点，可提高考生识词效率，方便他们记忆。图片主要集中在名词和动词上，也有个别形容词。如，词条“提”的配图：

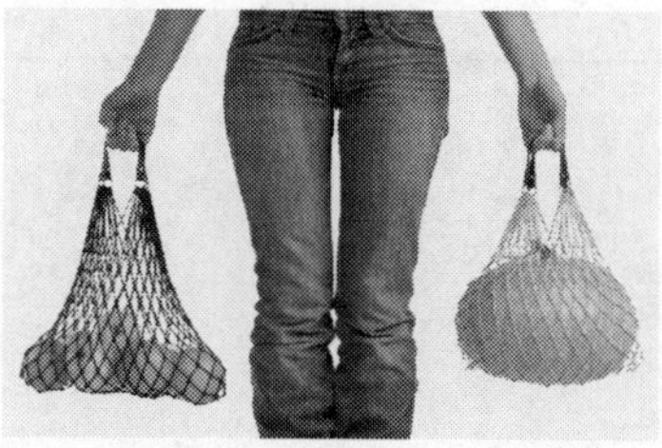

本系列参考书的编写成员均为一直从事对外汉语教学的一线教师，他们都是汉语水平考试系列丛书（《新汉语水平考试模拟试题集》《新 HSK 应试全解析》）的编撰者，对汉语水平考试有全方位的了解，汉语水平考试不同级别的编写成员对该级别的考试均有丰厚的积淀和深入的研究。本系列参考书从论证、编写到完成一直得到了北京语言大学出版社原董事长张健编审、国际汉语教育事业部唐琪佳老师及尹晗羽老师的关心与支持，她们对本系列参考书提出了宝贵的修改建议，在此向她们表示诚挚的谢意！希望本系列参考书的出版对参加汉语水平考试的学生以及汉语水平考试辅导教师有一定的帮助。书中有疏漏之处敬请同人和使用者批评指正！

语法术语缩略形式表

代	代词	Pronoun
动	动词	Verb
副	副词	Adverb
介	介词	Preposition
连	连词	Conjunction
量	量词	Measure Word
名	名词	Noun
数	数词	Numeral
形	形容词	Adjective
助	助词	Particle

目录

一、家庭生活

1 感知

【**爱情**】àiqíng 名 男女之间的感情，多指男朋友和女朋友之间或夫妻之间的感情。love between lovers or a couple

扩展与搭配　~故事　浪漫的~　真正的~　产生~

<仿>阅读 · 排列顺序：

A 为了**爱情**，她放弃了外地的工作

B 当起了一名小学老师

C 在男朋友所在的城市　　答案【ACB】

<仿>阅读 · 请选出正确答案：

“裸婚”是指两个人结婚的时候没有房子，没有车，也不办婚礼，不去旅行。有的人“裸婚”是因为没有钱，有的人工资虽然很高，学历也很高，但是不想给对方过大的压力。“裸婚”让我们知道，决定婚姻的不应该是金钱，而是真正的**爱情**。

★ 两个人结婚应该是因为：

A 房子　　B **爱情**

C 金钱　　D 学历　　答案【B】

★ 这段话主要介绍：

A 事业观　　B 人生观

C 婚姻观　　D 幸福观　　答案【C】

【**猜**】cāi 动 根据线索或想象寻找答案。guess

扩展与搭配　~谜语　~对　~错　~到　~中　~不着　~一~　你~

<仿>阅读 · 请选出正确答案：

我们玩儿一个游戏吧。我写一个词，小张根据这个词做动作，不能说话，让小李来**猜一猜**小张做出的动作是哪个词，看看小李能**猜**对多少个词。

★ 小李需要**猜**的是：

A 游戏的意思　　　　B 说话的意思

C 小张的名字　　　　D 动作的意思　　　　答案【D】

<仿>书写·看图，用词造句：

猜　　参考答案：孙女让爷爷**猜一猜**她是谁。

> **辨析**
>
> **猜　估计　怀疑**
>
> 三个词都可以表示推测，如“我估计/猜/怀疑他昨天没来”。“猜”可以放在祈使句中，如“你来猜一下”，但“估计”和“怀疑”一般不用在祈使句中。且“怀疑”的宾语常常是说话人不希望发生的事，或者认为不好的事，不能说“我怀疑我们赢了”。

【吃惊】 chī//jīng 动 受惊。be startled; be shocked; be amazed

扩展与搭配　很~　有点儿~　感到~　使人（感到）~　~地说　吃了一惊　大吃一惊

<仿>阅读·请选出正确答案：

小张是我们班的班长，特别勤奋，但是他最近总是迟到。有一天，我们听说他妈妈病了，他竟然每天晚上都在医院陪妈妈，所以才总是迟到。

★ 我们知道小张迟到的原因的时候，觉得：

A 很失望　　　　B 很偶然

C 很勤奋　　　　D 很**吃惊**　　　　答案【D】

<仿>阅读·排列顺序：

A 我本来认为他会迟到

B 他居然第一个来了

C 让我**吃惊**的是　　　　答案【ACB】

<仿>书写·完成句子：

她　很**吃惊**　这个消息　使

参考答案：这个消息使她很**吃惊**。

【得意】déyì 形 感到非常满意。pleased with oneself; complacent

扩展与搭配 很~ 不~ ~的样子 让/叫/使人~

<仿>听力·请选出正确答案：

女：我儿子今年考上了北京大学！

男：你儿子成绩太好了！

女：他从上小学就很努力，一直都是学校前三名。

男：真羡慕你！

问：关于女的，下面哪项正确？

A 很**得意** B 很伤心

C 很努力 D 成绩很好 答案【A】

<仿>阅读·请选出正确答案：

他刚来中国的时候，还是个孩子，一说话就脸红。现在他已经长大了，汉语说得很流利，最让他**得意**的是，他终于成为一名翻译了。

★ 他为什么**得意**？

A 长大了 B 汉语说得流利

C 成熟了 D 当了一名翻译 答案【D】

【烦恼】fánnǎo 形 心情不好，不愉快。annoyed; vexed

扩展与搭配 别~ 很~ 有点儿~ 为……（而）~ 让/叫/使人~

反义词 快乐

<仿>听力·判断对错：

日记本是我最好的朋友，生活中的酸甜苦辣我都会告诉它。无论是幸福，还是**烦恼**，我都会坚持记录下来。

★ **烦恼**的事情不需要在日记里记录。（ ） 答案【×】

<仿>阅读·选词填空：

A 公里 B 通知 C 迟到 D 坚持 E 开心 F **烦恼**

★ 人的一生中，不可能总是一帆风顺，总会有这样或那样的（ ）。

答案【F】

【感动】gǎndòng ①形 受到积极事物的影响，心情激动。moved; inspired ②动 使……感动。move; affect

扩展与搭配 很~ ~极了 受~ 被~ 让/叫/使人~

~人心

<仿>听力·判断对错：

今天在图书馆，我随手拿了一本杂志，里面的一个小故事让我很**感动**。

★ 他觉得那个故事没意思。（　　）　　答案【×】

<仿>听力·请选出正确答案：

女：我昨天一直在看一部电视剧。

男：电视剧有什么好看的？

女：那部电视剧特别感人！

男：真是没办法理解你们女生的心理。

问：女的觉得那部电视剧怎么样？

A 不自然　　B 没意思

C 让人**感动**　　D 让人理解　　答案【C】

<仿>阅读·排列顺序：

A 他每天都送她一百朵玫瑰

B 为了赢得女朋友的欢心

C 他的女朋友终于被**感动**了　　答案【BAC】

辨析

感动　激动

两个词都有形容词和动词的用法，但引起“感动”的事物，一般是积极的，而引起“激动”的事物，可以是积极的，也可以不是积极的。“感动”的主体一般是人，不能说“心情感动”。“激动”的主体可以是人，也可以是心情等，如“听到这个（好 / 坏）消息，他（心情）很激动”。

【感觉】 gǎnjué ① 动 身体或大脑对客观事物做出反应。feel; think ② 名 身体或大脑对客观事物的反应。feeling

扩展与搭配　~很好　~很舒服　~一般　~到

有~　没有~　找~

<仿>阅读·选词填空：

A 既　B 态度　C 数字　D 坚持　E **感觉**　F 吸引

★ 生活中，积极乐观的人比较容易（　　）到幸福。　　答案【E】

<仿>阅读·请选出正确答案：

不论是走在大街上，还是待在餐馆里，一听到家乡话我就总是很兴奋。虽然并不认识说话的人，也可能一点儿关系都没有，但看到他们，我总**感觉**非常亲切。

★ 说话人听到家乡话，有什么**感觉**？

A 喜欢　　　　B 讨厌

C 想念　　　　D 亲切　　　　答案【D】

【感情】 gǎnqíng 名（a）因为受到某事物影响产生的反应，如高兴、生气、伤心、快乐等。emotion; strong reaction to something（b）特指对某人或某事物的喜爱、关心、怀念等感情，如爱情、友情等。affection; love; concern or care for somebody or something

扩展与搭配　对……有/没（有）～　产生～　充满～　～深　～丰富　～很好　～问题

<仿>听力·判断对错：

我哥哥为了去外地发展事业，放弃了十年的**感情**，他的女朋友非常伤心。

★ 他哥哥跟女朋友分手了。（　　）　　　　答案【√】

<仿>阅读·排列顺序：

A 但在这里工作了近十年

B 他虽然不是在这儿出生的

C 对这个地方**感情**很深　　　　答案【BAC】

<仿>阅读·请选出正确答案：

我家附近有一所中学。上课的铃声和学生们的读书声，每天都伴着我，使我对学习有了兴趣，对这所学校有了很深的**感情**。

★ 根据这段话，我家附近的学校：

A 学生很吵　　　　B 学生很爱学习

C 使我更爱学习　　　　D 让我不喜欢学校　　　　答案【C】

【感谢】 gǎnxiè 动 用言语行动表示感激，比较正式。thank; express one's gratitude through language or action in a formal way

扩展与搭配　非常～　特别～　太～了　～父母　～老师　～同学　～的话　表示～

<仿>听力·判断对错：

收到礼物时，我们不会问价钱的高低，只会表示**感谢**。

★ 收到礼物时，应该问礼物多少钱。　　　　答案【×】

<仿>阅读·排列顺序：

A 我要特别**感谢**我的老师

B 我不可能取得今天的成绩

C 没有他的关心和鼓励　　　　答案【ACB】

<仿>阅读·请选出正确答案：

生活中我们常常得到别人的帮助。如果懂得**感谢**帮助过你的人，你就能拥有快乐与幸福，并让爱你的人感到幸福。让我们都做一个懂得感恩的人吧！

★ 这段话主要想告诉我们，要：

A 多交朋友　　B 有好心情

C 充满热情　　D 知道感恩　　答案【D】

【估计】 gūjì 动 根据某些情况，对事物性质、数量、变化等做大概的推断。estimate; reckon

扩展与搭配　~一下　~得不准　~不出来　无法~　错误的~

<仿>听力·判断对错：

不好意思，下午的会议推迟了，我**估计**今天没时间跟你见面了。

★ 他晚上才有空儿跟朋友见面。（　　）　　答案【×】

<仿>阅读·排列顺序：

A 听说小张的腿受了重伤

B 才能回来上班

C **估计**还得过一段时间　　答案【ACB】

辨析

猜、估计、怀疑，见第 2 页【猜】。

【害羞】 hài//xiū 形 因为害怕或做了不应该做的事，担心别人笑话而觉得不安；怕难为情。shy

扩展与搭配　很~　十分~　有点儿~　别~　感到~　害什么羞

<仿>听力·判断对错：

在我的印象中，他一直是个十分**害羞**的孩子，不爱说话。

★ 我认为他很大方。（　　）　　答案【×】

<仿>阅读·请选出正确答案：

刚工作的时候，李丽很不适应，因为和客人出去吃饭总要干杯，还要说很多祝福的话。她总是觉得不好意思，红着脸什么也说不出来。

★ 刚工作的时候，李丽为什么不适应？

A 很**害羞**　　B 很勇敢

C 很诚实　　D 没时间回家　　答案【A】

【后悔】 hòuhuǐ 动 事情发生以后，觉得不应该那样做。regret; rue

扩展与搭配　很~　别~　不~　感到~　让/叫/使人~　~药

<仿>听力 · 判断对错：

李明知道自己昨天对女朋友说的话很过分，他现在很**后悔**，想打电话向女朋友道歉，请求女朋友原谅他。

★ 李明知道自己昨天做错了。（　　）　　　答案【√】

<仿>阅读 · 请选出正确答案：

最后，我才明白，人的一生中，有很多事情要做，而在重要的时刻，我们需要多考虑一下，不要做错事。因为世界上没有卖**后悔**药的，所以我们在做事情的时候要多思考。

★ 关于“**后悔**药”，可以知道：

A 买不到　　　B 买得到

C 有说明书　　　D 味道很好　　　答案【A】

【怀疑】 huáiyí 动（a）不相信。doubt（b）猜。suspect

扩展与搭配　很～　产生～　～别人　～这件事　让 / 叫 / 使人～

反义词　相信

<仿>阅读 · 请选出正确答案：

朋友之间相处，要相互支持和鼓励，但是更重要的是信任。如果一个人只相信自己，经常**怀疑**对方，那他和朋友之间的友谊就不存在了。

★ 建立友谊的基础是：

A 礼物　　　B 信任

C **怀疑**　　　D 喜欢　　　答案【B】

<仿>书写 · 完成句子：

我的朋友　　自己　　生病了　　一直　　**怀疑**

参考答案：我的朋友一直**怀疑**自己生病了。

辨析

猜、估计、怀疑，见第 2 页【猜】。

【回忆】 huíyì 动 回想。recall

扩展与搭配　值得～　引起～　～过去　～起（来）　～不起来

<仿>听力 · 判断对错：

我觉得，送朋友礼物，最好是送既实用又能够引起**回忆**的东西，您好好儿挑一下吧。

★ 他认为送朋友的礼物，应该让人以后能够回想起现在。（　　）

答案【√】

<仿>阅读 · 排列顺序：

A 有些人总是能发现生活中的快乐

B 这两种人的心情是完全不同的

C 还有一些人总会**回忆**一些让人伤心的事　　答案【ACB】

【激动】 jīdòng ①形（感情）因受到刺激而冲动。excited ②动 使感情冲动。stir up emotions or feelings; excite

扩展与搭配　很～　心情～　～起来　～的泪水　～的场面　让 / 叫 / 使人～　为……（而）～　～人心

<仿>阅读 · 选词填空：

A 流利　B 道歉　C **激动**　D 左右　E 客厅　F 好像

★ 终于等到了这个好消息，他（　　）得跳了起来。　　答案【C】

<仿>阅读 · 请选出正确答案：

今天是母亲节，女儿拿着她自己做的卡片跑到我身边说："妈妈，母亲节快乐！"我内心特别**激动**，为有这样的女儿而感到骄傲。女儿也为自己做的事情而感到非常开心。

★ 根据这段话，可以知道什么？

A 卡片的样子　　B 女儿很**激动**

C 母亲很感动　　D 今天不是节日　　答案【C】

辨析

感动、激动，见第 4 页【感动】。

【骄傲】 jiāo'ào 形（a）自以为了不起，看不起别人。arrogant; conceited (*derogatory*)（b）自豪。(be) proud

扩展与搭配　很～　别～　不能～　值得～　让 / 叫 / 使人～　谦虚使人进步，～使人落后　为……（而）～

反义词　谦虚

<仿>阅读 · 请选出正确答案：

李红是我最好的朋友，她为人非常谦虚，也很活泼可爱。运动会时她赢得了第一名，但她一点儿也不**骄傲**。

★ 李红不是一个什么样的人？

A 谦虚　　B 可爱

C 活泼　　D **骄傲**　　答案【D】

<仿>书写·完成句子：

妈妈　**骄傲**　为　女儿的　而　成功

参考答案：妈妈为女儿的成功而**骄傲**。

【紧张】 jǐnzhāng 形（a）精神处于高度准备状态；兴奋不安。nervous（b）激动或紧迫，使人精神高度集中。tense; intensive（c）供应不足。in short supply

扩展与搭配　非常～　～极了　不要～　让/叫/使人～　为……（而）～　工作～　～的比赛　时间～　住房～　票～

<仿>听力·判断对错：

考试的时候要放松，我们已经练习过很多遍了，你就把这次考试看成是平时的练习吧。

★ 考试的时候不要**紧张**。（　　）　　答案【√】

<仿>阅读·选词填空：

A 流利　B 道歉　C 左右　D **紧张**　E 客厅　F 好像

★ 这首歌曲非常优美，不但不会让人（　　），反而会令人放松，我们一起来听一下吧。　　答案【D】

【开心】 kāixīn 形 心情愉快。happy

扩展与搭配　很～　特别～　这么～　觉得～　～得很　～极了　让/叫/使人～

<仿>听力·选出正确答案：

女：你看什么呢？笑得这么**开心**。

男：动画片，你也来看吧。

女：我没时间，还得做作业呢。你什么时候开始看我喜欢的节目了？

男：谁说只有孩子才能看呀？这个动画片大人也能看。

问：说话的两个人可能是什么关系？（　　）

A 妈妈和儿子　　B 爸爸和女儿

C 妈妈和女儿　　D 爸爸和儿子　　答案【B】

<仿>阅读·排列顺序：

A 他的目的是让爷爷**开心**

B 后来我才知道爸爸是故意输的

C 爸爸在和爷爷下象棋时经常输　　答案【CBA】

> **辨析**
>
> **开心　愉快　快乐　高兴**
>
> 四个词都能表示觉得满意时的心情，如“我们都很开心 / 愉快 / 高兴 / 快乐”。但“高兴”一般表示遇到某人或某事时的好的心情，如“很高兴见到你”。“愉快”多用于书面语，还可以形容工作或生活中的经历，如“这是一段不愉快的经历”。“开心”除了形容词的用法以外，还有动词的用法，表示为了使自己高兴，拿别人开玩笑，如“他经常拿朋友们开心”。“快乐”则常用于祝愿，如“新年快乐”“圣诞快乐”等。

【看法】 kànfǎ 名 对人或事物的认识。view; opinion

扩展与搭配　有～　没（有）～　个人～　普遍的～　～相同　～不同　对……的～

<仿>阅读 · 选词填空：

A 好处　B 坏处　C 感想　D ***看法***　E 思考　F 想象

★ 对于女人来说，事业重要还是家庭重要呢？这个问题，不同的人会有不同的（　　）。　　答案【D】

<仿>阅读 · 请选出正确答案：

随着网络的流行，网上出现了很多网络流行语，比如“老司机带带我”“哥吃的不是面，是寂寞”等。它们新鲜，有趣，有些还表达了说话人的***看法***，所以人们聊天儿的时候常常喜欢用。

★ 人们对网络流行语有什么***看法***？

A 比较接受　　B 十分讨厌

C 不满意　　D 很生气　　答案【A】

> **辨析**
>
> **看法　意见　态度**
>
> “看法”可指对人或事物的认识，如“你对这个人有什么看法”，此时一般不说“意见”或“态度”。“意见”常常指不满意的看法，指批评、建议等，如“欢迎大家多提宝贵意见和建议”。“有意见”一般表示说话人不满意，“有看法”也有表示说话人不满意的意思，有时还有评价不高的意思。“意见”和“看法”常常是说出来的，“态度”常常是表现出来的。

【考虑】 kǎolǜ 动 思考问题，以便做出决定。think over

扩展与搭配　～问题　～清楚　～过　～一下　认真～　好好儿～　正在～　考虑考虑

<仿>听力 · 判断对错：

他们打算明年结婚，正在计划在市中心买一套房子，这样可以离单位近一点儿。

★ 他们正在**考虑**买房子。（　　）　　答案【√】

<仿>阅读 · 排列顺序：

A 我和几个朋友要一起去旅游，后天出发

B 要不要带上她，我还要再**考虑考虑**

C 我妹妹也想和我们一起去　　答案【ACB】

【可怜】 kělián ①形 值得同情。pitiful ②动 同情。feel compassion for

扩展与搭配　很~　感到~　~的人　~虫　让/叫/使人~　不值得~　~他

<仿>阅读 · 请选出正确答案：

我们小区里有几只流浪猫，每到恶劣天气它们就没有地方去。有一次下了大雪，小李看到那几只小猫很冷的样子，就回家取了木头箱子，里面垫了一些旧衣服，给它们住。

★ 小李是个什么样的人？

A 幽默　　B 有趣

C 善良　　D 值得同情　　答案【C】

★ 小李觉得小区里的几只小猫怎么样？

A **可怜**　　B 很旧

C 有爱心　　D 美好　　答案【A】

<仿>书写 · 完成句子：

可怜地　看着我　正在　她　很

参考答案：她正在很**可怜**地看着我。

辨析

可怜　同情

两个词都可以做动词，但在"对……表示同情"的结构中，可以说"对他的处境表示同情"，不能说"对他的处境表示可怜"。"可怜"还可以做形容词，如"可怜的人""这个孩子瘦得可怜"。

【可惜】 kěxī 形 令人惋惜。regrettable; sorry

扩展与搭配　很~　真~　有点儿~　觉得~　感到~

<仿>听力·判断对错：

硕士毕业后，她主动放弃了留在大城市的机会，选择去乡村当老师。很多人为她感到**可惜**，但她从来没后悔过。

★ 很多人觉得她不应该选择去乡村。（　　）　　答案【√】

<仿>阅读·选词填空：

A 可能　　B 不好　　C 失望　　D 开心　　E **可惜**　　F 伤心

★ A：昨天的演出太精彩了，你没看真（　　）！

B：没事儿，我还能弄到票。　　答案【E】

【理想】 lǐxiǎng 名 对未来事物合理的想象或希望。ideal

扩展与搭配　有～　没（有）～　～远大　坚持～

<仿>阅读·请选出正确答案：

人在失败的时候，如果能够坚持自己的目标一步一步走下去，那么失败对他来说就只是暂时的。

★ 这段话告诉我们要坚持什么？

A 失败　　B **理想**

C 思想　　D 成功　　答案【B】

<仿>阅读·请选出正确答案：

努力的方向对于每个人来说都是非常重要的。如果方向错了，不论怎么努力，都不会成功，甚至会一步步远离自己的**理想**。所以，我们做事情不能着急，要先放松下来，看看自己的方向是不是正确的。

★ 这段话主要告诉我们，要：

A 有**理想**　　B 要改变**理想**

C 要掌握方向　　D 要不断努力　　答案【C】

辨析

理想　希望

两个词都可以做名词，但“理想”的使用范围较小，一般是指对未来较长时间生活或事业方面的希望，“希望”的使用范围较广，除表示某种希望达到的目的、情况或愿望外，还可以指希望寄托的对象，如“你是我们全家人的希望”，这里的“希望”不能换成“理想”。“理想”还可以做形容词，如“这次成绩很理想”。“希望”还可以做动词，如“我希望通过 HSK4 级考试”。

【判断】 pànduàn 动 思维的基本形式之一，肯定或否定某种事物的存在，或指明它是否具有某种属性。judge; tell; decide

扩展与搭配 很难~ ~一下 ~得很准确 根据……~ 做出~ 正确的~ ~力

<仿>听力·判断对错：

收入水平只能大致反映经济水平，所以要**判断**一个地方的经济水平，应该做多方面的调查。

★ **判断**经济水平不能只看收入。（ ） 答案【√】

<仿>阅读·请选出正确答案：

很多家长常常出于教育的目的，善意地骗孩子，这是不可取的。因为孩子一般缺少**判断**能力，如果父母经常说假话，他们也会学着说假话。

★ 孩子说假话的原因有可能是什么？

A 为了教育 B 觉得有趣

C 没有**判断**力 D 为了学习 答案【C】

【伤心】 shāng//xīn 形 难过。sad; heart-broken

扩展与搭配 有点儿~ 很~ 特别~ 让人~ 别~ 感到~ 伤了她的心 伤透了心

<仿>听力·判断对错：

如果这次考试你没通过，不要太难过，因为你可以从失败中学到很多东西。

★ 考试失败时别太**伤心**。（ ） 答案【√】

<仿>阅读·排列顺序：

A 她听妈妈说奶奶得了重病

B 觉得特别**伤心**

C 我女朋友和她奶奶感情很深 答案【CAB】

【失望】 shīwàng 形 没有了希望，或者因为希望的事情不能实现而不愉快。disappointed

扩展与搭配 有点儿~ 特别~ 非常~ 感到~ 别~ 不要~ 让/叫/使/令人~ 对……~

<仿>阅读·请选出正确答案：

上次汉语考试我的成绩不错，那是因为没考听力。来中国以后，汉语的听力课我几乎一点儿都听不懂，这让我非常**失望**。

★ 我感到**失望**是由于：

A 成绩不好　　B 上课听不懂

C 不能说话　　D 不上听力课　　答案【B】

＜仿＞阅读·请选出正确答案：

人生有成功就有失败。当你成功的时候，要想到还有许多比你优秀的人仍在努力，所以不要骄傲；同样，当你失败的时候，也要想到每个人都会失败，所以也不要难过，不要**失望**，要对自己有信心。

★ 根据这段话，失败时：

A 不要骄傲　　B 要懂得理解

C 要想到别人　　D 要相信自己　　答案【D】

【受不了】 shòu bù liǎo 没有继续下去的能力或者不能忍受。cannot stand (or endure)

扩展与搭配　有点儿～　非常～　实在～　觉得～　让/叫/使人～

反义词　受得了

＜仿＞听力·请选出正确答案：

女：你的宿舍实在是太乱了，真让人**受不了**，今天下午你好好儿整理一下。

男：好，我下午一定会收拾好的。

问：男的的宿舍怎么样？

A 乱极了　　B 很干净

C 有很多脏衣服　　D 可以见到阳光　　答案【A】

＜仿＞阅读·排列顺序：

A 小时候一放暑假妈妈就让我在家弹钢琴

B 没想到，现在弹钢琴成了我最大的爱好

C 那时候我非常**受不了**　　答案【ACB】

【熟悉】 shúxi 动（使）知道得很清楚；非常了解。know well; be familiar

扩展与搭配　很～　特别～　对……很～　～的人　～的声音　～的环境　～环境　～情况　～校园

＜仿＞阅读·排列顺序：

A 看着手机上这些**熟悉**的人

B 回到了上学时那段美好的日子

C 小张好像又重新回到了学校　　答案【ACB】

<仿>阅读·选词填空：

A 希望　　B 离开　　C 温暖　　D 不过　　E 左边　　F 信息

★ A：你看，刚走过去的那个女孩是谁？

B：我感觉特别**熟悉**，（　　）一下子想不起来了。　　答案【D】

【态度】 tàidù 名（a）人的举止神情。manner; bearing（b）对事物的看法和采取的行动。attitude

扩展与搭配　~好　~认真　~积极　认真的~　积极的~　对……的~

<仿>听力·判断对错：

我觉得做任何事情，都应该认真对待。如果以不认真的**态度**去做事情，即使你再聪明，也不会成功。

★ 对待事情的**态度**很重要。（　　）　　答案【√】

<仿>阅读·选词填空：

A 心情　　B **态度**　　C 左右　　D 保持　　E 全部　　F 引来

★ 我认为能使我们感觉快乐的，不是环境，而是我们对生活的（　　）。

答案【B】

辨析

看法、意见、态度，见第 11 页【看法】。

【讨厌】 tǎo//yàn ①形 让人厌烦。disgusting; nasty ②动 非常不喜欢。hate; dislike

扩展与搭配　很~　真~　不~　觉得~　~死了

让/叫/使人~　~他　~加班　~坐公共汽车

反义词　喜欢

<仿>阅读·请选出正确答案：

人们觉得这个世界上最幸福的事情就是当上学前的小孩子。因为他们可以饿了就要吃的，困了就直接睡觉，难受了就大哭一场，得到了表扬就高兴大笑，可以想说什么就说什么，而且不需要担心这些做法会让人**讨厌**。

★ 人们觉得最幸福的事情是什么？

A 当小孩　　　　B 当学生

C 当经理　　　　D 当市长　　答案【A】

★ 关于小孩子的特点，下列哪项不正确？

A 爱吃东西　　B 爱哭

C 爱笑　　D 让人讨厌　　答案【D】

<仿>阅读·请选出正确答案：

一个工作能力很强的领导会让大家尊敬，但是一个性格很和善的领导往往更受员工喜爱，因为领导的性格决定着工作团队的性格。相信有好的领导就有好的工作环境和好的员工。

★ 性格好的领导怎么样？

A 令大家尊敬　　B 员工更喜欢

C 工作能力强　　D 让大家**讨厌**　　答案【B】

【同情】 tóngqíng 动 对别人的遭遇在感情上发生共鸣。sympathize

扩展与搭配　很～　值得～　让/叫/使人～　对……表示～　有～心　～他

<仿>阅读·请选出正确答案：

许多调查表明，懂得尊重别人、有礼貌、诚实、善良的人往往更受欢迎。他们不一定很优秀，却可以交到许多朋友。相反，自私、骄傲、不善良或没有**同情**心的人是最不受人欢迎的，这样的人即使很成功，很富有，朋友也会远离他。

★ 根据这段话，什么样的人会让人讨厌？

A 成功的人　　B 聪明的人

C 富有的人　　D 骄傲的人　　答案【D】

<仿>阅读·排列顺序：

A 她的样子真让人**同情**

B 我今天在小区门口看到一位老人

C 大冷的天儿只穿了一件毛衣　　答案【BCA】

辨析

可怜、同情，见第 12 页【可怜】。

【无聊】 wúliáo 形（a）由于清闲而烦闷。bored（b）说出的话或做出的事没有意义，让人讨厌。(of speech, behaviour, etc.) senseless; silly; boring

扩展与搭配　很～　真～　觉得～　～的生活　～的人

<仿>听力·请选出正确答案：

男：星期天上午你去哪儿了？

女：闲着**无聊**，去逛街了。

问：女的为什么去逛街？

A 没什么事做　　　　B 喜欢逛街

C 街上东西多　　　　D 想和朋友一起　　　　答案【A】

<仿>阅读·请选出正确答案：

积极主动的人总是快乐的，他们就像太阳，把阳光带给我们；而消极、**无聊**的人总是有很多烦恼，他们走到哪里，就把乌云带到哪里。我们都希望远离那些带着乌云的人，让充满阳光的人留在我们身边。

★ 这段话告诉我们：

A 要相信友情　　　　B 做人要积极

C 不能伤心　　　　D 好天气很重要　　　　答案【B】

【羡慕】 xiànmù 动 看到别人的长处或好处，希望自己也有。admire; envy

扩展与搭配　很~　特别~　真~　让/叫/使人~　~得很　~我们

<仿>听力·判断对错：

到今年五月，我们结婚就满三十年了。这么多年来，好多人都很**羡慕**我们，因为我和我爱人从来没有为什么事情吵过架。

★ 他和他爱人感情很好。（　　）　　　　答案【√】

<仿>阅读·请选出正确答案：

当今社会，人们都非常**羡慕**成功人士，最爱听有关成功的故事，也做着关于成功的梦。但是人们却很少去思考这些成功人士成功的原因。其实，他们成功的原因是，当我们听关于成功的故事或者做梦时，他们却一直在工作。

★ 根据这段话，成功人士为什么能成功？

A 爱做梦　　　　B 喜欢故事

C **羡慕**别人　　　　D 努力工作　　　　答案【D】

【心情】 xīnqíng 名 感情状态，如高兴、紧张、感动、激动、兴奋等。mood; state of mind

扩展与搭配　好~　坏~　~不好　~很好　~紧张　~愉快　~怎么样　紧张的~　愉快的~

<仿>听力·请选出正确答案：

男：这里的温泉很好，环境也不错。

女：怎么样，**心情**好一点儿了吗？

男：好多了，这些天事情很多，很久没这么开心了，非常感谢你。

女：不客气。

问：男的现在**心情**怎么样？

A 很高兴　　　　B 很烦恼

C 很激动　　　　D 很感动　　　　答案【A】

<仿>阅读·请选出正确答案：

参加面试时，我们常常会特别紧张。这个时候，我们要努力让自己的**心情**平静下来。回答问题时，声音不要太小，语速也不要太快，特别是不要让紧张的**心情**影响了自己的面试。

★ 面试时要注意什么？

A 要努力　　　　B 尽量放松

C 要影响别人　　　　D 要影响自己　　　　答案【B】

【信心】 xìnxīn 名 相信自己的愿望或预料一定能够实现的心理。confidence

扩展与搭配　有～　没（有）～　充满～　对……有/没（有）～

<仿>阅读·选词填空：

A 轻　B 首先　C 左右　D 保持　E 一定　F 时间

★ 要想做成一件事情，（　　）必须对自己有**信心**。　　　　答案【B】

<仿>阅读·请选出正确答案：

在与不同国家的人沟通时，我们最好先了解一下这个国家的文化，这样在保证正常活动的前提下，我们的沟通交流会更加顺利。

★ 交流前了解他国文化，可以：

A 变得伤心　　　　B 减少误会

C 增加**信心**　　　　D 减轻压力　　　　答案【B】

【兴奋】 xīngfèn 形 振奋；激动。excited; exhilarated

扩展与搭配　很～　～极了　不～　让/叫/使人～　为……（而）～

<仿>阅读·选出正确的答案：

不论是走在大街上，还是待在餐馆里，一听到家乡话我就总是很**兴奋**。虽然并不认识说话的人，甚至可能一点儿关系都没有，但看到他们，我总感觉非常亲切。

★ 说话人最可能在哪儿？

A 在大街上　　　　B 在餐馆里

C 在外地　　　　D 在家乡　　　　答案【C】

<仿>书写·看图，用词造句：

兴奋　　参考答案：毕业了，大家都很**兴奋**。

【以为】 yǐwéi 动 认为。think; consider

扩展与搭配　本来～　原来～

<仿>听力·判断对错：

昨天回家的路上，我遇到小张和他妈妈了。我本来**以为**他们都跟小张爸爸去上海了，没想到他们没去。

★ 小张和妈妈去上海了。（　　）　　答案【×】

<仿>阅读·排列顺序：

A 很多人都**以为**他是中国人呢

B 汉语说得非常好

C 金先生已经在中国生活十年了　　答案【CBA】

辨析

以为　认为

两个词都可以表示对事物的判断，如"我认为/以为这场表演非常成功"，但"以为"的态度不太确定，且常常表示判断的情况不是事实，前后常有说明事实真相的句子，如"我以为你不来了呢，原来你已经来了"。"认为"的对象一般比较确定，且可以用在被动句中，如"他被认为是最适合做这份工作的人"。

【意见】 yìjiàn 名（a）对事情的一定的看法或想法。idea; view; opinion; suggestion（b）对人或事物的认识，或不太满意的看法。opposition; different opinion; complaint

扩展与搭配　有～　没（有）～　提出～　～相同　～不同　大家的～　对……的～

<仿>听力·判断对错：

小李，听说你最近要买电脑，我正好认识一位这方面的专家，可以给你介绍一下，他会给你一些很专业的**意见**。

★ 小李是电脑专家。（　　）　　答案【×】

<仿>书写·完成句子：

不愿　　张大夫的**意见**　　奶奶　　听

参考答案：奶奶不愿听张大夫的**意见**。

辨析

看法、意见、态度，见第11页【看法】。

【印象】yìnxiàng 名 客观事物在人脑中留下的迹象。impression

扩展与搭配　有～　～好　～深　第一～　好～　留下～　深刻的～　对……的～

<仿>阅读·请选出正确答案：

第一**印象**对人们来说十分重要，但它并不一定正确，而且特别不容易改变。第一**印象**在对一个人的判断方面起重要作用，因此，第一次见面要给别人留下好的**印象**，这样日后的学习或工作才会更加顺利。

★ 对于第一**印象**，可以知道什么？

A 很正确　　B 很难改变

C 作用很小　　D 与性别无关　　答案【B】

★ 这段话主要谈了什么？

A 学习　　B 第一**印象**

C 工作　　D 一个人　　答案【B】

<仿>阅读·排列顺序：

A 前年6月，他们去泰山游玩时

B 她给他们留下了很深的**印象**

C 遇到了一个特别热情的女导游　　答案【ACB】

【友谊】yǒuyì 名 朋友之间的交情。friendship

扩展与搭配　增进～　两国的～　真正的～　～地久天长　～赛

注意："友谊赛"是为了增进友谊、交流经验、提高技术而举行的体育比赛。如：两个球队进行了一场友谊赛。

<仿>阅读·选词填空：

A **友谊**　B 首先　C 人们　D 保持　E 一定　F 生活

★ 如果朋友之间的关系很好，而且能够一直继续下去，可以说他们的（　　）地久天长。　　答案【A】

<仿>书写 · 完成句子：

友谊 愿 我们的 地久天长 参考答案：愿我们的**友谊**地久天长。

【愉快】yúkuài 形 觉得高兴、快乐。happy; cheerful

扩展与搭配 很~ ~极了 心情~ 生活~ ~的旅行 ~的假期 让/叫/使人~
反义词 烦恼

<仿>听力 · 请选出正确答案：

男：奶奶，大家都说您特别有精神，越活越年轻了。
女：是吗？听到这话我真开心。
问：女的现在是什么心情？

A **愉快** B 惊讶
C 伤心 D 激动 答案【A】

<仿>阅读 · 请选出正确答案：

你喜欢阅读吗？让它成为你日常生活的一种习惯吧，因为这种习惯有很多好处。它会让你不再孤单，收获快乐，帮你找到解决问题的办法，还会使你的生活更加美好。

★ 阅读可以让自己：

A 更细心 B 很伤心
C 很**愉快** D 很无聊 答案【C】

辨析
开心、愉快、快乐、高兴，见第10页【开心】。

【重视】zhòngshì 动 认为人的德才优良或事物的作用重要而认真对待；看重。attach importance to

扩展与搭配 很~ 受~ 不~ 被~ 得到~ ~得很

<仿>阅读 · 排列顺序：

A 小王一直很**重视**这个学习机会
B 这让大家都非常吃惊
C 没想到她最后竟然放弃了 答案【ACB】

<仿>阅读 · 请选出正确答案：

成功和失败哪个更重要？我认为都重要。就像看一场竞技比赛，你不但会看到成功，也会看到失败。我们要感谢失败，因为成功就是建立在一次次失败的基础上的，

没有哪个人会永远成功。

★ 这段话主要说明：

A 要坚持运动　　B 要**重视**失败

C 要**重视**比赛　　D 结果很重要　　答案【B】

> **辨析**
>
> **重视　尊重**
>
> 两个词都可以表示对人很重视，但“重视”常常用于“上对下”，如老师对学生、父母对孩子、领导对职员。“尊重”常常用于“下对上”，如学生对老师、孩子对父母、年轻人对老年人。另外，“重视”还常用于对事，可以说“重视问题”“重视细节”等，而“尊重”常用于对人。

【主意】 zhǔyi 名 主见；办法。plan; idea; decision

扩展与搭配　拿~　没~　好~　坏~　想~　出~　打~

<仿>阅读·选词填空：

A 轻　B 首先　C **主意**　D 保持　E 一定　F 时间

★ 在做决定之前，要考虑一下有没有更好的（　　）。否则，很容易后悔。

答案【C】

<仿>阅读·请选出正确答案：

前两天，王丽把男朋友带回了家。她爸爸一点儿也不喜欢这个人，只是看到女儿快乐的样子，做父亲的觉得很难改变女儿的**主意**，只好算了。

★ 对女儿的男朋友，爸爸：

A 提出反对　　B 没提出反对

C 非常喜欢　　D 以前就认识　　答案【B】

> **辨析**
>
> **主意　办法　决定**
>
> “主意”要解决的一般是“做不做、做什么”的问题，“办法”要解决的一般是“怎么做”的问题。“决定”除了可以做名词，还可以做动词。而且，“主意”常常和“拿”“打”“出”等动词一起用，如“拿/打/出主意”；“办法”常常和“想”一起用，如“想办法”；“决定”常常和“做”一起用，如“做决定”。

【尊重】 zūnzhòng 动（a）尊敬；敬重。respect; esteem（b）重视并严肃对待。attach importance to and take seriously

扩展与搭配　很~　受~　得到~　值得~　相互~　~他人　~事实　~科学

<仿>听力 · 选出正确答案：

男：搬家这件事，你问过奶奶的想法吗？

女：问过，她不同意，我觉得应该**尊重**她。

男：你是对的，我们应该**尊重**老人。

问：他们在说谁？

A 爸爸　　B 男人

C 女人　　D 奶奶　　答案【D】

<仿>阅读 · 请选出正确答案：

当我们在别的国家生活时，不但要了解这个国家的语言、文化，更要努力去适应当地的习惯。不能因为别的国家的习惯跟我们自己的不一样，就去批评，这样很不礼貌。我们要学会适应不同的文化环境。

★ 面对不同国家的习惯，我们应该怎么样？

A **尊重**　　B 反对

C 无所谓　　D 批评　　答案【A】

辨析

重视、尊重，见第22页【重视】。

2 个体

【抱】 bào 动（a）用手臂围住。hold with both arms; embrace; hug（b）心里存着（想法、意见等）。cherish; have (thoughts, ideas, opinions) in mind

扩展与搭配　～孩子　～着　～住　～起来　～着……的想法 / 态度

<仿>阅读 · 选词填空：

A **抱**　B 圆　C 完全　D 拿　E 重要　F 包子

★ 姐姐很喜欢家里养的小狗，不管什么时候都喜欢（　　）着它。

答案【A】

<仿>阅读 · 排列顺序：

A 没想到父母竟然选择支持她

B 她**抱**着可能被反对的想法试着去跟父母商量

C 这让她又吃惊又高兴

答案【BAC】

【笨】 bèn 形（a）理解能力和记忆力差；不聪明。stupid; foolish（b）不灵巧；不灵活。clumsy; awkward

扩展与搭配　很～　～人　脑袋～　脑子～　～鸟先飞　手～　嘴～　～手～脚　～头～脑　～嘴～舌

反义词　聪明

<仿>阅读 · 选词填空：

A 讨论　B 抬　C 适应　D **笨**　E 市场　F 日记

★ A：我觉得他这个人不太浪漫。

B：他呀，就是嘴（　　），不爱说话，其实人真挺好的。

答案【D】

<仿>阅读 · 排列顺序：

A 孩子学习不好并不是因为**笨**

B 也可能是因为年龄小，比较粗心和马虎

C 可能是因为教育的方法不对　　答案【ACB】

【诚实】 chéngshí 形 言行跟内心思想一致（指好的思想行为）；不虚假。honest

扩展与搭配　很~　非常~　不~　~的孩子

<仿>阅读·选词填空：

A 按照　B 合适　C 判断　D **诚实**　E 植物　F 约会

★（　　）的人会得到人们的尊重，因为没有人喜欢爱骗人的人。　　答案【D】

<仿>阅读·排列顺序：

A 但是听朋友说他是个很**诚实**的人

B 我虽然跟他不太熟

C 对人也很热情　　答案【BAC】

辨析

诚实　实在　确实

三个词都有“真实”的意思，都可以做形容词。“诚实”和“实在”都可以形容人，表示真诚，如“这个人很诚实／实在”，但“实在”也可以指事物，表示不虚假，如“说实在话”“文章写得很实在”。“确实”一般指事物，强调真实可靠，如“确实的消息”。

另外，“实在”和“确实”还可以做副词，表示对情况的真实性做出肯定，如“他最近实在／确实太忙了”。“确实”还可以强调事情的真实性，有时有辩解的意思，如“他确实是我们学校的学生，这是他的学生证”，此时不能换成“实在”。

【粗心】 cūxīn 形 疏忽；不细心。careless; thoughtless

扩展与搭配　很~　工作~　办事~　~大意　~的人

反义词　细心

<仿>阅读·请选出正确答案：

出门旅行之前，一定要认真检查自己要带的物品，比如机票、手机、钱包等等。否则，如果因为**粗心**落下重要的东西，等到了机场才想起来就来不及了。

★ 这段话主要谈：

A 旅行很麻烦　　B 旅行与音乐

C 旅行前的准备　　D 坐飞机很麻烦　　答案【C】

<仿>阅读 · 请选出正确答案：

小李在生活中是个很**粗心**的人，经常丢三落四，一会儿找不到钥匙，一会儿找不到银行卡，大家都拿他没办法。他常常说要改一改自己这样的性格，可还是一点儿变化都没有。

★ 这段话主要谈小李的：

A 性格　　B 工作

C 兴趣　　D 东西　　答案【A】

辨析

粗心　马虎

两个词都是贬义词，都可以表示不认真，但"马虎"不细心的程度比"粗心"更严重。"粗心"一般不能重叠，而"马虎"可以重叠为"马马虎虎"，如"做事要认真，千万别马马虎虎的"。另外，"马马虎虎"还有"过得去，还可以"的意思，"粗心"没有此义项。

【动作】 dòngzuò 名 身体的活动。motion; action

扩展与搭配　~慢　~熟练　~标准　做~　大~　慢~　同样的~　简单的~　一个~　~片

<仿>阅读 · 选词填空：

A 高兴　B 温暖　C 严格　D **动作**　E 文化　F 告诉

★ A：你看！他跳舞的（　　）多标准！

B：是呀！听说他每天都要练习七八个小时，是他们班最努力的学生。

答案【D】

<仿>阅读 · 请选出正确答案：

1906 年，美国拍摄了世界上最早的动画电影，里面都是一些简单的**动作**，如眼睛转动、吸烟等等。无声电影都是没有声音的，在当时引起了人们极大的兴趣。

★ 最早的动画电影：

A 没有演员　　B 没有**动作**

C 没有声音　　D 里面动作复杂　　答案【C】

【肚子】 dùzi 名 身体的一部分，在胸的下面。belly; abdomen

扩展与搭配　~疼　~难受　~不舒服　~饿　~叫　拉~　饿~　吃坏~

<仿>阅读·选词填空：

A 手　B 电话　C **肚子**　D 疼　E 镜子　F 飞机

★ A：今天下午的会你怎么没来参加啊？

B：我中午在外边吃了小吃，没想到吃完就拉（　　）了，只好去了医院。

答案【C】

<仿>阅读·请选出正确答案：

牛奶是日常生活中的健康饮品，有很高的营养价值，每天喝一杯牛奶可以给身体提供必要的营养。但是需要注意的是，最好不要空着**肚子**喝牛奶，可以先吃一些面包、点心。

★ 根据这段话，可以知道喝牛奶之前：

A 别吃东西　B 要吃点儿东西

C 要喝水　D 要运动

答案【B】

【儿童】 értóng 名 年龄比“少年”小的未成年人。child(ren); kid

扩展与搭配　~教育　~玩具　~节目　~票　~用品　爱护~　保护~　六一~节

<仿>阅读·请选出正确答案：

童年是人的一生中非常重要的时期。因此**儿童**在成长期间，需要父母和身边的人去关心和爱护，这将对他今后的人生产生非常重要的意义。

★ 一个人的童年：

A 要有耐心　B 很重要

C 不用学习　D 要交朋友

答案【B】

<仿>书写·完成句子：

儿童的　教育　必须　重视　家长　问题

参考答案：家长必须重视**儿童**的教育问题。

【富】 fù 形 财产多（跟“贫、穷”相对）。rich; wealthy (as opposed to “needy” and “poor”)

扩展与搭配　很~　~人　~商

反义词　贫/穷

<仿>阅读·选词填空：

A 戴　B 提供　C **富**　D 疼　E 提前　F 招聘

★ A：听说他爸爸开着一家公司，家里特别（　　）。

B：你不说还真看不出来。

答案【C】

<仿>阅读·排列顺序：

A 很多人都羡慕别人的富有

B 才能积累到财富

C 但是**富**人也需要不断地奋斗和努力　　答案【ACB】

【干】 gàn 动 做。do; work

扩展与搭配　～什么　～活儿　～家务　不～　～得好　～完

<仿>阅读·选词填空：

A 看　B 商店　C 联系　D 亲切　E **干**　F 购物

★ A：你手上的工作什么时候能（　　）完？

B：马上马上！放心吧，一会儿就陪你去看电影。　　答案【E】

<仿>阅读·排列顺序：

A 她心情不好的时候就会**干**家务

B 常常一**干**就是好几个小时

C 家里收拾干净了，她的心情也就跟着好起来了　　答案【ABC】

【胳膊】 gēbo 名 人身体的一部分（手以上肩膀以下）。arm

扩展与搭配　～疼　～粗　～细　一条～　抬～　抬不起来～

<仿>阅读·排列顺序：

A 你好好儿看一下视频里的舞蹈动作

B 然后再抬起右**胳膊**

C 是先抬起左**胳膊**　　答案【ACB】

<仿>阅读·请选出正确答案：

昨天我去帮朋友搬家，抬了很多重东西。今天早上起来发现**胳膊**特别疼，穿衣服的时候也抬不起来**胳膊**，只好跟老师请假不去上课了。

★ 他为什么**胳膊**疼？

A 生病了　B 抬了重东西

C 运动了　D 洗衣服了　　答案【B】

【挂】 guà 动（a）用绳子、钉子等把东西固定在高处或另一个物体上。hang; put up（b）打电话的时候结束通话。ring off; hang up (the phone)

扩展与搭配　～地图　～画儿　～衣服　～着　～上　～上去　～起来　～电话　～断

<仿>阅读·排列顺序：

A 例如，要等别人先**挂**电话，你才能**挂**电话

B 打电话的时候要有礼貌

C 这样做更容易给对方留下好印象　　答案【BAC】

<仿>书写·完成句子：

挂着　山水画儿　屋子里　一幅

参考答案：屋子里**挂**着一幅山水画儿。

【国籍】 guójí [名] 个人具有的属于某个国家的身份。nationality; citizenship

扩展与搭配　改变～　取得中国～　加入中国～　美国～

<仿>阅读·选词填空：

A 盒子　B 水果　C 朋友　D 寒冷　E 打　F **国籍**

★ A：先生，请在这里填上您的姓名、(　　)和出生日期。

B：好的，请给我一支笔。　　答案【F】

<仿>阅读·排列顺序：

A 最近他又回到了他的家乡

B 他是二十多年前跟父母一起去的美国

C 但是一直没有加入美国**国籍**　　答案【BCA】

【汗】 hàn [名] 人和高等动物从皮肤排出来的液体。sweat

扩展与搭配　流～　出～　擦～　～水

<仿>阅读·排列顺序：

A 让身体出一些**汗**，再好好儿睡一觉

B 第二天身体就会好很多

C 感冒以后要多喝热水　　答案【CAB】

<仿>阅读·请选出正确答案：

为了这次演出的成功，所有的演员和工作人员都付出了很多**汗**水和泪水。幸运的是，最后能得到观众的认可，大家都觉得所有的努力和付出都是值得的。

★ 这段话说明：

A 没有人努力　B 观众很失望

C 大家都很努力　D 只有演员很努力　　答案【C】

【活泼】 huópō 形 生动自然；不呆板。lively; vivacious; vivid

扩展与搭配 性格～ 很～ 变（得）～ 天真～ ～开朗 ～的孩子 ～的性格

<仿>阅读·选词填空：

A 身体 B 经常 C **活泼** D 加油 E 严肃 F 热闹

★ 他以前是一个很（ ）的人，但是不知道为什么最近不怎么爱说话了。

答案【C】

<仿>书写·完成句子：

受人喜爱 **活泼**的性格 十分 她

答案：她**活泼**的性格十分受人喜爱。

【积极】 jījí 形（a）肯定的；正面的；有利于发展的（跟“消极”相对，多用于抽象事物）。positive (as opposed to “negative”, often used for something abstract)（b）进取的；热心的（跟“消极”相对）。active; progressive; enthusiastic (as opposed to “passive”)

扩展与搭配 很～ ～作用 起～作用 态度～ ～工作 ～参加 ～思考 ～性

反义词 消极

<仿>阅读·选词填空：

A **积极** B 困 C 购物 D 生气 E 帮助 F 作家

★ 遇到困难的时候，我们要（ ）乐观地面对，而不是马上选择逃避或放弃。

答案【A】

<仿>阅读·请选出正确答案：

我们班有很多同学喜欢唱歌跳舞，平时也经常一起练习。每当学校举办活动的时候，大家都非常**积极**地参加。

★ 我们班的同学：

A 喜欢学习 B 很紧张

C 很**积极** D 经常不上课

答案【C】

【举】 jǔ 动 手往上托或往上伸。lift; raise

扩展与搭配 ～杯 ～手 ～东西 ～着 ～起来 ～上去

<仿>阅读·排列顺序：

A 希望大家在今后的工作中

B 让我们一起**举**杯庆祝这次会议的成功

C 继续努力，创造更好的成绩 答案【BAC】

<仿>书写·完成句子：

举手　有问题的同学　问老师　可以

参考答案：有问题的同学可以**举**手问老师。

【困】 kùn 形 很累，想睡觉。sleepy

扩展与搭配　很~　非常~　~极了　~了

<仿>听力·判断对错：

小李，都十二点了，别再学了，快去睡觉吧，看把你**困**得！

★ 小李很想睡觉。（　　） 答案【√】

<仿>阅读·请选出正确答案：

成年人每天应该保证6~8小时的睡眠时间。如果睡眠时间不足，第二天工作就会没精神，容易**困**，长期下去甚至会影响健康，让身体出现这样那样的毛病。

★ 关于成年人的睡眠，可以知道：

A 时间越长越好　B 最少6小时

C 最少8小时　D 睡眠质量不好 答案【B】

【拉】 lā 动（a）朝自己的方向牵、拽，使距离变近。pull; draw（b）演奏一些乐器使发出声音。play (a musical intrument)

扩展与搭配　~车　~着　~开　~近　~过来　~上去　~得动　~不动　~近……的距离　~小提琴　~二胡

<仿>阅读·选词填空：

A 抬　B 高　C 流行　D **拉**　E 内容　F 正常

★ 那两个小朋友关系很好，每天下课后都手（　　）着手一起出去玩儿。

答案【D】

<仿>书写·完成句子：

同学之间的　**拉**近了　迎新晚会　距离

参考答案：迎新晚会**拉**近了同学之间的距离。

<仿>书写·完成句子：

一直学习　她从小　**拉**小提琴　就

参考答案：她从小就一直学习**拉**小提琴。

【懒】 lǎn 形 不愿意做事情的。lazy; idle; indolent; slothful

扩展与搭配 偷~ 很~ ~人 ~汉 ~虫 ~得动 ~得看 ~洋洋

<仿>阅读·选词填空：

A 好处 B 空气 C 关键 D **懒** E 方法 F 饼干

★ 别那么（ ），要好好儿地规划自己的生活。 答案【D】

<仿>阅读·请选出正确答案：

小王高中的时候性格不太好，而且很**懒**，做什么事情都不积极，所以身边几乎没什么朋友。可是上了大学以后他变了，不仅性格活泼开朗了，人也变帅了。

★ 小王以前是个什么样的人？

A 人长得帅 B 性格很好

C 做事积极 D 很**懒** 答案【D】

<仿>书写·完成句子：

孩子 不应该 **懒**和笨 随便批评 父母

参考答案：父母不应该随便批评孩子**懒**和笨。

【浪漫】 làngmàn 形 有诗意，让人幻想。romantic

扩展与搭配 追求~ 很~ 非常~ ~主义 ~的想法 ~的爱情

<仿>阅读·排列顺序：

A 相互信任和支持比**浪漫**更重要

B 很多年轻人向往浪漫的爱情

C 但是在婚后的现实生活中 答案【BCA】

<仿>阅读·请选出正确答案：

现代社会，随着人们物质生活的不断提高，人们开始越来越重视精神生活。恋爱中的年轻人为了追求**浪漫**，常常在约会的时候去电影院看电影。看电影的人多了起来，电影票的价格也涨了起来。

★ 根据这段话，人们为什么喜欢看电影？

A 不喜欢在家里 B 票价便宜

C 追求**浪漫** D 有意思 答案【C】

【冷静】 lěngjìng 形 沉着而不感情用事。calm; dispassionate

扩展与搭配 很~ 头脑~ 保持~ ~思考 ~下来 ~地解决 ~的人

<仿>阅读 · 排列顺序：

A 他**冷静**地解决了会场突发的问题

B 受到了领导的表扬

C 在这次客户见面会上　　答案【CAB】

<仿>阅读 · 请选出正确答案：

冷静的人如果遇到突发事件，是不会慌慌张张的，也不会一心想着找人帮忙，他会首先思考解决问题的方法。

★ **冷静**的人：

A 不喜欢交朋友　　B 爱帮助别人

C 懂得思考　　D 很慌张　　答案【C】

<仿>书写 · 完成句子：

麻烦的时候　保持**冷静**　首先　遇到　要

参考答案：遇到麻烦的时候，首先要保持**冷静**。

【礼貌】 lǐmào ①名 言语、动作谦虚恭敬的表现。politeness ②形 有礼貌。polite

扩展与搭配　有~　没（有）~　讲~　懂~　~用语
很~　不~

<仿>阅读 · 选词填空：

A 于是　B 按时　C 重新　D **礼貌**　E 耐心　F 轻

★ 跟别人说话的时候，应该看着对方的眼睛，如果东张西望就显得很没（　　）

答案【D】

<仿>阅读 · 请选出正确答案：

请人吃饭的时候，如果客人还没有吃完，主人就先放下筷子表示自己吃完了，这样是不**礼貌**的。因为客人会认为主人这样做，是想尽快结束这顿饭。

★ 吃饭时要注意：

A 等客人先吃完　　B 不要用筷子

C 不要请客　　D 快点儿吃完　　答案【A】

【力气】 lìqi 名 力量；体力。(physical) strength

扩展与搭配　~大　~小　~活儿　有~　没（有）~　卖~

<仿>阅读 · 选词填空：

A 安全　B **力气**　C 改变　D 开心　E 看法　F 目的

★ A：你今天是不是不舒服？看上去很没有精神。

B：是啊，我感冒了。吃了感冒药以后就觉得全身没有（　　）

答案【B】

<仿>阅读·请选出正确答案：

吃饭不规律的人，常常会感觉累，没有**力气**。时间长了就容易造成营养不良、贫血，严重时还会得病。

★ 吃饭没有规律，人会常常：

A 没**力气**　　B 容易饿

C 肚子疼　　D 很紧张　　答案【A】

【马虎】 mǎhu 形 草率；不细心。careless; perfunctory

扩展与搭配　很～　太～　～大意　马马虎虎

<仿>阅读·选词填空：

A 喜欢　B **马虎**　C 礼貌　D 普通　E 挂　F 感谢

★ 考试的时候要认真看题，别因为（　　）而做错。　　答案【B】

<仿>阅读·请选出正确答案：

我上小学的时候，不知道考试的重要性，每次考试都马马虎虎的，成绩总是不好，妈妈为此没少批评我。

★ 我小时候：

A 很幽默　　B 很**马虎**

C 很谦虚　　D 很紧张　　答案【B】

辨析

粗心、马虎，见第 26 页【粗心】。

【美丽】 měilì 形 使人看了产生快感的；好看。beautiful; pretty

扩展与搭配　风景～　非常～　～极了　～动人　～的城市　～的花朵　～的故事

<仿>阅读·选词填空：

A 从来　B 随便　C 抱歉　D 坚持　E 原来　F **美丽**

★ 这首歌讲述的是一个真实、（　　）而又悲伤的故事。　　答案【F】

<仿>阅读·请选出正确答案：

去年寒假的时候，我和家人一起去哈尔滨看冰灯了。那里冬天的景色**美丽**极了，

虽然气温非常低，但是我们玩儿得很开心。

★ 哈尔滨的冬天：

A 不冷　　B 景色很美

C 不值得去　　D 很少有人去　　答案【B】

辨析

美丽　漂亮

两个词都可以形容人或事物好看，能给人美感。但“美丽”形容人时，有从内到外都美的意思，而“漂亮”在形容人时强调外表上给人的美感，如“美丽的心灵”，其中“美丽”不能换成“漂亮”。“漂亮”可以形容事情干得出色，如“这件事你干得漂亮”，其中“漂亮”不能换成“美丽”。“漂亮”可重叠为“漂漂亮亮”，“美丽”没有这种用法。

【梦】 mèng ①名（a）人在睡觉时大脑中的景象和活动。dream (a succession of images, thoughts, or emotions passing through the mind during sleep)（b）比喻幻想或愿望。fantasy; fancy; wishful thinking ②动 做梦。dream

扩展与搭配　一个～　做～　美～　好～　（说）～话　白日～　～见　～到

＜仿＞阅读 · 排列顺序：

A 也可能是很久以前经历过的事情

B 人每天晚上做的**梦**

C 可能是白天刚刚遇到的事情　　答案【BCA】

＜仿＞阅读 · 请选出正确答案：

关于爱情，年轻的她有一个美丽的**梦**。那就是有一天遇到她的白马王子，和他一起做所有想做的浪漫的事情。然后步入婚姻的殿堂，共同经营他们幸福的家。

★ 根据这段话可知，她：

A 很浪漫　　B 不想恋爱

C 快要结婚了　　D 不喜欢旅行　　答案【A】

【民族】 mínzú 名（a）指历史上形成的、处于不同社会发展阶段的各种人的共同体。nation; ethnic group（b）特指有共同语言、共同地域、共同文化的人的共同体。community of people with a common language, a common territory, a common economic life and common psychological quality manifested in a common culture

扩展与搭配　～文化　～关系　中华～　～团结　～地区　多～国家

<仿>阅读·选词填空：

A 会议　B 车票　C 知识　D **民族**　E 方法　F 运动

★ 中国有 56 个（　　），他们各有各的特点。　答案【D】

<仿>阅读·排列顺序：

A 一共有 56 个**民族**

B 其中汉族人数量最多

C 中国是一个多民族国家　答案【CAB】

【耐心】 nàixīn ①形 心里不急躁，不厌烦。patient ②名 能忍耐、不急躁的性格。patience

扩展与搭配　~帮助　~解释　~说明　~地听　~地说　~地教　~地学

有 / 没有~　缺少~　需要~　~不足

<仿>阅读·选词填空：

A 质量　B 研究　C 收　D 安排　E **耐心**　F 说明

★ 孩子犯错误的时候，需要的是父母（　　）地教育，而不是简单地批评。

答案【E】

<仿>阅读·请选出正确答案：

小孩子养成的不好的习惯，并不是不能改正。这时候，需要家长和老师配合，**耐心**地帮助他们。

★ 帮助孩子改变坏习惯，需要：

A 很长时间　B 有**耐心**

C 严格的家长　D 有信心　答案【B】

【年龄】 niánlíng 名 人或其他动物、植物已经活的年数。age

扩展与搭配　~大　~小　~相同　~不同　~问题　猜~　随着~的增长

<仿>阅读·排列顺序：

A 而是要看他处理事情的方式

B 跟**年龄**没有绝对的关系

C 一个人是否成熟　答案【CBA】

<仿>阅读·请选出正确答案：

与人交谈时，有些话题是不适合谈论的，比如随便询问女士的**年龄**、是否结婚等，都有可能让对方感到不愉快。所以在谈话时，特别是与不熟悉的人交流时，要多加注意。

★ 与别人交谈时：

A 可以随便聊　　B 要大声说话

C 要找适当的话题　　D 要听对方说　　答案【C】

辨析

年龄　年纪

两个词都指生存的年数，但“年龄”使用范围比“年纪”大，既可以用于人，也可以用于动物、植物，如“他的年龄比我大十岁”“这头牛的年龄很大了”。“年纪”一般用于人，经常说“爷爷上年纪了”，动物和植物的年龄一般不能用“年纪”表示。

【弄】 nòng 动（a）做；办；干；搞。do; manage; handle（b）想办法得到。get; fetch

扩展与搭配　~清楚　~明白　~丢　~坏　~脏　~完　~吃的　~点儿钱

<仿>阅读 · 选词填空：

A 排列　B 解释　C 扔　D **弄**　E 放弃　F 打印

★ A：不是上周才买了手套吗？怎么又要买新的？

B：别提了，那副手套我去银行取钱的时候（　　）丢了。　　答案【D】

<仿>阅读 · 请选出正确答案：

他大学毕业以后，不愿意去找工作，只喜欢每天在家里看电视、玩儿电脑。缺钱的时候，就想办法从父母那儿**弄**点儿来花。家里人一说起他来就头疼。

★ 他现在怎样生活？

A 自己工作　　B 每天很忙

C 靠父母　　D 还在上学　　答案【C】

<仿>书写 · 完成句子：

从图书馆借的书　把　**弄**脏了　女儿

参考答案：女儿把从图书馆借的书**弄**脏了。

【皮肤】 pífū 名 身体表面包在肌肉外部的组织。skin

扩展与搭配　~干燥　~湿润　~病　~科　保护~　美白~　对~有好处　~变白/黑了

<仿>阅读 · 选词填空：

A 记者　B 虽然　C **皮肤**　D 情况　E 温暖　F 科学

★ 充足的睡眠对（　　）非常有好处，所以最简单的美容方法就是晚上早点儿睡觉。

答案【C】

<仿>阅读 · 排列顺序：

A 北方的冬天又冷又干燥

B **皮肤**就会变得很干燥

C 如果不注意补水和保养

答案【ACB】

【脾气】 píqi 名 一个人的性格、性情。temperament; disposition

扩展与搭配 ~好 ~坏 ~大 有~ 没~ 发~ 闹~ 好~ 坏~ 牛~

<仿>阅读·排列顺序：

A 首先要冷静下来思考怎么解决

B 生活中遇到问题时

C 而不是乱发**脾气**

答案【BAC】

<仿>阅读·请选出正确答案：

很多孩子会因为父母没有满足自己的要求而闹**脾气**，这时候一定要耐心地教育孩子。如果每次孩子一发**脾气**父母就让步，长期下去孩子会越来越不懂事，也容易养成乱发**脾气**的毛病。

★ 孩子发**脾气**，父母应该：

A 满足他的要求　　B 批评他

C 教育他　　D 不理他

答案【C】

【敲】 qiāo 动（用手或其他物体）一下一下地打、击，使发出声音。knock; beat; strike

扩展与搭配 ~门 ~窗户 ~桌子 ~黑板 ~打 ~门声 别~了

<仿>阅读·选词填空：

A **敲**　B 答案　C 浪费　D 优点　E 左右　F 难受

★ 遇到问题的时候，他常常一边思考，一边用手指轻轻地（　　）桌子。

答案【A】

<仿>书写·完成句子：

半夜的**敲**门声　被　他　吓了一跳

参考答案：他被半夜的**敲**门声吓了一跳。

【穷】 qióng 形 生活贫困，缺少钱财（跟“富”相对）。poor (as opposed to “rich”)

扩展与搭配 很~ ~人 ~光蛋

反义词　　富

<仿>阅读·排列顺序：

A 有钱并不一定能使人快乐

B 而有些**穷**人却每天都很开心

C 比如有些富人感觉自己并不快乐　　答案【ACB】

【缺点】 quēdiǎn 名 欠缺或不完善的地方（跟"优点"相对）。shortcoming; disadvantage; weakness (as opposed to "strength" or "virtue")

扩展与搭配　~多/少　（没）有~　认识~　接受~　指出~　改掉~

反义词　　优点

<仿>阅读·排列顺序：

A 并不是一件丢人的事

B 承认自己有**缺点**

C 相反，承认并努力改掉**缺点**可以让我们更优秀　　答案【BAC】

<仿>阅读·请选出正确答案：

每个人都有优点和**缺点**，没有**缺点**的人是不存在的。所以在生活中，我们要多想一想别人的优点，多一些理解和包容。这样做，无论是对别人还是对自己，都是有好处的。

★ 这段话告诉我们，要：

A 有礼貌　　B 多原谅别人

C 多想别人的优点　　D 做完美的人　　答案【C】

【实在】 shízài ①形 诚实；不虚假。true; real; honest ②副 的确。indeed

扩展与搭配　很~　不~　实实在在

~不……　~太……

<仿>阅读·选词填空：

A 放弃　B 样子　C 辛苦　D **实在**　E 香　F 开心

★ A：这几天我（　　）太忙了，连睡觉的时间都快没有了。

B：工作再忙也要注意身体啊。　　答案【D】

<仿>阅读·排列顺序：

A 对人一定要**实在**

B 小时候，父母经常教育我

C 长大以后在社会上　　答案【BCA】

辨析

诚实、实在、确实，见第 26 页【诚实】。

【帅】 shuài 形 英俊；潇洒；漂亮。handsome; cute; graceful

扩展与搭配　很～　太～了　～极了　长得～　～哥　～小伙儿

<仿>阅读·选词填空：

A 报名　B **帅**　C 调查　D 减肥　E 赢　F 好处

★ A：快看，这个男明星太（　　）了，不过好像还是个新人吧！

B：对，确实是最近才火起来的。　　答案【B】

【抬】 tái 动（a）往上托；举。lift; raise（b）（两个人或几个人）共同用手或肩搬运东西。(of two or more persons) carry

扩展与搭配　～头　～胳膊　～腿　～桌子　～着　～上去　～下来　～起头　～起来　～得起来　～不起来　～得动　～不动

<仿>阅读·选词填空：

A 举办　B 预习　C **抬**　D 凉快　E 原来　F 例如

★ A：这张桌子非常重，你一个人怎么能行呢？

B：那我现在打电话，找一个同学来帮我一起（　　）。　　答案【C】

<仿>阅读·排列顺序：

A 他坐在座位上看书

B 可是他并不认识那个人

C 一**抬**头发现有个人正在对面看他　　答案【ACB】

辨析

抬　搬

两个词都有“把物体搬运到别处”的意思，但“抬”这一动作强调两个或多个人共同合作，一般移动的距离较短，比如“抬桌子”“抬沙发”。“搬”这一动作强调物体的移动、转移，可以是一个人独立进行，也可以是几个人合作，移动距离较短时，一般可以与“抬”进行替换，如“搬桌子”“搬沙发”可以换成“抬桌子”“抬沙发”，但移动距离较远时，“抬”不能替换“搬”，如“搬家”，就不能换成“抬家”。

【躺】tǎng 动 身体倒在地上或其他物体上。lie on one's back; place oneself at rest in a flat, horizontal, or recumbent position

扩展与搭配 ~着 ~下 ~下去 ~在床上 ~在地上 ~在沙发上 ~在家里

<仿>阅读·选词填空：

A 数量　B 超市　C **躺**　D 入口　E 功夫　F 堵车

★ A：只要没有课，你就（　　）在床上玩儿手机，这怎么能行？

B：我没有一直玩儿手机啊。我也用手机学习，比如背背单词什么的。

答案【C】

<仿>阅读·请选出正确答案：

现在很多年轻人不出去工作，每天**躺**在家里看电视，玩儿手机，什么也不想做，就靠父母给的钱生活。这样的“啃老族”在现代社会越来越多，已经成为大家普遍关注的社会问题了。

★ 通过这段话，我们知道“啃老族”：

A 很有钱　B 不依靠别人

C 不工作　D 年龄很大

答案【C】

【提】tí 动 垂手拿着（东西）。carry in one's hand with the arm down

扩展与搭配 ~包 ~东西 ~着 ~起来 ~得起来 ~不动

<仿>阅读·选词填空：

A 周围　B 座位　C **提**　D 原因　E 证明

F 植物

★ 他（　　）着一个很大的包从远处走过来。

答案【C】

【推】tuī 动（a）向外用力使物体或物体的某一部分顺着用力方向移动。push; shove（b）使事情开展。push forward; promote; advance

扩展与搭配 ~车 ~门 ~人 ~开 ~上去 ~下来 ~得动 ~不动 ~倒 ~动 ~广

<仿>阅读·排列顺序：

A 每天早上上班的时候

B 上车的时候更是人**推**人的感觉

C 地铁站里等车的人很多　　答案【ACB】

<仿>书写·完成句子：

推动了　　这项　　经济发展　　改革

参考答案：这项改革**推**动了经济发展。

【脱】tuō 动（a）（把穿戴在身上的衣服、鞋帽等）取下来；拿下来。take off; strip（b）（毛发或皮肤等）掉落 (of hair, skin, etc.) shed（c）离开；脱离。escape from; get away

扩展与搭配　~衣服　~鞋　~帽　~袜子　~发　~皮　~险　~身　~得开身　~不开身

<仿>阅读·选词填空：

A 邮局　B 赶　C 使用　D 基础　E **脱**　F 广告

★ A：说过多少次了，你怎么又乱扔（　　）下来的衣服了？

B：啊，我现在就把衣服挂起来。　　答案【E】

<仿>阅读·请选出正确答案：

最近她的工作压力很大，晚上常常工作到很晚都不睡觉，而且**脱**发也很严重。医生建议她多休息，多运动，做一些工作以外的事情来放松自己的心情。

★ 医生建议她怎样做？

A 努力工作　　B 放松心情

C 吃药　　D 聊天儿　　答案【B】

【吸引】xīyǐn 动 把别的物体、力量或别人的注意力引到自己这方面来。attract

扩展与搭配　~人　~游客　~观众　~注意力　~过来　被……~　有~力

<仿>阅读·排列顺序：

A 但是那时的雪景和冰灯很美

B 哈尔滨的冬天虽然很冷

C 因此每年都**吸引**着很多人去那儿旅游　　答案【BAC】

<仿>阅读·请选出正确答案：

生活中，幽默的人常常显得很有**吸引**力，因为他们能使身边的人感到快乐，在他们身边总是充满了笑声。现代社会，大多数人都面临很多来自工作、生活或学习的压力，如果身边有一个幽默的人，多少会让我们感到轻松和愉快。

★ 说话人认为幽默的人：

A 压力大　　B 冷静
C 紧张　　D **吸引**人　　答案【D】

★ 大家喜欢幽默的人，是因为他们：

A 努力工作　　B 使人愉快
C 喜欢请客　　D 长得帅　　答案【B】

<仿>书写·完成句子：

这次　　**吸引**了　　文化展览　　全世界的关注

参考答案：这次文化展览**吸引**了全世界的关注。

【小伙子】 xiǎohuǒzi 名 年轻的男孩子（多用于口语）。young fellow; lad (mostly used in spoken Chinese)

扩展与搭配　一位～　一群～　这位～　那位～　～们

<仿>阅读·排列顺序：

A 就很有理想
B 他还是个**小伙子**的时候
C 因此这些年一直在努力着　　答案【BAC】

<仿>阅读·请选出正确答案：

刚才跟我说话的那个**小伙子**是我邻居家孩子。听说他在大学里学习非常认真努力，成绩也很好。他性格很开朗，每次见面都笑着跟我打招呼，真是个好孩子。

★ 他觉得那个**小伙子**怎么样？

A 很帅　　B 不爱学习
C 有礼貌　　D 不热情　　答案【C】

【醒】 xǐng 动 睡觉状态结束，大脑皮层恢复兴奋状态。也指还没入睡。wake up; be awake

扩展与搭配　～着　～来　～过来　叫～　吵～　睡～　惊～

<仿>阅读·请选出正确答案：

哥哥的睡眠质量太好了。每天晚上我们刚躺下两分钟，我还**醒**着，他就开始呼呼大睡了。

★ 哥哥睡着的时候，我：

A 还没躺下　　B 已经睡着了
C 还没睡着　　D 已经睡**醒**了　　答案【C】

<仿>书写·完成句子：

电话声　小李　把　吵**醒**了

参考答案：电话声把小李吵**醒**了。

【幸福】 xìngfú ① 名 使人心情舒畅的情况或生活。happiness; felicity; blessedness ② 形（情况、生活）称心如意。happy

扩展与搭配　追求～
生活～　感到～　很～　～的生活　～的一家　～的人生

<仿>阅读·选词填空：

A 既　B **幸福**　C 理解　D 坚持　E 完全　F 教材

★（　　）是一种感觉，并没有这样或那样的标准。　答案【B】

<仿>阅读·请选出正确答案：

生活中总有些人说自己过得不**幸福**，总会羡慕别人的**幸福**。其实，**幸福**是一种生活态度，每个人的**幸福**都在自己手中。

★ 这段话主要告诉我们，**幸福**：

A 需要羡慕　B 很难获得
C 要靠自己　D 有标准　答案【C】

【性别】 xìngbié 名 男女两性的区别。gender

扩展与搭配　～不同　～差异　受～（的）限制

<仿>阅读·请选出正确答案：

很多大学毕业生进入社会找工作的时候，会发现时常会受到**性别**的限制。其实不管是男人还是女人，只要能努力工作，取得成绩，都应该被接受和尊重。

★ 根据这段话，值得重视的是：

A 长相　B **性别**
C 学习能力　D 工作成绩　答案【D】

【性格】 xìnggé 名 从对人或对事的态度和做出的事情上，可以看出来的一个人的特点。character; personality

扩展与搭配　～好　～不好　～不同　～不合　改变～　～内向 / 外向

<仿>阅读·排列顺序：

A 后来发现她其实是一个很热情的人

B 刚认识她的时候

C 觉得她**性格**很内向　　答案【BCA】

<仿>阅读 · 请选出正确答案：

性格外向的人一般都比较活泼开朗，做什么事情都很积极，对未来也充满希望。他们充满自信，常常带给别人欢笑，所以很容易与周围的人相处。

★ **性格**外向的人：

A 爱购物　　B 容易相处

C 不爱说话　　D 不主动　　答案【B】

【养成】 yǎngchéng 动 通过一些条件或做法使习惯等形成。cultivate; develop

扩展与搭配　从小～　慢慢～　～习惯　～……的习惯

<仿>阅读 · 排列顺序：

A 想让孩子从小**养成**良好的习惯

B 同时也要有足够的耐心

C 父母要付出很多努力　　答案【ACB】

<仿>阅读 · 请选出正确答案：

良好的生活习惯不是一天两天就能**养成**的。它需要我们对自己有比较严格的要求，并且能够坚持，这样时间久了，才能形成习惯，进而使这种良好的习惯成为自己生活的一部分。

★ **养成**良好的生活习惯：

A 要求不高　　B 要长时间坚持

C 不难做到　　D 有点儿无聊　　答案【B】

<仿>书写 · 完成句子：

从小　他　读书的好习惯　就　**养成**了

参考答案：他从小就**养成**了读书的好习惯。

【勇敢】 yǒnggǎn 形 不怕危险和困难；有胆量。brave; courageous; gallant; valiant

扩展与搭配　很～　～者　～的人　～的心　～的精神　～地前进　～地面对　～地尝试

<仿>阅读 · 选词填空：

A 生活　B 节约　C **勇敢**　D 友好　E 打针　F 躺

★ 人生需要（　　）地尝试，不能害怕失败。　　答案【C】

<仿>阅读 · 排列顺序:

A 才能**勇敢**地战胜困难

B 面对困难的时候

C 要学会相信自己 答案【BCA】

<仿>书写 · 完成句子:

主人公 是一位 这部电影的 **勇敢**的姑娘

参考答案:这部电影的主人公是一位**勇敢**的姑娘。

【优点】yōudiǎn 名(人或物的)好处;长处(跟"缺点"相对)。virtue; merit; advantage (as opposed to "demerit")

扩展与搭配 ~多/少 有~ 没(有)~ 发现~ 看到~ 找出~

反义词 缺点

<仿>阅读 · 请选出正确答案:

在生活中,我们应该学会欣赏他人身上的**优点**,对别人的优点要给予肯定和赞扬,而不是总抓着别人的缺点。只有这样,才能够建立比较融洽的人际关系。

★ 这段话主要告诉我们,要:

A 学会欣赏他人 B 对人严格

C 诚实 D 多认识朋友 答案【A】

【优秀】yōuxiù 形(品行、学问、成绩等)非常好。excellent

扩展与搭配 成绩~ 很~ ~文化 ~人才 ~作品 ~奖 越来越~ ~的人 ~的教师

<仿>阅读 · 排列顺序:

A 然后及时改正

B 并且能够客观地认识自己的缺点

C **优秀**的人善于发现自己的缺点 答案【CBA】

<仿>阅读 · 请选出正确答案:

成为一名**优秀**的教师,是我学习的动力。为了实现这个目标,我每天都去图书馆认真学习,并且参与社会实践,比别人付出了更多的努力。

★ 她的理想是:

A 当医生 B 成为好学生

C 当经理 D 当老师 答案【D】

【幽默】 yōumò 形 有趣或可笑而意味深长。humorous

扩展与搭配 很～ 不～ 说话～ ～的人 ～大师 ～小说 ～电影 ～故事 ～的文章 有/没有～感 缺少～感 黑色～ 冷～

<仿>阅读·请选出正确答案：

“**幽默**”这个词最早是由林语堂先生翻译过来的。他是一个非常**幽默**的人，常常带给身边的人很多欢笑。他还写过许多关于**幽默**的文章，因此，他被人们尊称为“**幽默**大师”。

★ 关于林语堂，可以知道什么？

A 长得帅　　B 收入低

C 很年轻　　D 受欢迎　　答案【D】

<仿>书写·完成句子：

给身边的人　能　**幽默**的人　快乐　带来

参考答案：**幽默**的人能给身边的人带来快乐。

【友好】 yǒuhǎo 形 亲近和睦。friendly; amicable

扩展与搭配 很～ 对人～ 表示～ ～城市 ～国家 ～关系 ～往来 ～交流 ～合作

<仿>阅读·排列顺序：

A 开始逐渐频繁起来

B 这两个城市之间的沟通和交流

C 自从成为了**友好**城市　　答案【CBA】

<仿>阅读·请选出正确答案：

如果想认识更多的朋友，首先就要表现出自己的**友好**，主动的人总是比被动的人容易交到朋友。主动伸出友谊之手，你就已经成功了一半。

★ 这段话主要讨论：

A 交友　　B 工作

C 运动　　D 生活　　答案【A】

【指】 zhǐ 动 (a) 意思上所说的。indicate (b)（用手或物体尖端）对着；向着。point (at/to)

扩展与搭配 ～的是…… ～着 ～向

<仿>阅读·选词填空：

A 压力　　B 节约　　C **指**　　D 自然　　E 打折　　F 辛苦

★ 按照他（　　）的方向走，就能找到那栋楼了。　　答案【C】

<仿>书写·完成句子：

别人　　用手　　**指**着　　不礼貌

参考答案：用手**指**着别人不礼貌。

【转】 zhuǎn 动 原来的方向或情况发生了变化、改变。turn; change; shift

扩展与搭配　~身　~头　~弯　~变　~过来　多云~阴

<仿>阅读·请选出正确答案：

本周受西南气流加强的影响，本市阴雨天气增多。明天天气多云**转**阴，最高气温16度，最低气温9度，东北风3到4级。早晨西部和北部地区有雾，请大家出行时注意交通安全。

★ 该市明天天气怎么样？

A 晴天　　B 很暖和

C 多云**转**阴　　D 气温会升高　　答案【C】

<仿>书写·完成句子：

离去了　　朋友　　**转**身　　他　　看着

参考答案：他看着朋友**转**身离去了。

【自信】 zìxìn ①动 相信自己。be confident; believe in oneself ②形 对自己有信心。confident ③名 对自己的信心。confidence

扩展与搭配　有~心　~能够完成……

很~　太~

有~　没（有）~　缺少~　培养~　充满~

<仿>阅读·请选出正确答案：

自信是一种乐观积极的生活态度。一个人如果连自己都不相信自己，那么可以想象，他也很难获得别人的欣赏和尊重。有**自信**的人才是充满魅力的人。

★ **自信**能使人：

A 有钱　　B 无聊

C 变得沉默　　D 充满魅力　　答案【D】

3 购物

【打折】 dǎ//zhé 动 降低商品的定价（出售）。offer a discount

扩展与搭配　~商品　~卡　打……折　~的东西

<仿>阅读·排列顺序：

A 其实这种想法是不对的

B 认为**打折**的东西质量不好

C 有些人不喜欢买**打折**的东西　　答案【CBA】

<仿>书写·完成句子：

打折的时候　很多衣服　商场　她　买了

参考答案：商场**打折**的时候，她买了很多衣服。

【付款】 fù//kuǎn 动 给钱；交钱。pay (a sum of money)

扩展与搭配　没~　分期~　~人　付……款　付过款了

<仿>阅读·排列顺序：

A 与朋友聚会吃饭的时候

B 受到了年轻人的喜爱

C 用 AA 制的方式**付款**　　答案【ACB】

【购物】 gòuwù 动 买东西。shop; purchase

扩展与搭配　~中心　~广场　~袋　~卡　~小票　排队~　网上~

<仿>阅读·选词填空：

A 香　B 节约　C 指　D **购物**　E 首都　F 举行

★ 我新租的房子就在（　　）广场附近，交通非常方便。　　答案【D】

<仿>阅读·排列顺序：

A 现在在网上几乎什么都能买到

B 甚至可以说，网上**购物**已经成为了一种生活方式

C 这给人们带来很多便利 答案【ACB】

【顾客】gùkè 名 去商店或服务行业买东西或要求服务的人。customer; shopper

扩展与搭配 一位～ 吸引～ 为～服务

<仿>阅读·请选出正确答案：

这是一家非常有名的咖啡店。店里的咖啡只有三种，但是每一种的味道都非常好，所以，虽然这里刚开业不久，但是每天都能吸引很多人来店里消费。

★ 这家咖啡店：

A **顾客**很多 B 只卖果汁

C 交通不方便 D 开了很久 答案【A】

<仿>书写·完成句子：

非常重视 商店 **顾客**的意见 这家

参考答案：这家商店非常重视**顾客**的意见。

【逛】guàng 动 外出散步；闲游；游览。stroll; saunter; ramble

搭配与拓展

～街 ～市场 ～商场 ～超市 ～公园 闲～ 逛逛

<仿>阅读·选词填空：

A 填 B **逛**街 C 社会 D 巧克力 E 新闻 F 京剧

★ 陪妻子（ ）这件事，很多丈夫都不喜欢做，却又不敢说出来。

答案【B】

<仿>阅读·请选出正确答案：

暑假里，我的家人来北京看我。我带他们吃了北京小吃，**逛**了王府井，爬了长城，看了故宫，一家人玩儿得很开心。

★ 以下哪件事我和家人没有做？

A **逛**了后海 B 参观了故宫

C 爬了长城 D 吃了北京小吃 答案【A】

【盒子】hézi 名 盛东西的器物，一般比较小，用纸糊成或用木板、金属、塑料等制成。box

扩展与搭配 一个～ 小～ 用～装

<仿>阅读·排列顺序：

A 然后把**盒子**扔进垃圾桶里

B 请大家先打开包装袋

C 一定不要随便扔到地上　　答案【BAC】

<仿>书写·完成句子：

装礼物的　　那些　　很漂亮　　**盒子**

参考答案：那些装礼物的**盒子**很漂亮。

【价格】 jiàgé 名 商品价值的货币表现。price

扩展与搭配　提高～　降低～　商品～　～合理　～便宜/贵　～高/低

<仿>阅读·排列顺序：

A 但是款式时尚又好看

B 那家店的衣服**价格**都很贵

C 所以顾客还是很多的　　答案【BAC】

<仿>阅读·请选出正确答案：

商店打折的时候，往往会先提高商品的**价格**，然后再打折。这样表面上看是便宜了很多，但是实际上一点儿也没便宜，有时候甚至比之前还贵了。这样的做法是非常不合适的。

★ 打折的商品：

A 质量不好　　B **价格**低

C 广告少　　D 不一定真便宜　　答案【D】

【零钱】 língqián 名（a）币值小的钱。change; money of small denominations, such as *jiao* and *fen*（b）零花的钱。pocket money

扩展与搭配　有～　没（有）～　换～　找～　花～

<仿>阅读·请选出正确答案：

他毕业以后就工作了。尽管每个月都有几千块钱的工资，可是因为他平时习惯了大手大脚地花钱，所以他自己的工资根本不够，每个月都要向父母再要一些**零钱**花。

★ 他：

A 已经工作了　　B 是学生

C 和父母住在一起　　D 很有趣　　答案【A】

<仿>书写·完成句子：

售货员　　很多**零钱**　　我　　找给

参考答案：售货员找给我很多**零钱**。

【流行】 liúxíng 动 广泛传布；盛行。popular; prevalent; fashionable

扩展与搭配 很～ 十分～ ～音乐 ～歌曲 ～语 ～病 ～色 ～性感冒

<仿>阅读·选词填空：

A 关键 B 虽然 C 味道 D 首都 E 乘坐 F **流行**

★ 这种毛衣最近很（ ），学校里很多女孩子都买了这样的款式。

答案【F】

<仿>书写·完成句子：

这首歌 非常 在当时 **流行**

参考答案：这首歌在当时非常**流行**。

【毛】 máo 量 一元的十分之一；角。*mao*, a fractional unit of money in China

扩展与搭配 一～钱 几～（钱）

<仿>阅读·选词填空：

A 准时 B **毛** C 气候 D 可惜 E 活动 F 流行

★ A：西瓜多少钱一斤？

B：现在便宜了，一斤才八（ ），而且特别甜，买一个尝尝吧！

答案【B】

【免费】 miǎn//fèi 动 免缴费用；不收费。free (of charge)

扩展与搭配 ～参观 ～使用 ～下载 ～上网 ～商品 ～停车场 ～的午餐 门票～ 饮料～

<仿>阅读·排列顺序：

A 要靠自己的努力得到想要的东西

B 就是告诉我们

C 人们常说“没有**免费**的午餐”

答案【CBA】

<仿>书写·完成句子：

咖啡 飞机上 提供 **免费**的

参考答案：飞机上提供**免费**的咖啡。

【排队】 pái//duì 动 一个挨一个按顺序排列成行。line up; queue

扩展与搭配 ～买票 ～上车 ～付款 ～等待 ～参观 排……队

<仿>阅读·请选出正确答案：

等公交车时，应该**排队**等候上车，不要挤到一起，更不能为了快点儿上车而站在道路中间，那样做很容易造成危险。

★ 等车时应该：

A 先集合　　B 往前跑

C **排队**　　D 打电话

答案【C】

【售货员】 shòuhuòyuán 名 商店里卖货物的工作人员。salesperson; shop assistant

扩展与搭配　一名~　热情的~　当~　招聘~

<仿>阅读·排列顺序：

A 他可能会回答你，他想当一名**售货员**

B 孩子的世界是很单纯的

C 比如你问一个孩子他的理想是什么

答案【BCA】

<仿>阅读·请选出正确答案：

没关系，还是身体要紧，生病了要注意多休息，等身体好了再来上课吧。等你病好了，我再帮你补一下课。

★ 这段话最可能是谁说的？

A 大夫　　B 记者

C 老师　　D **售货员**

答案【C】

<仿>书写·完成句子：

对每位顾客　**售货员**　那个　都很热情

参考答案：那个**售货员**对每位顾客都很热情。

【塑料袋】 sùliàodài 名 塑料材质的袋子。plastic bag

扩展与搭配　带~　买~　用~　乱扔~　~里/中/内

<仿>阅读·请选出正确答案：

现在的社会中，每个人的生活都离不开**塑料袋**。但是，**塑料袋**给人们的生活带来便利的同时，也给环境带来了严重的污染。

★ 这段话告诉我们要：

A 注意身体　　B 节约用水

C 少用**塑料袋**　　D 努力工作

答案【C】

<仿>书写·完成句子：

新买的书　里　在　装着呢　**塑料袋**

参考答案：新买的书在**塑料袋**里装着呢。

【现金】xiànjīn 名 钱，有时也包括可以提取现款的支票等。cash

扩展与搭配　取~　带~　付~　交~　拿~　有~　~消费

<仿>阅读·排列顺序：

A 随着手机支付的普及

B 有些年轻人甚至出门都不带钱包了

C 用**现金**的人越来越少　答案【ACB】

【样子】yàngzi 名（a）形状。appearance; shape（b）人的模样或神情。manner; air; expression（c）作为标准或代表，供人看或模仿的事物。model; standard; criterion（d）<口>形势；情势。situation (used in spoken Chinese)

扩展与搭配　~好看　高兴的~　难过的~　按照……的~　看~　老~

<仿>阅读·选词填空：

A 无论　B 直接　C **样子**　D 尝　E 无聊　F 干杯

★ A：你的胳膊还疼吗？医生怎么说？

B：还是老（　　），他让我以后不要再打网球了。　答案【C】

<仿>阅读·选词填空：

A **样子**　B 兴奋　C 尤其　D 随着　E 只好　F 顺便

★ A：看（　　）你对他很熟悉。

B：当然了，我跟他从小就认识，已经有十多年了。　答案【A】

<仿>书写·完成句子：

按照　**样子**　这幅字的　写　请

参考答案：请按照这幅字的**样子**写。

【质量】zhìliàng 名 产品或工作的优劣程度。quality

扩展与搭配　~好/差　提高~　保证~　产品~　空气~　工作~　教学~

<仿>阅读·选词填空：

A 由　B 可怜　C **质量**　D 坚持　E 完全　F 表扬

★ 经过几年的环境治理，这里的空气（　　）确实比以前好了很多。

答案【C】

<仿>阅读 · 请选出正确答案：

有些人喜欢去大商场购物，这并不是因为他们有钱，而是因为商场里的东西可以保证**质量**，还可以退换，让顾客很放心。

★ 有些人喜欢去商场购物，是因为：

A 他们有钱　　B 商场便宜

C 交通方便　　D 商品**质量**好

答案【D】

4 家庭

【安排】 ānpái [动] 有条理、分先后地处理（事物）；安置（人员）。arrange; schedule; handle somebody or something in an orderly manner

扩展与搭配 学习～ 工作～ 时间～ 会议～ 节目～ 住宿～ ～好 ～完 各项～ 做好～

<仿>听力·判断对错：

他很爱玩儿，这个周末还没过完，就开始安排下个周末的活动了。

★ 下个周末他没有活动。（　　） 答案【×】

<仿>阅读·选词填空：

A 理发　B 亚洲　C 邀请　D 周围　E **安排**　F 迷路

★ 这次会议的各项（　　）都非常周到，得到了参会人员的一致好评。

答案【E】

<仿>阅读·请选出正确答案：

一个人如果有理想，就知道自己努力的方向。相反，没有理想的人，往往不清楚自己想要什么，更不知道怎样**安排**自己的生活。

★ 关于有理想的人，下列不正确的是：

A 有计划　B 有方向

C 了解自己　D 不用努力 答案【D】

【擦】 cā [动]（a）用布、手巾等摩擦使干净。wipe; scrub（b）摩擦。rub

扩展与搭配 ～脸 ～汗 ～眼泪 ～眼睛 ～嘴 ～玻璃 ～窗户 ～桌子 ～黑板 ～干净 ～破皮

<仿>阅读·选词填空：

A 样子　B 超过　C 温度　D 入口　E **擦**　F 整理

★ A：只是腿（　　）破了点儿皮，大夫说不严重。

B：没事就好，你先躺下休息一会儿吧。 答案【E】

＜仿＞书写·完成句子：

他　毛巾　正在　用　**擦**汗　参考答案：他正在用毛巾**擦**汗。

【餐厅】cāntīng 名（a）宾馆、火车站、飞机场等附近的营业性食堂，也有的用作饭馆的名称。restaurant（b）供吃饭用的房间。dining room

扩展与搭配　一家~　开~　有特色的~　西~　自助~　预订~　有~

＜仿＞听力·请选出正确答案：

男：今天下班以后有时间吗？一起去吃饭怎么样？

女：可以啊，不过我今天要加班，可能要晚一个小时下班。

男：没关系。我们去公司附近新开的那家**餐厅**吧。

女：你怎么知道我正想去呢？

问：男的接下来可能做什么？

A 开车　B 预订**餐厅**

C 打印资料　D 工作　答案【B】

＜仿＞阅读·选词填空：

A 尊重　B 乱　C 温度　D **餐厅**　E 估计　F 倒

★ 会议结束后，请参会的代表们到一楼的（　　）用餐。 答案【D】

【厕所】cèsuǒ 名 专供人大小便的地方。toilet; restroom

扩展与搭配　男~　女~　打扫~　收拾~　去~　找~　公共~

＜仿＞书写·完成句子：

厕所　左边　有一个　前边的路口

参考答案：前边的路口左边有一个**厕所**。

【抽烟】chōu//yān 动 吸烟。smoke

扩展与搭配　会~　学~　喜欢~　禁止~　少~　别~　可以~　允许~　~区　~室　~有害健康

＜仿＞阅读·选词填空：

A 从来　B **抽烟**　C 航班　D 赶　E 正确　F 责任

★ 屋子里有小孩，你快别（　　）了。 答案【B】

<仿>阅读·请选出正确答案:

抽烟的人都知道**抽烟**有很多坏处，比如咳嗽，容易得肺病，影响周围人们的身体健康，等等。但是每次一说到戒烟，他们又总是会为**抽烟**找很多借口，比如**抽烟**能让人放松，能拉近人与人之间的距离。总之就是不想戒烟。

★ **抽烟**的人:

A 让人羡慕　　B 有自信

C 想引人注意　　D 不容易戒烟　　答案【D】

【出生】 chūshēng 动 胎儿从母体中分离出来。be born

扩展与搭配　~时间　~年月　~证明　~证　~地　~率　~的时候　~于……　~在……

<仿>阅读·请选出正确答案:

我**出生**在一座南方城市，从小就没见过下雪。听说生活在北方的人每年冬天都能看见好几场雪，我很羡慕他们。将来我也想去北方的城市看看雪。

★ 通过这段话，可以知道“我”:

A 是北方人　　B 不喜欢冬天

C 想看雪　　D 喜欢南方　　答案【C】

<仿>书写·完成句子:

一个　她　海边城市　**出生**在

参考答案:她**出生**在一个海边城市。

【厨房】 chúfáng 名 做饭菜的屋子。kitchen

扩展与搭配　一间~　打扫~　收拾~　~卫生　~垃圾　~里

<仿>听力·请选出正确答案:

男:把火关小一点儿吧，好像快要熟了。

女:我看一下时间，再等五分钟吧。

问:他们可能在哪里?

A **厨房**　　B 学校

C 银行　　D 车站　　答案【A】

【窗户】 chuānghu 名 墙壁上通气透光的装置。window

扩展与搭配　一扇~　打开~　开~　关~　擦~　~上

<仿>听力·请选出正确答案：

女：太冷了，今天是不是降温了啊？

男：确实比昨天冷。啊，**窗户**还开着，怪不得屋里这么冷！

问：男的是什么意思？

A 屋里很凉快　　B 屋里开着空调

C 屋里很热　　D 该关**窗户**了　　答案【D】

<仿>阅读·排列顺序：

A 这样有利于新鲜的空气进入屋内

B 每天早上起床后

C 应该先打开**窗户**通风　　答案【BCA】

【存】 cún 动（a）把钱或其他东西放在某地，或者某人、某单位那里。save; deposit（b）（心里）有（某种想法）have (an idea) in one's mind

扩展与搭配　~钱　~包　~款　~文件　~不了　~有希望　~有想法

反义词　取

<仿>阅读·排列顺序：

A 但是像这种比较大的背包

B 要**存**在入口那里的**存**包处

C 进入这家超市时，小包可以随身携带　　答案【CAB】

<仿>阅读·请选出正确答案：

这种优盘的设计非常好，可以直接挂在钥匙上，不用担心忘带或者找不到。把各种文件**存**在里面，有电脑的地方就可以用，真是太方便了！

★ 这种优盘：

A 很贵　　B 非常大

C 携带方便　　D 容易丢　　答案【C】

【倒】 dǎo 动（a）（人或竖立的东西）横躺下来。fall; topple（b）转换。change; transfer

扩展与搭配　摔~　弄~　碰~　~地　~下　~在地上　~车　~班

<仿>阅读·选词填空：

A 流行　B 逛　C 堵车　D 演员　E 估计　F **倒**

★ A：小心脚下，别把垃圾桶碰（　　）了。

B：啊！差一点儿。谢谢你的提醒。　　答案【F】

<仿>阅读·请选出正确答案：

他工作的地方离家很远，要先坐地铁，然后再**倒**公交车，每天上下班来回要花四个多小时。这常常让他感觉很累，因此他最近在考虑换一家离家近一点儿的公司。

★ 他为什么想换工作？

A 工作很累　　B 离家太远

C 工资太少　　D 不用**倒**车　　答案【B】

【倒】 dào 动（a）反转或倾斜容器使里面的东西出来；倾倒。pour; dump（b）使向相反的方向移动或颠倒。move backward（c）上下颠倒或前后颠倒。reverse; turn upside down

扩展与搭配　~水　~茶　~酒　~垃圾　~掉　~车　~退　~回去　~影　放~了

<仿>听力·请选出正确答案：

男：刚才下楼**倒**垃圾的时候，不小心把鞋子弄脏了。

女：没关系，用水冲一下就可以了。

问：男的怎么了？

A 鞋子丢了　　B **倒**了一杯水

C 受伤了　　D 鞋子脏了　　答案【D】

<仿>书写·完成句子：

注意观察　要　**倒**车的时候　周围的情况

参考答案：**倒**车的时候要注意观察周围的情况。

【掉】 diào 动（a）落。fall; drop（b）用在动词后面表示动作的完成。*used after certain verbs to indicate the completion of an action*

扩展与搭配　~色　~牙　~头发　~眼泪　~树叶　~下来　~光　~在地上　吃~　喝~　扔~　丢~　用~　花~　跑~　改~缺点

<仿>听力·判断对错：

传说猫有九条命，这么说主要是因为猫的平衡能力强，即使从很高的地方**掉**下来也不容易受伤。

★ 猫的平衡能力很好。(　　)　　答案【√】

<仿>阅读·请选出正确答案：

压力大会导致很多健康问题，比如没有食欲、睡眠不好、**掉**头发等等。这时候就需要自我调节，尽量放松，积极地面对问题，及时调整自己的心情。

★ 压力大可能会怎样？

A 开心　　B 无聊

C 容易饿　　D 脱发　　答案【D】

【丢】 diū 动（a）遗失；失去。lose; be missing（b）扔。throw; cast; toss

扩展与搭配　~钱包　~东西　~脸　~人　~面子　~三落四　弄~了　~掉

<仿>听力 · 请选出正确答案：

女：怎么样？你的钱包找到了吗？

男：找是找到了，但是里面的钱没有了。

问：男的**丢**了什么？

A 手机　　B 银行卡

C 学生证　　D 钱　　答案【D】

<仿>阅读 · 排列顺序：

A 最重要的是要学会从错误中吸取教训

B 因为面子不是最重要的

C 一个人做错了事并不**丢**脸　　答案【CBA】

【房东】 fángdōng 名 出租或借出房屋的人。landlord or landlady; owner or lessor of a house or room

扩展与搭配　一位~　联系~　找~

<仿>阅读 · 排列顺序：

A 刚来到这个陌生的城市

B 所以我觉得自己很幸运

C 就认识了一位热情的**房东**　　答案【ACB】

【放弃】 fàngqì 动 丢掉（原有的权利、主张、意见等）。abandon; give up

扩展与搭配　~机会　~学业　~工作　~比赛　~努力　不能~　主动~　永不~

<仿>阅读 · 选词填空：

A 申请　B **放弃**　C 日记　D 知识　E 估计　F 大概

★ 锻炼身体一定要坚持才有效果，不能锻炼几天就（　　）。　　答案【B】

<仿>阅读 · 请选出正确答案：

放弃是一种清醒的选择。只有学会**放弃**那些应该**放弃**的东西或事情，才能让自己轻松起来。学会**放弃**，才能够使人远离烦恼，让今后的生活更加美好。

★ 根据这段话，我们要：

A 学会选择　　　　　　　　B 学会**放弃**

C 学会沟通　　　　　　　　D 学会理解　　　　　　答案【B】

<仿>书写·完成句子：

放弃了　　机会　　出国留学的　　他

参考答案：他**放弃**了出国留学的机会。

【父亲】 fùqīn 名 有子女的男子，是子女的爸爸。father

扩展与搭配　一位～　当～　成为～　感谢～　关心～　照顾～　像～一样　～节

<仿>阅读·请选出正确答案：

人们常说"父爱如山"，是因为**父亲**跟母亲不一样，他们不善于用语言表达自己的情感，但是在**父亲**的内心深处，他们也同样深深地爱着自己的孩子。

★ 根据这段话，**父亲**可能：

A 说话比较少　　　　　　　B 很忙

C 不爱孩子　　　　　　　　D 关心孩子的成绩　　　　答案【A】

<仿>书写·完成句子：

我的**父亲**　　严格　　对我　　很

参考答案：我的**父亲**对我很严格。

【获得】 huòdé 动 取得；得到（多用于抽象事物）。gain; obtain; acquire; win (usually abstract things)

扩展与搭配　～奖学金　～成功　～掌声　～经验　～鼓励　～原谅　～自由　～支持

<仿>阅读·排列顺序：

A 重要的是要有积极努力的人生态度

B 一个人能否最终**获得**成功

C 并不是最重要的　　　　　　　　　　答案【BCA】

<仿>阅读·请选出正确答案：

张莉家的条件不太好，她考上大学后，只向家里要了一点儿学费，然后一边打工一边学习，读完了大学。大学期间，她每年都能**获得**奖学金，真是个懂事又努力的孩子。

★ 根据这段话，张莉：

A 还没毕业　　B 成绩优秀

C 还在打工　　D 不用交学费　　答案【B】

【家具】 jiājù 名 家庭用具，主要指床、柜、桌、椅等。furniture

扩展与搭配　一套～　制造～　生产～　买～　卖～　送～　新/旧～　～公司　～市场

<仿>阅读·请选出正确答案：

这几年，流行的**家具**款式一直在变，价格也越来越高。很多年轻人在选**家具**的时候，都不知道该怎么选择才好。其实，流行的东西不一定是适合自己的，所以，选**家具**要结合价格、质量、款式等几个方面，选择最合适的。

★ 买**家具**要选择：

A 好看的　　B 贵的

C 适合自己的　　D 流行的　　答案【C】

<仿>书写·完成句子：

妈妈　被　干干净净的　**家具**　擦得

参考答案：**家具**被妈妈擦得干干净净的。

【节约】 jiéyuē 动 节省（多用于较大范围，与“浪费”相对）。be thrifty; save; economize (often used in a larger scope, as opposed to “waste”)

扩展与搭配　～时间　～水电　～使用　～用水　～用电　～能源

反义词　浪费

<仿>阅读·选词填空：

A 污染　B 酸　C **节约**　D 知识　E 方面　F 解释

★ 保护环境，从每一个人做起，从（　　）每一滴水做起。　　答案【C】

<仿>阅读·请选出正确答案：

以前我租的房子虽然很大，但是离公司很远，每天上下班来回要三个多小时，所以每天下班以后我都觉得很累。现在我新租的房子离公司很近，走路只要十几分钟，**节约**了很多时间，这让我每天能更有精力地去工作和生活。

★ 换新房子以后：

A 节省了时间　　B 房租贵了

C 上班远了　　D 环境不好了　　答案【A】

辨析

节约　节省

两个词都可以用于表达日常生活中可能被用掉的东西没被用掉或用掉得少，如"节约 / 节省时间""花钱很节约 / 节省"。但"节约"还常表示一种观念、原则，如"提倡节约""节约是美德""勤俭节约"等，这时一般不用"节省"。

【客厅】 kètīng 名 接待客人用的房间。living room

扩展与搭配　打扫～　收拾～　在～　～里

<仿>阅读 · 选词填空：

A 一切　B **客厅**　C 关键　D 阳光　E 厉害　F 戴

★ 这套房子哪里都不错，唯一的缺点就是（　　）小了点儿。　答案【B】

<仿>书写 · 完成句子：

很好　**客厅**里　早晨　阳光　参考答案：早晨，**客厅**里阳光很好。

【垃圾桶】 lājītǒng 名 盛垃圾的器具，多为圆筒形。dustbin

扩展与搭配　买～　清理～　新 / 旧～　大 / 小～　分类～
扔到～里　扔进～（里）

<仿>听力 · 请选出正确答案：

女：小强，橘子皮不能扔到地上，快点儿捡起来。
男：那我放在桌子上，行吗？
女：行，不过你最好扔到**垃圾桶**里，不然我一会儿还得收拾。
男：好吧，知道了。
问：小强最后把橘子皮扔到哪儿了？

A 椅子上　B **垃圾桶**里
C 桌子上　D 地上　答案【B】

<仿>书写 · 完成句子：

应该　扔进　空瓶子　**垃圾桶**里

参考答案：空瓶子应该扔进**垃圾桶**里。

【浪费】 làngfèi 动 对人力、财物、时间等用得不当或没有节制（与"节约"相对）。waste; squander (manpower, materials, time, etc.) (as opposed to "save")

扩展与搭配　～时间　～资源　～金钱　～水电　～食物　～感情　减少～　反对～　不要～

反义词　　节约

<仿>听力 · 判断对错：

现在我很少看电视，其中一个主要原因就是广告太多了。不管什么节目，只要你打开电视，总能看到那么多的广告，简直就是**浪费**我的时间。

★ 他喜欢看电视广告。（　　）　　答案【×】

<仿>阅读 · 排列顺序：

A 请客吃饭时常常点很多菜

B 中国人很热情

C 其实如果吃不完的话就造成了**浪费**　　答案【BAC】

<仿>阅读 · 请选出正确答案：

方便筷作为日用品，经常出现在我们的生活中，特别是在外面吃饭时往往都使用方便筷。实际上，这是对资源的**浪费**。因为方便筷主要是用木材制作的，大量使用会破坏大片森林，如果一直这样用下去，将会对环境造成非常糟糕的影响。

★ 这段话主要想告诉我们：

A 节约用水　　B 少用方便筷

C 少去饭店　　D 多用木材　　答案【B】

【留】 liú 动（a）使留；不使离去。stay; ask somebody to stay（b）保留。retain（c）遗留。leave behind

扩展与搭配　～客人吃饭　～住　保～　～着　～给　～下了……的印象

<仿>听力 · 请选出正确答案：

女：下个月公司有新年晚会，你看我明天去换个发型怎么样？

男：可以啊！你这个发型**留**了好几年了吧？

问：女的明天可能去哪儿？

A 理发店　　B 学校

C 银行　　D 医院　　答案【A】

<仿>阅读 · 选词填空：

A 自然　B 暂时　C 礼貌　D 安全　E **留**　F 一切

★ 第一次见面的时候，他活泼开朗的笑容就给我（　　）下了非常好的印象。

答案【E】

【乱】 luàn ①形 没有秩序；没有条理。messy; disordered ②副 随便。random

扩展与搭配　很～　忙～　手忙脚～

~说　~写　~吃　~跑　~扔垃圾　~发脾气　~出主意

<仿>听力·请选出正确答案：

女：我刚收拾完屋子，怎么出去一趟回来又这么**乱**了？

男：佳佳说她的洋娃娃不见了，我正在帮她找呢。

问：男的在找什么？

A 书　　B 钱

C 洋娃娃　　D 钥匙　　答案【C】

【毛巾】 máojīn 名 擦脸或擦身体用的针织品。towel; washcloth

扩展与搭配　一条~　新~　买~　洗~　用~　拿~

<仿>听力·请选出正确答案：

女：你这是怎么了？怎么全身都湿透了？

男：外边下雨了我没带伞，快给我拿条**毛巾**吧，我还得洗个澡。

问：男的让女的帮忙做什么？

A 拿**毛巾**　　B 扔垃圾

C 做饭　　D 洗澡　　答案【A】

<仿>阅读·选词填空：

A 数量　B 直接　C **毛巾**　D 约会　E 小说　F 顺便

★ A：你要去超市买什么？

B：都是一些生活用品，牙膏、(　　)什么的。　　答案【C】

【母亲】 mǔqīn 名 有子女的女子，是子女的妈妈。mother

扩展与搭配　一位~　当~　成为~　感谢~　关心~　像~一样　~节　祖国~　~河

<仿>阅读·排列顺序：

A 因此被中国人称为"**母亲**河"

B 从古至今养育了无数中国人

C 黄河是中国的第二长河　　答案【CBA】

<仿>书写·完成句子：

很高兴　听到　**母亲**　这个消息

参考答案：**母亲**听到这个消息很高兴。

【排列】 páiliè 动 按次序站立或摆放。arrange; array

扩展与搭配 ~顺序 ~整齐 ~起来 按……~

<仿>阅读·选词填空：

A 修理 B 实际 C 通知 D **排列** E 脏 F 年龄

★ 图书馆书架上的书总是（ ）得整整齐齐的。 答案【D】

<仿>书写·完成句子：

请 规定的顺序 这些卡片 按 **排列**

参考答案：请按规定的顺序**排列**这些卡片。

【陪】 péi 动 陪伴。accompany

扩展与搭配 ~客人 ~父母 ~家人 ~着 ~读

<仿>听力·判断对错：

工作是生活的一部分但并不是全部，还是要尽量抽出一些时间多**陪陪**家人。

★ 要尽量抽出时间与家人在一起。（ ） 答案【√】

<仿>听力·请选出正确答案：

男：我今天头一直很晕，你能**陪**我去一趟医院吗？

女：严重吗？我马上就下楼。

问：女的为什么要去医院？

A 发烧了 B 感冒了

C 头晕 D **陪**男的 答案【D】

【破】 pò ① 动（a）（使）完整的东西变得不再完整。be broken; be damaged; split or crack into pieces（b）突破；破除（规定、习惯、思想等）。break; do away with (rules, regulations, habits, ideas, etc.) ② 形 不完整的；破烂的。broken; battered

扩展与搭配 打~ 摔~ 弄~ ~碎 ~记录 ~例

~东西 ~衣服 ~袜子 ~房子

<仿>阅读·选词填空：

A 粗心 B 顺利 C 例如 D 免费 E **破** F 趟

★ A：这双袜子的质量真不怎么样，刚穿了一天就（ ）了。

B：是吗？我记得价格好像还不便宜呢。 答案【E】

<仿>阅读·排列顺序：

A 这样，也许就能找到解决问题的更好的办法

B 要敢于打**破**规定

C 改变自己的态度和想法 答案【BCA】

【亲戚】 qīnqi 名 跟自己家庭有婚姻关系或血统关系的家庭或成员。relative; kinsfolk

扩展与搭配 看~ 走~ ~关系 ~朋友

<仿>阅读·排列顺序：

A 但是他对我并不怎么热情

B 联系了一个**亲戚**

C 我去了那个陌生的大城市以后 答案【CBA】

<仿>书写·完成句子：

来参加 **亲戚**朋友们 邀请了 婚礼 他

参考答案：他邀请了**亲戚**朋友们来参加婚礼。

【取】 qǔ 动（a）拿到手里。take; get; fetch（b）得到；招致。aim at; seek

扩展与搭配 ~钱 ~款 ~书 ~票 ~行李 ~东西 ~下来 ~回来 ~款机 ~得 ~暖

<仿>听力·请选出正确答案：

女：不好意思，先生，我们这里只收现金。

男：手机支付不行吗？我身上的现金不够了。这附近有**取**款机吗？

问：男的接下来最可能去做什么？

A 买单 B 打电话

C **取**钱 D 吃饭 答案【C】

<仿>阅读·排列顺序：

A 与大家的帮助是分不开的

B 当然，最重要的还是靠他自己的努力

C 他能**取**得今天的好成绩 答案【CAB】

【扔】 rēng 动（a）挥动手臂，使拿着的东西离开手。throw; toss; cast（b）抛弃；丢。throw away; cast aside

扩展与搭配 ~石头 ~铅球 ~进去 ~出去 ~东西 乱~ ~垃圾 ~掉 ~下

<仿>听力·请选出正确答案：

女：说过多少次了，你怎么又把衣服随便**扔**在沙发上了？

男：哎呀，好了好了，我马上收拾行了吧。

问：男的接下来最可能去做什么？

A 挂衣服　　B 打扫房间

C **扔**垃圾　　D 睡觉　　答案【A】

<仿>阅读·排列顺序：

A 香蕉皮这些东西

B 因为人踩上去很可能滑倒

C 一定不要往地上乱**扔**　　答案【ACB】

【沙发】 shāfā 名 装有弹簧或厚泡沫等的坐具，一般有靠背和扶手。sofa

扩展与搭配　一套～　买～　抬～　搬～　单人～　真皮～　坐在～上　舒服的～

<仿>阅读·请选出正确答案：

新家装修好以后，我打算买一个舒服的**沙发**。逛了很多商场都没有遇到让我满意的，家人都说是我太挑剔了。

★ 他打算：

A 修**沙发**　　B 买**沙发**

C 装**沙发**　　D 换**沙发**　　答案【B】

<仿>书写·完成句子：

躺在　　看电视　　她喜欢　　**沙发**上

参考答案：她喜欢躺在**沙发**上看电视。

【生活】 shēnghuó ① 名（a）人或生物为了生存和发展而进行的各种活动。life; activities of a person or living thing for survival and development（b）衣、食、住、行等方面的情况。livelihood; clothes, food, housing, and travelling ② 动（a）进行各种活动。carry out activities（b）生存。live; exist

扩展与搭配　热爱～　日常～　精神～　～环境　～方式　～水平　～困难　～幸福　～质量

美好的～　现代～　业余～

一起～　～着　～在一起　～下去

<仿>阅读·排列顺序：

A 人的生命只有一次

B 都要好好儿地**生活**下去

C 因此无论遇到多大的困难 答案【ACB】

＜仿＞阅读·请选出正确答案：

网络给现代**生活**带来了方便，丰富了人们的业余**生活**，让人们在娱乐的同时能够学到很多知识，但是如果过分依赖网络，也是十分有害的。

★ 这段话想告诉我们：

A 网络不好　　B **生活**很方便

C 不要过分依赖网络　　D 要多交朋友　　答案【C】

【使用】 shǐyòng 动 使人员、器物、资金等为某种目的服务。use; employ; make use of

扩展与搭配 正确～　正常～　禁止～　～手机　～筷子　～范围　～工具　～方法　～说明

＜仿＞阅读·选词填空：

A 流行　B **使用**　C 零钱　D 免费　E 赢　F 压力

★ 他从事的是计算机工作，所以对（　　）电脑方面的知识很了解。

答案【B】

＜仿＞书写·完成句子：

打印机　那台　**使用**了　现在　可以

参考答案：那台打印机现在可以**使用**了。

【收】 shōu 动（a）接；接受；容纳。receive（b）把外面的事物拿到里面；把摊开的或分散的事物聚拢。bring in; gather together

扩展与搭配 ～信　～件　～钱　～邮件　～传真　～通知　～礼物　～下　～到　～回来　～起来　～集

＜仿＞听力·请选出正确答案：

男：下个月你就要过生日了，想**收**到什么样的礼物呢？

女：送什么不是你应该想的问题吗？

男：可是我怕我送的礼物你不喜欢。

女：没关系啊，你送的我都喜欢。

问：男的要送女的什么？

A 还不知道　　B 手机

C 钱包　　D 玩具　　答案【A】

<仿>阅读·选词填空：

A 出发　　B **收**　　C 大约　　D 当地　　E 对面　　F 方法

★ 马上就要下雨了，快去把外面的衣服（　　）回来。　　答案【B】

【收拾】 shōushi 动 整顿；整理。tidy; clear away; put in order

扩展与搭配　~房间　~行李　~衣服　~桌子　~干净　~整齐　~一下

<仿>听力·请选出正确答案：

女：快点儿**收拾**一下行李吧，要不然赶不上火车了。

男：刚才你出去买东西的时候，我就已经**收拾**好了。

问：他们最可能在哪儿？

A 家里　　B 火车站

C 商店　　D 银行　　答案【A】

<仿>书写·完成句子：

他　　被　　屋子　　很干净　　**收拾**得

参考答案：屋子被他**收拾**得很干净。

辨析

收拾　整理

两个词都有"弄好、弄整齐"的意思，如"收拾／整理房间""收拾／整理行李"等。但"整理"还可以与"材料、笔记、思路"等词语搭配使用，而"收拾"没有这种用法。

【受到】 shòudào 动（a）接受；得到。receive（b）遭受。suffer; be subjected to

扩展与搭配　~表扬　~尊敬　~欢迎　~伤害　~影响　~……的限制　~……的影响

<仿>阅读·排列顺序：

A 因此常常**受到**老师们的表扬

B 上课的时候也非常积极

C 他是一个学习很认真的学生　　答案【CBA】

<仿>阅读·请选出正确答案：

现在的交通广播节目很不错，新闻、音乐、交通等各种信息都有，而且主持人也很风趣幽默，因此**受到**了司机们的欢迎。特别是出租车司机，一上车就要打开广播收听节目。

★ **受到**出租车司机欢迎的是：

A 主持人　　B 广播节目

C 新闻　　D 交通信息　　答案【B】

【孙子】 sūnzi 名 儿子的儿子。(paternal) grandson

扩展与搭配　照顾～　看～

<仿>听力·请选出正确答案：

女：听说你的**孙子**考上了北京大学？真是太优秀了！

男：是啊，他从小就喜欢学习，从来不让大人操心。

问：他们在谈谁？

A 房东　　B 售货员

C 朋友　　D 男的的**孙子**　　答案【D】

<仿>书写·完成句子：

他的**孙子**　国外　去了　去年

参考答案：他的**孙子**去年去了国外。

【袜子】 wàzi 名 穿在脚上的东西，用棉、毛、丝、化学纤维等制成或用布织成。socks

扩展与搭配　一双～　一只～　新～　洗～　穿～　买～　～坏了　～破了

<仿>阅读·选词填空：

A 答案　B **袜子**　C 好处　D 仍然　E 得意　F 流利

★ 孩子们相信，圣诞老人会把礼物放进他们提前准备好的（　　）里。

答案【B】

<仿>阅读·选词填空：

A 出现　B 猜　C 祝贺　D **袜子**　E 重视　F 好像

★ A：天气变冷了，我得去商店买一双厚（　　）。

B：正好我也想去买东西，我们一起去吧。　　答案【D】

【卫生间】 wèishēngjiān 名 旅馆、住宅等有卫生设备的房间；厕所。restroom; toilet

扩展与搭配　打扫～　收拾～　去～　找～　公共～　有/没有～　～里

<仿>听力·请选出正确答案：

女：你等我一下，我去趟洗手间。

男：好，那你快点儿，还有几分钟就要开始登机了。

问：女的要去哪儿？

A 银行　　B 学校

C 机场　　D **卫生间**　　答案【D】

【牙膏】 yágāo 名 刷牙用的膏状物，一般装在金属或塑料的软管里。toothpaste; dental cream

扩展与搭配　一支～　一管～　买～　挤～　儿童～

<仿>阅读·请选出正确答案：

超市里有很多种儿童**牙膏**，父母在选择的时候常常很疑惑，不知道选择哪种**牙膏**比较好。其实，虽然**牙膏**宣传的功效有很多，但是区别并不大。比选择**牙膏**更重要的，是教育孩子养成每天都刷牙的好习惯。

★ 根据这段话，比选**牙膏**更重要的是：

A 多吃饭　　B 宣传

C 锻炼身体　　D 坚持刷牙　　答案【D】

<仿>书写·完成句子：

味道　　这种　　很　　**牙膏**的　　好闻

参考答案：这种**牙膏**的味道很好闻。

【眼镜】 yǎnjìng 名 戴在眼睛上矫正视力或保护眼睛的透镜。glasses

扩展与搭配　一副～　戴～　配～　新～　近视～　～店

<仿>听力·请选出正确答案：

男：我的**眼镜**掉在地上了，**眼镜**腿儿也摔断了。

女：没关系，去**眼镜**店配一副新的吧。

问：男的怎么了？

A 生病了　　B 困了

C 腿受伤了　　D **眼镜**摔坏了　　答案【D】

【钥匙】 yàoshi 名 用来开锁或上锁的东西。key

扩展与搭配　一把～　找～　配～　带～　忘带～了　～丢了　万能～

<仿>阅读·请选出正确答案：

我的室友是一个很马虎的人，出门的时候经常不带**钥匙**。平时也没什么，他敲门我就给他开一下门。麻烦的是，好几次晚上我已经睡着了，却被他的敲门声吓醒。我想跟他说以后多注意，但是又觉得都是住在一个屋子里的室友，互相帮一下忙也是应该的，所以一直不好意思开口。

★ 我的室友经常：

A 喝醉　　B 走错门

C 帮助我　　D 忘带**钥匙**　　答案【D】

<仿>书写·完成句子：

他配了　**钥匙**　一把　办公室的

参考答案：他配了一把办公室的**钥匙**。

【脏】 zāng 形 不干净。dirty; filthy

扩展与搭配　很～　不～　太～了　～水　～衣服　容易～　弄～　～话

反义词　干净

<仿>听力·请选出正确答案：

男：你把这件衣服脱了，试试白色的。

女：我觉得这件就挺好的，长度也正合适。

男：可是我觉得白色的更好看。

女：白色的容易**脏**。

问：女的觉得白色的衣服怎么样？

A 更好看　　B 容易**脏**

C 有点儿贵　　D 太长了　　答案【B】

<仿>书写·完成句子：

他　新鞋子　弄**脏**了　把　刚买的

参考答案：他把刚买的新鞋子弄**脏**了。

【整理】 zhěnglǐ 动 使有条理、有秩序。arrange; put in order

扩展与搭配　～房间　～行李　～东西　～材料　～心情　～箱　好好儿～　～好了　～一下

<仿>听力·请选出正确答案：

男：小李，论文写得怎么样了？

女：刚刚写了个开头，最近一直在**整理**材料。

男：**整理**材料很重要，但是最重要的是要有自己的想法。

女：是啊，我会努力写好论文的。

问：男的认为写论文最重要的是什么？

A **整理**材料　　B 有自己的想法
C 问老师　　D 抓紧时间　　答案【B】

<仿>阅读·排列顺序：

A 只有他一直在认真地干活
B 很多学生都是做一会儿就找借口出去了
C **整理**这些卡片是件很麻烦的事情　　答案【CBA】

<仿>书写·完成句子：

整理　他　会议记录　得　很好　把

参考答案：他的会议记录**整理**得很好。

辨析
收拾、整理，见第72页【收拾】。

【租】 zū ①动（a）租用。hire; rent（b）出租。rent out; let out; lease ②名 出租收取的或租用支付的金钱或实物。rent; money or materials one pays to use something

扩展与搭配　~房　~车　~书　~出去　出~
~金　房~　月~

<仿>听力·判断对错：

我刚换了工作，房子也打算重新**租**，但是房**租**不能太贵，一千两百块左右我可以接受。
★ 他买了新房子。（　　）　　答案【×】

<仿>阅读·请选出正确答案：

有个人喝醉了，他叫了辆**出租**车，对司机说："去佳和酒店。"司机觉得很奇怪，回答说："这里就是佳和酒店啊。"那人一边掏钱一边称赞说："你开得还真快啊！"

★ 根据这段话，我们知道：
A 那个人喝醉了　　B 司机开得很快
C 司机骗人　　D 那个人迷路了　　答案【A】

5 健康

【打针】 dǎ//zhēn 动 把液体药物注射到体内。inject; give or take an injection

扩展与搭配 需要～ 不用～ 给……～ 打了一针 打过针

<仿>听力 · 判断对错：

最近几年，在城市中养小猫小狗需要办很多手续，还要经常给它们**打针**，带它们出去玩儿也有一些规定。

★ 养小动物很麻烦。（ ） 答案【√】

<仿>阅读 · 请选出正确答案：

我昨天突然肚子疼，就去了医院。本来以为不太严重，开些药就可以了，没想到医生说我得了很严重的胃病，光吃药不行，还必须**打几针**。看来我以后一定要注意饮食，生活也要有规律些。

★ 他为什么去医院？

A 肚子疼　　B 头疼

C 想**打针**　　D 看朋友　　答案【A】

<仿>书写 · 完成句子：

医生　妹妹　正在给　**打针**

参考答案：医生正在给妹妹**打针**。

【大夫】 dàifu 名 医生（用于口语）。doctor (used in spoken Chinese)

扩展与搭配 一位～ 一名～ 当～ 看～ 找～

<仿>听力 · 请选出正确答案：

女：**大夫**，我的病严重吗？

男：别担心，你头疼是太累、工作压力太大引起的，回去以后好好儿休息。

问：关于女的，下面哪项不对？

A 太累　　B 工作压力太大

C 头疼　　　　D 病得很严重　　　　答案【D】

<仿>书写·完成句子：

大夫的意见　　你　　听听　　应该

参考答案：你应该听听**大夫**的意见。

【护士】 hùshi 名 医疗机构中担任护理工作的人员。nurse

扩展与搭配　一位~　一名~　当~　~长　~站

<仿>听力·判断对错：

市医院正在招聘**护士**，可是要求必须有两年以上的工作经验。我才毕业半年，真是可惜了。

★ 这个人是医生。(　　)　　　　答案【×】

<仿>阅读·请选出正确答案：

医生和**护士**的工作其实很辛苦，他们常常加班、上夜班，忙的时候甚至连饭都没有时间吃。而且他们每天都要接触很多病人，很难满足所有人的要求，所以他们非常需要人们的理解和支持。

★ 医生和**护士**：

A 收入低　　　　B 很轻松

C 工作很累　　　　D 工作有意思　　　　答案【C】

【减肥】 jiǎn//féi 动 用节制饮食、锻炼等方法减轻肥胖的程度。lose weight

扩展与搭配　坚持~　放弃~　~食品　~药　~茶　~操　~产品　~中心　~方法　健康~　减过肥　减了一年肥　减减肥

<仿>听力·判断对错：

减肥最好的办法就是锻炼和少吃东西。我不赞成吃**减肥**药，因为那样会对身体造成很大的伤害。

★ 我不同意吃**减肥**药。(　　)　　　　答案【√】

<仿>阅读·选词填空：

A 获得　　B 困　　C 报名　　D 不过　　E **减肥**　　F 短信

★ A：我下个月要去拍婚纱照，所以现在必须得（　　）了。

B：**减**什么**肥**啊？你一点儿也不胖啊！　　　　答案【E】

<仿>阅读·排列顺序：

A 有些人通过节食的方法来**减肥**

B 真正健康的**减肥**方法应该是多锻炼

C 其实这种做法是不可取的　　答案【ACB】

【咳嗽】 késou [动] 喉部或气管受到刺激时快速吸气，然后马上强烈地呼气，声带振动发出声音。咳嗽是保护性的条件反射动作，能清理呼吸道，也是某些疾病的症状。cough

扩展与搭配　治疗～　～得厉害

<仿>阅读·选词填空：

A 允许　B **咳嗽**　C 温度　D 好处　E 肯定　F 密码

★ A：你又开始（　　）了，赶快把烟戒了吧！

B：是我感冒了，不关抽烟的事儿。　　答案【B】

<仿>书写·完成句子：

得　他　非常　**咳嗽**　厉害

参考答案：他**咳嗽**得非常厉害。

【难受】 nánshòu [形]（a）身体不舒服。unwell（b）伤心；不愉快。sad; unhappy

扩展与搭配　很～　特别～　身体～　觉得～　肚子～　心里～　让/叫/使人～

<仿>听力·请选出正确答案：

男：小王今天上体育课的时候受伤了。

女：啊，严重吗？

男：已经送医院了，医生说需要住院。

女：这么热的天住院，肯定挺**难受**的。

问：小王现在在哪儿？

A 学校　B 教室

C 医院　D 商场　　答案【C】

<仿>阅读·请选出正确答案：

他是个很有同情心的人。在别人遇到困难，或是伤心难过的时候，他总是能很好地关心、安慰那些人。

★ 他非常：

A 无聊　B 让人**难受**

C 有同情心　D 冷漠　　答案【C】

<仿>书写·完成句子：

这个消息　心里　他　让　很**难受**

参考答案：这个消息让他心里很**难受**。

【生命】 shēngmìng 名 生物体所具有的活动能力。life

扩展与搭配　珍惜~　失去~　有~力

<仿>阅读·排列顺序：

A 因此每个人都要珍惜这来之不易的机会

B **生命**只有一次

C 好好儿经营自己的人生　答案【BAC】

<仿>阅读·请选出正确答案：

一心只想赚钱的公司是没有**生命**力的。一个好的公司，必须拉近和顾客之间的距离，把顾客的需要放在首位，学会带着感情与顾客进行对话与交流。

★ 公司要具有**生命**力，应该重视什么？

A **生命**　B 顾客的需要

C 金钱　D 感觉　答案【B】

<仿>阅读·请选出正确答案：

最近学校组织了一次课外活动，让大家去看交通事故的图片展览。看着那一幅幅让人伤心、难过的图片，很多人都说今后一定要从身边的小事做起，遵守交通规则，珍爱**生命**。

★ 这是一次什么样的活动？

A 打扫卫生　B 摄影展览

C 健康教育　D 安全教育　答案【D】

【死】 sǐ ① 动（生物）失去生命。die ② 形（a）固定；死板；不活动。fixed; rigid; inflexible（b）表示程度达到极点。extreme; to death

扩展与搭配　~人　生老病~　~去

读~书　高兴~了　饿~了　热~了　冷~了　累~了

反义词　生/活

<仿>阅读·选词填空：

A 当时　B **死**　C 来不及　D 社会　E 部分　F 尝

★ 读书不能读（　　）书，就是说要有自己的理解和判断，不能完全相信书本上

的内容。 答案【B】

<仿>阅读·排列顺序：

A 因此我们要珍惜这有限的生命

B 无论是谁都无法逃避

C 生、老、病、**死**是每个人都要经历的过程 答案【CBA】

<仿>阅读·请选出正确答案：

“过劳**死**”是指由于过度劳累突然死亡。虽然我们的生活条件变好了，但人们的压力却变得越来越大，休息、锻炼的时间也在减少，所以我们应该爱护身体，放松心情。

★ 根据这段话，有些人为什么会突然死亡？

A 不工作 B 过度劳累

C 没有钱 D 心情不好 答案【B】

6 交流

【抱歉】 bàoqiàn 形 心里不安，觉得对不起别人。sorry; regrettable; apologetic

扩展与搭配 很～ ～地说 ～得很 感到～

<仿>听力·判断对错：

小李，我知道你在准备创业，很缺钱。但是我暑假的时候刚买了一套房子，还有不少贷款没有还呢。这次帮不了你了，真对不起。

★ 他帮不上小李，觉得很**抱歉**。（ ） 答案【√】

<仿>阅读·排列顺序：

A 就在大家面前批评了你

B **抱歉抱歉**，是我太粗心了

C 还没有完全弄清楚 答案【BCA】

<仿>书写·完成句子：

感到 对 事情 昨天的 很**抱歉** 我

参考答案：我对昨天的事情感到很**抱歉**。

【表扬】 biǎoyáng 动 对好人好事公开赞美。praise

扩展与搭配 ～别人 得到～ 获得～ 值得～ 对……进行～

反义词 批评

<仿>阅读·请选出正确答案：

批评和**表扬**都是经常发生的。面对批评，不要太伤心，因为谁都有做错的时候。受到表扬，也不要太骄傲，因为一次成功不等于永远成功。

★ 如果得到了**表扬**，应该：

A 很伤心 B 很得意

C 不要骄傲 D 不要伤心 答案【C】

<仿>阅读·请选出正确答案：

表扬得当可能会影响孩子的一生，特别是刚刚上学的小学生，他们都希望得到**表扬**，所以**表扬**对刚入学的孩子是非常重要的。如果你是老师的话，请多**表扬**这些孩子吧。

★ 根据这段话，老师应该怎样对待刚入学的小孩子？

A 要严肃　　B 多微笑

C 多**表扬**　　D 要求要少　　答案【C】

【打扰】 dǎrǎo 动（a）扰乱；搅乱。disturb; trouble（b）客气话，用于受招待或请人帮忙。*polite remarks used when somebody is received or asks for a favour*

扩展与搭配　被～　别～　～别人　请勿～　～一下

<仿>听力·请选出正确答案：

女：姐姐在看书呢，你不要去**打扰**她。

男：那她什么时候能看完书？

女：她一会儿就写完作业了。你先自己玩儿会儿，好吗？

男：好吧。

问：男的想做什么？

A 找弟弟　　B 写作业

C 跟姐姐玩儿　　D 看电视　　答案【C】

<仿>阅读·排列顺序：

A 不希望总是被别人**打扰**

B 大多数人在逛街时

C 他们更喜欢自己看、自己选　　答案【BAC】

【打招呼】 dǎ zhāohu ①见面时点头或说话问候，如“你好”“去学校啊”“吃饭了吗”等。greet; say hello ②（在事前或事后）就某事或某问题予以通知或关照。notify; let somebody in on something (beforehand or afterwards)

扩展与搭配　互相～　和/跟……～　向……～　打过招呼

注意：“打招呼”是一个动宾结构，后面不能带宾语，如不能说“打招呼你”，但是可以在“打”和“招呼”之间加别的成分，如“打一个招呼”“打了招呼”等。

<仿>听力·请选出正确答案：

男：早上在楼上和你**打招呼**的那位女士是谁？

女：新来的经理。今天晚上我还要给她汇报工作呢。

男：我想起来了，是她呀。

女：下次见面的时候我给你介绍一下。

问：他们在说谁？

A 客户　　B 楼上的旅客

C 新来的经理　　D 服务人员　　答案【C】

<仿>阅读 · 选词填空：

A **打招呼**　B 首先　C 人们　D 保持　E 一定　F 生活

★ A：听说你当老师了，感觉怎么样？

B：挺好的，学生们很懂礼貌，都主动和我（　　）。　答案【A】

【道歉】 dào//qiàn 动（正式地）表示歉意。apologize; make an apology

扩展与搭配　向……~　道过歉　道了歉

<仿>阅读 · 选词填空：

A 性格　B 首先　C 人们　D **道歉**　E 一定　F 生活

★ 朋友间要做到言而有信，如果实在做不到，就应向朋友（　　），并说明原因。

答案【D】

<仿>阅读 · 排列顺序：

A 就应该马上向对方**道歉**

B 如果做错了事

C 每个人都要诚实守信　　答案【CBA】

【对话】 duìhuà 动 两个或更多的人互相说话。carry out a dialogue

扩展与搭配　进行~　完成~　~内容　跟/与/和……~

一段~

<仿>听力 · 请选出正确答案：

女：两位专家的**对话**很有意义，让我们得到了很多信息。

男：是啊，我们回去好好儿讨论讨论。

问：两位专家最可能做了什么？

A 报告　　B 交流

C 比赛　　D 采访　　答案【B】

<仿>阅读·请选出正确答案：

昨天上午过来面试的那个女生是学计算机的，专业成绩很优秀。通过应聘时和她**对话**，我觉得她很努力，性格也挺好，挺适合这份工作的，所以我建议您留下她。

★ 他觉得那个女生怎么样？

A 很可爱　　B 很开心

C 性格好　　D 没有能力　　答案【C】

【反对】 fǎnduì 动 提出否定意见；不赞成；不同意。oppose; disagree

扩展与搭配　不~　表示~　~结婚　~意见　~的声音

反义词　支持

<仿>阅读·请选出正确的答案：

狗是人类的好朋友。它们不但给我们的生活带来了欢乐和温暖，而且让我们更有爱心与责任心，所以它们值得受到我们每个人的喜爱。相信你也会同意我的看法。

★ 说话人不希望大家对他的看法：

A 表示**反对**　　B 表示愤怒

C 表示同意　　D 表示喜爱　　答案【A】

<仿>书写·完成句子：

反对　这样做　人　都　参加会议的

参考答案：参加会议的人都**反对**这样做。

【鼓励】 gǔlì 动 用语言或行为使某人有自信或更加自信。encourage

扩展与搭配　互相~　得到~　受到~　~学生　~大家　在……的~下

<仿>阅读·请选出正确答案：

孩子遇到麻烦时，大人不要马上提供帮助，要让他坚持一下，让他相信自己通过努力能够克服困难，学会自己面对问题，建立能够解决问题的自信。

★ 说话人认为孩子有困难时，大人首先应该：

A **鼓励**他　　B 帮助他

C 相信他　　D 重视他　　答案【A】

<仿>阅读·排列顺序：

A 学唱歌是一件很累的事

B 但在妈妈的**鼓励**下，他一直都坚持着

C 每天都要早起练习发音　　答案【ACB】

【建议】 jiànyì ①动向人提出自己的主张。propose; suggest ②名向人提出的主张。proposal; suggestion

扩展与搭配 ～一下　向……～
很好的～　提～

<仿>听力·请选出正确答案：

女：你可以打折的时候再去买。
男：那得等到什么时候啊？
女：下周他们就有优惠活动，你可以去看看。
问：女的**建议**男的什么时候去买？

A 打折的时候　　B 过年的时候
C 逛街的时候　　D 和她一起的时候　　答案【A】

<仿>阅读·请选出正确答案：

专家认为应该从小对孩子进行钱的教育。他们**建议**，当孩子3到5岁时，父母要让孩子认识和了解钱的作用；当孩子6到10岁时，父母要教孩子如何去管理自己的钱，并且明白存钱的重要性。

★ 父母应教9岁的孩子：

A 怎样管钱　　B 怎样换零钱
C 不要浪费　　D 怎样借钱　　答案【A】

【交】 jiāo 动（a）把东西转移给有关的人或单位。deliver; hand over（b）与人交流、联系。associate with

扩展与搭配 ～卷　～作业　～给　～上去　～朋友　～到/上朋友

<仿>阅读·排列顺序：

A 于是就**交**给我来主持了
B 可是他突然有事要出差
C 这次会议本来是由王老师主持的　　答案【CBA】

<仿>阅读·请选择正确答案：

在现实生活中，他是很内向的。但是，在网络世界里他却非常活跃。通过网络，他认识了很多没见过面的好朋友。他每天都上网，与他的朋友们聊天儿。

★ 为什么说他在网络里非常活跃？

A 很内向　　B 胆子很大

C 交了很多网友　　　　D 喜欢说话　　　　答案【C】

【交流】 jiāoliú 动 互相把自己有的供给对方。communicate; exchange

扩展与搭配　认真～　文化～　对外～　～经验　～会　～中心　与……～

<仿>听力·判断对错：

他的朋友们都知道他是个经历丰富的人，都喜欢和他聊天儿。可以说，跟他在一起聊天儿是一件非常快乐的事。

★ 大家不喜欢与他**交流**。（　　）　　　　答案【×】

<仿>阅读·请选出正确答案：

选择适当的时间去跳跳舞，可以让大脑更好地休息，而且还对睡眠有好处。它既是一种运动，也是一种人际交往活动，可以跟别人多聊天儿，还可以交到许多朋友。

★ 跳舞的好处不包括以下哪项？

A 让大脑休息　　　　B 和别人**交流**

C 锻炼身体　　　　D 节约时间　　　　答案【D】

【接受】 jiēshòu 动（a）收取（给予的东西）。receive（b）不拒绝。accept; take in

扩展与搭配　～礼物　～帮助　不能～……的帮助　～建议　～道歉　～批评　～任务
普遍～　无条件～……的建议　我们的条件，他全部～了

反义词　拒绝

<仿>阅读·请选出正确答案：

有许多人，特别是女孩子，喜欢**接受**流行的标准，并按照这一标准打扮自己。其实，在任何时候，流行不流行并不重要，只有适合自己的才是最重要的，才是最好的。

★ 年轻人应该穿什么样的衣服？

A 可以**接受**的　　　　B 流行的

C 适合自己的　　　　D 职业的　　　　答案【C】

<仿>书写·完成句子：

不能　　邀请　　随便**接受**　　我们　　别人的

参考答案：我们不能随便**接受**别人的邀请。

【拒绝】 jùjué 动 不接受（请求、意见或赠礼等）。refuse; deny

扩展与搭配　不能～　～不了　学会～　～别人　～参加

反义词　接受

＜仿＞听力·判断对错：

一个人如果想要成功，就必须学会**拒绝**。**拒绝**坏朋友，也**拒绝**自己的坏脾气和坏习惯。

★ 我们需要**拒绝**一些东西。（　　）　　答案【√】

＜仿＞阅读·请选出正确答案：

不要因为一句话或一件事，就去**拒绝**别人的好意或者判断一个人的好与坏。只有通过长时间的观察，我们的判断才能更准确。所以，静下心来，好好儿观察一下吧！

★ 根据这段话，应该怎样判断一个人？

A **拒绝**他　　B 多观察

C 听他解释　　D 参加活动　　答案【B】

【开玩笑】 kāi wánxiào ①为了快乐，说话或做事让别人笑。joke; make fun of ②不认真地说话或做事。treat lightly

扩展与搭配　互相～　爱～　不～　～的话　跟……～　开了个大玩笑　这不是～的事情

注意："开玩笑"是一个动宾结构，后面不能带宾语，不能说"开玩笑你"，但是可以在"开"和"玩笑"之间加别的成分，如"开个玩笑""开他的玩笑"等。

＜仿＞听力·判断对错：

虽然小王平时喜欢**开玩笑**，但是他工作起来还是非常认真的，所以我觉得应该把这次的工作交给他。

★ 他反对把这次的工作交给小王。（　　）　　答案【×】

＜仿＞阅读·请选出正确答案：

幽默是一个人智慧的最高体现。真正幽默的人，很会**开玩笑**。既能让人开心一笑，又使人心情愉快。**玩笑**开过了头，就不是**开玩笑**了，而是一种尴尬，甚至是一种伤害。

★ 根据这段话，**开玩笑**：

A 要适度　　B 很尴尬

C 很聪明　　D 不幽默　　答案【A】

【肯定】 kěndìng ①动 承认事物的存在或事物的真实性。confirm; affirm ②形（a）属性词。表示承认的；正面的。positive; affirmative（b）确定的；明确的。certain; definite; sure ③副 表示无疑问；必定。certainly; definitely

扩展与搭配　～工作　～成绩　得到～　非常～

对……表示～

~的回答

~参加　~没问题

<仿>听力·判断对错:

我觉得这条短裤很适合儿子，现在穿**肯定**特别舒服，也不会感觉热，咱们就买吧。

★ 他对那条短裤很满意。(　　)　　答案【√】

<仿>书写·完成句子:

专家的　已经　你的想法　**肯定**　得到了

参考答案:你的想法已经得到了专家的**肯定**。

【联系】 liánxì 动 彼此接上关系。link; contact

扩展与搭配　经常~　多~　有~　失去~　保持~　~一下　~不上　与……~

<仿>听力·请选出正确答案:

女:你昨天把箱子忘在火车上了?

男:是啊，箱子里有我新买的电脑和工作文件，特别重要。

女:全都丢了吗?

男:没丢，找到了，列车长发现后通过广播**联系**上了我。

问:列车长是怎么找到男的的?

A 打电话　B 请人转告

C 广播通知　D 电视广告　答案【C】

<仿>阅读·请选出正确答案:

在买东西的时候，人们常说"一分钱一分货""便宜没好货，好货不便宜"。其实，这些都在告诉我们，东西的质量和价格是有**联系**的。一般来说，质量好的东西价格会贵些，而质量不好的价格会便宜些。

★ 质量好的东西:

A 很重　B 有时便宜

C 一般比较贵　D 很多人买不起　答案【C】

【流利】 liúlì 形 话说得快而清楚。fluent

扩展与搭配　很~　不~　说话~　外语~　~的普通话

<仿>听力·请选出正确答案:

女:你觉得小林的汉语说得怎么样?

男:很好，跟中国人差不多!

女：那我的汉语说得怎么样？

男：你的汉语说得也很好，非常**流利**。

女：真的吗？谢谢你的鼓励！

问：女的的汉语说得怎么样？

A 很**流利**　　B 不清楚

C 很自然　　D 听不懂　　答案【A】

<仿>书写·完成句子：

这么　汉语　没想到　**流利**　他　说得

参考答案：没想到他汉语说得这么**流利**。

【批评】 pīpíng 动 对缺点或错误提出意见。criticize

扩展与搭配　~学生　受到~　对……的~　自我~

反义词　表扬

<仿>阅读·排列顺序：

A 一些人会认为你是诚实的

B 直接说出对别人的看法或意见

C 另一些人却会觉得你的**批评**是恶意的　　答案【BAC】

<仿>阅读·请选出正确答案：

批评很大程度上会让我们进步。当我们面对**批评**的时候，先不要着急，不要生气，仔细想一想别人提出的意见或者建议是否正确。如果正确，它就能帮助我们认清自己的缺点和错误，这对我们来说是一件好事。

★ 根据这段话，别人的**批评**能让我们：

A 了解工作　　B 批评自己

C 增加好感　　D 认识自己　　答案【D】

★ 面对**批评**时，我们应该：

A 表示同意　　B 十分着急

C 冷静下来　　D 非常生气　　答案【C】

【骗】 piàn 动（a）用谎言等使别人上当或自己获得好处。cheat; deceive（b）用欺骗的手段取得。swindle; obtain by deceitful means

扩展与搭配　~人　被~　受~　~钱　~吃~喝

<仿>阅读·排列顺序：

A 做一些让他们伤心的事情

B 永远不要**骗**你的亲人

C 不要利用他们对你的爱　　答案【BCA】

<仿>阅读·请选出正确答案：

我朋友经常在公交车上丢钱包。有一天，朋友上车前把一些纸折好放进信封里，下车后发现信封被偷了。第二天，朋友刚上车不久，就感觉口袋里有东西。拿出来一看，是昨天的那个信封，信封上写着："请不要开这样的玩笑，影响正常工作，谢谢！"

★ 我的朋友经常丢：

A 纸　　B 钱包

C 信封　　D 手机　　答案【B】

★ 根据这段话，我们知道：

A 朋友丢了信　　B 朋友找到了钱

C 朋友影响了工作　　D 小偷被**骗**了　　答案【D】

【普通话】 pǔtōnghuà 名 中国的通用语言，现代汉民族的共同语。Mandarin

扩展与搭配　说～　（使）用～　标准的～　～水平　～水平考试

<仿>听力·请选出正确答案：

女：小马，你的**普通话**水平考试考得怎么样？

男：我这次没有参加考试，因为我错过了报考的时间。

问：小马错过了什么考试？

A 汉语水平考试　　B **普通话**水平考试

C 英语六级考试　　D 期末考试　　答案【B】

<仿>阅读·请选择正确答案：

小王，你参加工作到现在已经半年了，已经逐渐熟悉了我们的工作环境和公司情况，也确实取得了一些成绩，而且你的**普通话**很标准。今年公司的年会活动就由你来主持吧，我们相信你一定能够成功！

★ 说话人可能是谁？

A 小王的朋友　　B 小王的爸爸

C 小王的老师　　D 小王公司的经理　　答案【D】

★ 说话人觉得小王：

A 来得很晚　　B 工作不积极

C **普通话**很好　　D 声音好听　　答案【C】

【商量】 shāngliang 动 交换意见。discuss; consult; talk over

扩展与搭配 ~一下　互相~　共同~　~来~去　商量商量　跟/和/与……~

<仿>阅读·选词填空

A 为了　B 想一想　C **商量**　D 说一说　E 提前　F 可是

★ 买不买这件衣服，你还是先和哥哥（　　）一下吧，因为是给他穿的。

答案【C】

<仿>阅读·请选出正确答案：

遇到比较麻烦的事情时，最好和家人**商量**一下，听听他们的意见。这并不代表你没有主意，做事犹豫，相反，这会增强你的判断能力和处理问题的能力。

★ 遇到困难，应该：

A 告诉家人　　B 跟家人交换意见

C 让家人决定　　D 自己做决定　　答案【B】

辨析

商量　讨论

“讨论”的问题一般比“商量”的问题重要，而且可以说“进行/展开/开展讨论”，不能说“进行/展开/开展商量”。

【谈】 tán 动 说话或讨论。speak; talk; discuss

扩展与搭配 ~话　~问题　~条件　~意见　~看法　面~　~论　谈谈

<仿>听力·判断对错：

这篇文章是介绍中国功夫的，由三部分组成。第一部分介绍中国功夫的发展历史，第二部分主要**谈**中国功夫的种类，第三部分主要说中国功夫的影响。

★ 这篇文章主要**谈**中国体育。（　　）　　答案【×】

<仿>阅读·选出正确答案：

小刘，怎么这么晚才回来？我已经等了你很长时间了。快过来坐下，我想和你**谈谈**。你和王芳的事准备得怎么样了？什么时候去拍结婚照啊？日子已经选好了，饭店有没有订下来啊？我得准备通知亲戚和朋友啊！

★ 说话人想和小刘做什么？

A **谈**话　　B 结婚

C 吃饭　　D 拍照　　答案【A】

★ 小刘和王芳要做什么？

A 去拍照　　B 准备结婚
C 去饭店　　D 看亲戚　　答案【B】

【讨论】 tǎolùn 动 就某一问题交换意见或进行辩论。discuss; talk over

扩展与搭配　～一下　进行～　～问题　跟/和/与……～　～来～去　讨论讨论

<仿>阅读·排列顺序：

A 大家还有什么建议尽管提
B 我们一会儿可以一起**讨论讨论**
C 以上就是我们这期读书日的活动内容　　答案【CAB】

<仿>阅读·请选出正确答案：

这次**讨论**的主题很有趣，也很吸引人，大家都很喜欢，这个活动办得很好，特别是李教授主持的辩论环节，同学们都积极参与，**讨论**十分热烈。所以，我想如果我们下周再进行一次这样的活动，报名参加的同学会更多。

★ 说话人认为这次**讨论**活动怎么样？

A 很不错　　B 很激动
C 不积极　　D 很无聊　　答案【A】

★ 李教授在**讨论**活动中做了什么？

A 讲笑话　　B 做主持
C 弹钢琴　　D 讲故事　　答案【B】

辨析
商量、讨论，见第 92 页【商量】。

【提醒】 tí//xǐng 动 从旁指点，促使注意。remind; call (somebody's) attention (to)

扩展与搭配　～人们　～大家　～路人　～一下　提个醒

<仿>听力·判断对错：

"吸烟有害健康"这句话就是要**提醒**人们，吸烟是不健康的，我们要对自己的健康负责。

★ 自己的健康要自己负责。(　　)　　答案【√】

<仿>阅读·请选出正确答案：

我再给同学们**提个醒**，请大家一定要听清楚。今天的演出改到下午 3 点半了，不是 2 点半。李院长也要观看这个演出，大家注意一下，不要迟到。

★ 关于这场演出，可以知道什么？

A 结束了　　B 推迟了

C 开始了　　D 取消了　　答案【B】

【误会】 wùhuì ①动 误解对方的意思。misunderstand ②名 对对方意思的误解。misunderstanding

扩展与搭配　别～　被～　～别人

有～　产生～　引起～　减少～　避免～

<仿>听力·请选出正确答案：

女：你国内的工作不是挺好的吗？怎么突然想出国留学了？

男：你**误会**了，我是去国外的学校交流几个月。

问：男的为什么要出国？

A 去工作　　B 去交流

C 去留学　　D 去联系学校　　答案【B】

<仿>阅读·请选出正确答案：

明星看起来很让人羡慕，可是他们也会面临很多问题。他们的生活也不轻松，而且假新闻经常造成观众对他们的误解，甚至会使他们产生心理疾病。

★ 根据这段话，假新闻往往会造成：

A 失误　　B 谅解

C **误会**　　D 错误　　答案【C】

【笑话】 xiàohua ①名（a）能让人发笑的谈话或故事。(amusing) joke（b）让人笑的（不合适的）语言或事情。laughable speech or act; laughing stock ②动（觉得别人说的话或做的事儿不合适）耻笑；讥笑。laugh at; sneer at

扩展与搭配　说～　讲～　看～　闹～

～人

<仿>阅读·排列顺序：

A 所以大家别**笑话**他

B 他一直穿那件衣服

C 是因为它有特别的意义　　答案【BCA】

<仿>阅读·请选出正确答案：

一个幽默的人常常能吸引很多人的注意，也能让他周围的人快乐。如果身边有一个幽默的人，常常说一些幽默的话或者**笑话**，会让我们感到轻松、愉快。

★ 大家喜欢幽默的人，是因为他们：

A 吸引大家的注意　　　　B 能使人快乐

C 很冷静　　　　D 很快乐　　　　答案【B】

<仿>书写 · 完成句子：

关于　　**笑话**　　一个　　司机和老板的　　这是

参考答案：这是一个关于司机和老板的**笑话**。

辨析

笑话（a）　笑话（b）

“笑话（a）”和“笑话（b）”都能表示让人笑，但是“笑话（a）”是中性的，与“说”“讲”等动词一起用，如“说笑话”“讲一个笑话”等。“笑话（b）”是贬义的，与“看”“闹”等动词一起用，“看笑话”是把别人说的不合适的话或做的不合适的事当作笑话，可以说“看他的笑话”，“闹笑话”是指说错了话或做错了事。

【原谅】 yuánliàng 动 理解别人的疏忽、过失或错误，不加责备或惩罚。forgive; pardon

扩展与搭配　请～　表示～　得到～　不能～　～别人

<仿>听力 · 判断对错：

与朋友相处，既要勇于承认自己的错误，也应该**原谅**别人犯的错误，这是建立友谊的基础。

★ 朋友之间应该互相理解。(　　)　　　　答案【√】

<仿>阅读 · 请选出正确答案：

小王和小李约好每天早上七点半一起去上学，可是小李经常晚到。今天，小李又迟到了十几分钟，他感到非常抱歉，于是对小王解释说，他的手表这几天又有问题了。小王回答：“恐怕你得换一块表了。”

★ 关于小李，可以知道什么？

A 很热情　　　　B 在工作

C **原谅**了小王　　　　D 应该 7 点 30 分到　　　　答案【D】

【支持】 zhīchí 动（a）给以鼓励或者帮助。support; stand by; be in favour of（b）勉强维持；努力让情况不要变得更差。sustain; hold out; bear

扩展与搭配　非常～　得到～　互相～　～工作　在……的～下　理解和～　～下去

反义词　反对

<仿>阅读 · 请选出正确答案：

我希望大家多骑自行车，因为骑自行车有很多好处。骑自行车上班不用担心堵车，上班不会迟到；骑自行车也可以减少空气污染，保护我们的环境；最大的好处是骑自行车能够锻炼身体，使自己的身体更健康。

★ 这段话对骑自行车的态度是：

A 反对　　B 拒绝

C **支持**　　D 失望　　答案【C】

★ 骑自行车最大的好处是什么？

A 不堵车　　B 不迟到

C 能锻炼身体　　D 能保护环境　　答案【C】

<仿>书写·完成句子：

非常感谢　老师的　他　理解和**支持**

参考答案：他非常感谢老师的理解和**支持**。

【祝贺】 zhùhè 动 在节日或有喜事的时候表示高兴。congratulate

扩展与搭配　~大家　表示~　得到~　互相~　转达~　向……~

<仿>听力·请选出正确答案：

男：报告非常精彩，**祝贺**你们！来，我们一起干一杯。

女：谢谢你！这都是我们一起努力的结果，干杯！

问：根据对话，可以知道什么？

A 红酒很多　　B 天气很冷

C 男的在道歉　　D 报告很成功　　答案【D】

<仿>阅读·请选出正确答案：

小王下个月要结婚了，这真是一件令人开心的好事。我和她是多年的老朋友了，我觉得自己怎么也得表示一下。这真是个难题，选什么才好呢？

★ 她要做什么？

A **祝贺**朋友　　B 参加婚礼

C 做题目　　D 结婚　　答案【A】

<仿>书写·完成句子：

对他们的　请您　我　转达　**祝贺**

参考答案：请您转达我对他们的**祝贺**。

二、社会生活

7 工作

【表格】 biǎogé 名 按项目画成的格子，分别填写文字或数字的书面材料。table; form

扩展与搭配 一张～ 一份～ 填（写）～ 打印～

<仿>听力·判断对错：

办理图书借阅证，要先填一张**表格**，然后贴上一张照片，再交一百块钱押金。

★ 办图书证需要填**表格**。（ ） 答案【√】

<仿>阅读·请选出正确答案：

你来应聘怎么不带毕业证？没有毕业证，你就是填了**表格**也报不上名。

★ 应聘的人怎么了？

A 没有毕业证 B 没通过面试

C 没填**表格** D 没能报上名 答案【D】

<仿>书写·完成句子：

你 快 打印好的 把 交上去 **表格**

参考答案：你快把打印好的**表格**交上去。

【材料】 cáiliào 名（a）可以直接制作成成品的东西。substance or material from which something else is made（b）写作、创作、研究等所依据的信息；可供参考的信息。material; facts, information, etc. to be used in writing

扩展与搭配 一份～ 准备～ 写～ 打印～ 整理～ 交～ 分析～ 证明～

<仿>听力·请选出正确答案：

男：请问，报名太极拳学习班需要哪些**材料**？

女：先填一份表格吧，你带学生证了没有？

男：哎呀，我只带了护照。

女：好的，给我看看。没关系，明天你把**材料**准备好带来就可以了。

问：男的明天要做什么？

A 学习太极拳　　　　B 办护照

C 办学生证　　　　D 交报名**材料**　　　　答案【D】

<仿>阅读·排列顺序：

A 学校开发了自助打印系统

B 同学们可以通过自助服务设备打印文件

C 为了方便同学们打印课程成绩单等**材料**　　　　答案【CAB】

【成功】 chénggōng ①动 获得预期的效果。succeed ②形 事情的结果让人满意。successful

扩展与搭配　获得~　取得~　手术~

非常~　~（地）完成　~（地）举行　~（地）解决　~的经验

~的作品　~人士

反义词　失败

<仿>听力·请选出正确答案：

女：祝贺你，第一次参加比赛就取得这么大的**成功**！

男：谢谢！多亏教练的指导和大家的支持，我才能有这样的成绩。

问：根据对话，可以知道什么？

A 男的考得不错　　　　B 男的支持女的

C 女的的学习成绩很好　　　　D 男的的比赛成绩不错　　　　答案【D】

<仿>阅读·请选出正确答案：

获得**成功**的道路上，肯定会有失败。对于失败，我们要正确地看待。只有不怕失败，从失败中吸取教训，才会取得**成功**；越担心失败，就越可能失败。

★ 根据这段话，要想**成功**，必须：

A 不怕失败　　　　B 避免失败

C 认真仔细　　　　D 工作更努力　　　　答案【A】

【出差】 chū//chāi 动（机关、部队或企事业单位的工作人员）暂时到外地办理公事。go or be away on official business; go or be on a business trip

扩展与搭配　常常~　去……~　出了三天差　出（一）趟差

<仿>阅读·选词填空：

A 所有　B 往往　C **出差**　D 温度　E 意见　F 热闹

★ 她每次（　　）回来都给我带当地的土特产，奶片、牛肉干、葡萄干什么的，让我很感动。　　　　答案【C】

<仿>阅读 · 请选出正确答案：

我不喜欢一成不变的生活。虽然现在的工作要常常去外地**出差**，很辛苦，但是我反倒觉得像是另一种旅行。每天总是准时上下班，在办公室朝九晚五地工作，真是太平淡了。

★ 根据这段话，可以知道他：

A 常常旅行　　B 常常去外地

C 不爱工作　　D 工作不努力　　答案【B】

【传真】 chuánzhēn ① 名 利用光电效应，通过有线电或无线电装置传送照片、图表、书信、文件等的真迹的通信方式。也指用传真机传送的文字、图表等。fax ② 动 用传真机传送文字、图表等。send text or images by fax

扩展与搭配　一份～　一页～　发～　收～

～过来　～过去　～机

<仿>阅读 · 选词填空：

A 差不多　B 提醒　C 坚持　D 适应　E **传真**　F 暖和

★ 小李，你去给客户发个（　　），通知他们下周来领材料。　　答案【E】

<仿>阅读 · 排列顺序：

A 然后把旅行团的具体行程**传真**过来

B 你先根据对方的需求设计一下行程

C 我们再确认最后的安排　　答案【BAC】

【打印】 dǎyìn 动 把电脑或其他电子设备中的文字、图像等印到纸张、胶片等上面。print

扩展与搭配　～出来　～文件　～表格　～文章　～申请表　～机　～纸　～店　～几份

<仿>听力 · 判断对错：

小王，你先把论文**打印**出来给我看看，有问题我们再一起修改。

★ 他正在**打印**论文。（　　）　　答案【×】

<仿>阅读 · 请选出正确答案：

每个人的手机里都有很多照片。手机照片**打印**机可以很方便地把手机里的照片**打印**出来，它外形小巧，色彩鲜艳，便于携带，深受年轻人的欢迎。

★ 这段话在介绍什么？

A 手机的功能　　B 照片

C 一种**打印**机　　D 手机的设计　　答案【C】

【当】 dāng ① 动 成为或作为具有某种职务、职业、身份的人。work as; serve as; be ② 介 正在（那时候、那地方）。just at (a time or place)

扩展与搭配　~老师　~爸爸　~班长　（没）~上　~得/不了　~不成　~不下去
~地　~场　~日　~时　~……时　~……的时候

<仿>听力·判断对错：

他博士毕业后留校成为一名英语教师。这时他才真正体会到**当**老师有多么不容易。

★ 他现在还是学生。（　　）　　答案【×】

<仿>阅读·排列顺序：

A 我还是会选择读医学院

B 如果再给我一次机会

C 我从小时候起就想**当**大夫　　答案【CBA】

<仿>阅读·请选出正确答案：

我喜欢这样走走停停的旅行，看看**当**地的美景，吃吃**当**地的美食，跟**当**地人闲聊几句，感受他们的生活与文化。没有忙于赶车的行程，没有疯狂购物的烦恼，真好！

★ 旅行的时候，他喜欢：

A 买东西　　B 坐火车

C 感受**当**地人的生活　　D 多住几天　　答案【C】

【调查】 diàochá 动 为了了解情况进行考察（多指到现场）。investigate

扩展与搭配　进行~　做~　搞~　~原因　~情况　~报告　~结果　~对象
~清楚

<仿>阅读·请选出正确答案：

一项关于单身人士的**调查**结果显示，有超过半数的单身男女单身时长在三年以上，近一半单身男女在恋爱中表现被动，吃饭成了单身男女日常花销最大的部分。

★ 这段话的主要内容是：

A 单身人士的数量　　B 单身人士的现状

C 怎样谈恋爱　　D 已婚人士的现状　　答案【B】

<仿>书写·完成句子：

进行了　新产品的销售情况　同学们　**调查**　对

参考答案：同学们对新产品的销售情况进行了**调查**。

【负责】 fùzé 动 担负责任。be responsible for; be in charge of

扩展与搭配 由……~ 认真地~ 对……~ 向……~

<仿>听力·判断对错：

很多人，前半生为父母活，后半生为孩子活。其实，对父母最大的孝敬，对子女最好的教育，就是每一代人都对自己**负责**，活出自己的幸福。

★ 每个人都应该对自己**负责**。（　　）　　答案【√】

<仿>阅读·请选出正确答案：

人们都知道"开车不喝酒，喝酒不开车"的道理，所以很多车主喝酒以后，都会选择找代驾。一个电话，司机师傅就可以把您和爱车送回家。可是代驾司机开的不是自己的车，万一出了交通事故，应该由谁来**负责**呢？今晚八点，请您关注《代驾出事谁担责》。

★ 这段话主要想谈：

A 不能酒后开车　　B 开车不能喝酒

C 代驾出事谁**负责**　　D 代驾很方便　　答案【C】

★ 这段话可能是：

A 天气预报　　B 节目预告

C 广告　　D 电视剧　　答案【B】

<仿>书写·完成句子：

你　房间　干净　打扫　把　**负责**

参考答案：你**负责**把房间打扫干净。

【复印】 fùyìn 动 按原来的样子用复印机重印。duplicate; copy

扩展与搭配 ~文件 ~材料 ~一份 ~纸 ~机 ~社 ~件

<仿>听力·判断对错：

王先生，这是您的材料原件，请您收好，我们只需要两份**复印**件。

★ 王先生只交**复印**件就可以。（　　）　　答案【√】

<仿>书写·完成句子：

把　**复印**　到　身份证的正反面　请　一张纸上

参考答案：请把身份证的正反面**复印**到一张纸上。

【工资】 gōngzī 名 作为劳动报酬按期付给劳动者的钱或东西。salary; wages; pay

扩展与搭配 ~收入 ~低 ~少 发~ 领~ 涨~ 提高~

<仿>听力·请选出正确答案：

女：12月的信用卡账单我都不想看，一个月的**工资**都不够还！

男：你的钱都花在化妆品和漂亮衣服上了吧？

女：才没有呢。就我这点儿钱，一年不吃不喝，在北京也买不起一平方米的房子！

男：哪儿有那么夸张啊？

问：女的是什么意思？

A 她喜欢打扮　　B 她认为自己**工资**低

C 她买得起房子　　D 她花钱太多　　答案【B】

<仿>阅读·请选出正确答案：

近日，一则招聘广告走红网络。一小区招聘两名生活垃圾清运工，月**工资**竟有9700元，引起网友的热议，都说要辞职去应聘。保洁公司的工作人员回应说，是误会，9700元是两个人一个月的工资，广告中没写清楚。

★ 这个小区要招聘的垃圾清运工：

A 每人每月9700元　　B 工资不算高

C 需要经验丰富　　D 需要头脑清楚　　答案【B】

【管理】 guǎnlǐ 动 负责某个单位或某项工作，使顺利运转或进行。manage; run; be in charge of

扩展与搭配 ~公司 ~国家 ~好 进行~ 搞~ 缺少~ 懂~ ~经验 ~水平 ~者

<仿>阅读·请选出正确答案：

研究人员认为，良好的业余爱好，能让**管理**者很快从疲累中恢复。一个人领导地位越高，有时越需要提醒自己：我也是一个普通人。

★ 根据这段话，**管理**者应该：

A 提高自己的地位　　B 不能太累

C 有良好的业余爱好　　D 经常提醒别人　　答案【C】

<仿>阅读·请选出正确答案：

在我们的生活中，钱扮演着重要的角色。对小朋友来说，要了解钱，合理地花钱，并不是那么容易的事情。今天，我们这个“我是小小银行家”的社会实践活动，邀请小朋友们走进银行，工作人员以游戏互动的方式讲解和演示银行能为顾客提供的服务，希望能够帮助孩子们树立正确的财富观，积累金钱**管理**经验。

★ 这个活动的目的是帮助孩子：

A 懂得节省　　B 学习表演

C 当银行家　　D 学习理财　　答案【D】

★ 这个活动是在哪儿举行的？

A 银行　　B 学校

C 舞台　　D 运动场　　答案【A】

【积累】 jīlěi 动（事物）逐渐聚集。accumulate

扩展与搭配　~材料　~经验　~知识　~起来　~下来　个人~

<仿>听力·请选出正确答案：

女：你唱得真不错！

男：哪里哪里。我对自己的表现不是很满意。

女：这毕竟是你第一次登台，已经很棒啦！

男：我会继续努力，**积累**更多的经验。

问：女的是什么意思？

A 男的做得不错　　B 男的要**积累**经验

C 结果不重要　　D 男的很满意　　答案【A】

<仿>阅读·请选出正确答案：

在驾校学车，学的都是常规化的知识和技能。而在生活中，一些开车的技巧和注意事项只能靠个人**积累**。

★ 根据这段话，开车的人应该：

A 在生活中学习　　B 去驾校上课

C 提高成绩　　D 注意安全　　答案【A】

【计划】 jìhuà ①名 工作或行动以前提前拟定的具体内容和步骤。plan; project ②动 做计划。plan; make a plan

扩展与搭配　学习~　工作~　教学~　做~　制订~　实行~　有~　按（照）~　~书　~表

认真~　~得很详细　~一下

<仿>阅读·请选出正确答案：

孩子们，说过的话就去做吧，制订的**计划**就去完成吧，想去的地方就去吧，想成为什么样的人就去努力吧，想过什么样的人生就尽力去实现吧。

★ 他对孩子们的态度是：

A 批评　　B 鼓励

C 满意　　D 称赞　　答案【B】

<仿>阅读·请选出正确答案：

很欣慰看到孩子们这一学年的进步。从开始时的不配合、被动，到愿意接受我们一起制订的学习**计划**；从一开始常常需要老师提醒，到现在主动提醒我们。这真是一种成长！

★ 根据这段话，我们知道孩子们：

A 需要提醒　　B 进步很大

C 学习很被动　　D 常常不听话　　答案【B】

【记者】 jìzhě 名 通讯社、报刊、广播电台、电视台等新闻机构中负责采访、摄影和写通讯报道的专职人员。reporter; journalist

扩展与搭配　一名～　一位～　～采访　著名～　新闻～　体育～　报社的～　成为～　～会

<仿>听力·判断对错：

中国大使回答了**记者**的提问，本次展览是以“中国的家庭”为主题，希望为埃及民众带来更为亲切、真实的“中国印象”，让更多埃及年轻人了解中国文化。

★ 中国大使接受了**记者**的采访。(　　)　　答案【√】

<仿>阅读·请选出正确答案：

我的梦想就是成为体育**记者**，报道所有我喜欢的体育项目。现在我的梦想实现了一半，虽然进电视台做了记者，但是干的不是体育。

★ 他现在做什么工作？

A 搞体育　　B 搞教育

C **记者**　　D 运动员　　答案【C】

【技术】 jìshù 名 人类在认识自然和利用自然的过程中积累起来并在生产劳动中体现出来的经验。technology; skill; technique

扩展与搭配　科学～　电子～　～水平　学～　懂～　有～　修理～

<仿>听力·判断对错：

入冬以来，虽然大多城市雪量不大，但我们还是要提醒一下各位，雪天不只带来了美景，同时也是对司机开车**技术**和经验的考验哦！

★ 下雪的时候要注意行车安全。(　　) 答案【√】

<仿>阅读·请选出正确答案：

随着科学**技术**的发展，手机、微信、QQ 等已成为人们日常生活中必不可少的通信工具。但是，科学**技术**、人工智能都只是工具，永远无法替代人类的思想和意志。

★ 根据这段话可以知道，科学**技术**无法：

A 继续发展　　B 跟人交流

C 替人们思考　　D 预测未来　　答案【C】

【加班】 jiā//bān 动 在规定以外增加工作时间或班次。work overtime

扩展与搭配　常常~　必须~　周末~　假期~　加过班　加了一天班

<仿>听力·请选出正确答案：

男：今天晚上要**加班**，真抱歉，七点我去不了了。

女：唉，周一到周五，不是开会就是见客户，没有一天不是这样。

男：我也没办法，同事们也都在赶活儿呢。

女：好吧，那就再约吧。

问：根据对话，我们可以知道什么？

A 男的约了别人　　B 男的最近很忙

C 男的要开会　　D 男的要见客户　　答案【B】

<仿>阅读·请选出正确答案：

听说我要去单位**加班**，他马上用前几天我埋怨他的语气说："上个周末你要**加班**，这个周末你又要**加班**，你眼里除了工作还有没有家人？你真的要多陪陪我，我们要多交流，多沟通，你老是**加班**怎么沟通？你是要跟工作过日子吗？还要不要这个家了？"唉，谁让我俩年底工作任务都这么重呢！

★ 两个人最可能是什么关系？

A 母子　　B 夫妻

C 父女　　D 同事　　答案【B】

★ 根据对话，我们可以知道什么？

A 女的想留在家里　　B 男的也想去加班

C 最近他们都很忙　　D 女的工作很努力　　答案【C】

【奖金】 jiǎngjīn 名 用作奖励的钱。bonus

扩展与搭配　一笔~　~多　发~　拿~　领~　得~

<仿>听力 · 判断对错：

试用期间，我虽然只有基本工资没有**奖金**，但是头一次赚这么多钱还是有点儿兴奋的。

★ 这是他第一次拿**奖金**。（　　）　　答案【×】

<仿>阅读 · 请选出正确答案：

这家公司为保证员工有充足的睡眠，推出一项新制度：给睡得久的员工发**奖金**，只要睡眠时间超过6小时，将获得相应的奖励。这种增加睡眠时间的管理方式，不但没有降低工作的质量，反而激发了员工工作的积极性。

★ 根据这段话，公司给什么样的员工发**奖金**？

A 工作量大的　　B 工作积极的

C 工作质量高的　　D 睡觉时间长的　　答案【D】

【经济】 jīngjì 名（a）经济学上指社会物质生产和再生产的活动。economy（b）个人或家庭的财力、物力。financial condition; income

扩展与搭配　~发展　~增长　~交流　~合作　~发达　社会~　市场~　~基础　~学　~地位　~方面　~紧张　~困难　~条件　~收入　~水平　~压力

<仿>听力 · 判断对错：

即使在**经济**紧张的情况下，你问我最想实现什么愿望，我的回答也一定是旅游。在我看来，没有什么比去经历、去体验更重要的事情了。

★ 不管有钱还是没钱，我都想去旅游。（　　）　　答案【√】

<仿>阅读 · 选词填空：

A 讨论　B 接受　C 笑话　D 计划　E **经济**　F 情况

★ 改革开放以来，中国积极与世界各国进行（　　）交流与合作。

<仿>阅读 · 请选出正确答案：

近日，一份调查显示，90后大学生在找对象的考虑要素中，排在第一位的是温柔、体贴、有家庭观念，超过了外貌、能力，甚至超过了家庭条件和**经济**条件。

★ 根据调查，90后大学生觉得选对象最重要的是：

A 家庭观念强　　B **经济**条件好

C 家庭条件好　　D 能力强　　答案【A】

【经历】 jīnglì ①动 亲身见过、做过或遇到过。experience; go through; undergo ②名 亲身见过、做过或遇到过的事。personal experience

扩展与搭配　~战争　~危险　亲身~　~过

~丰富　~简单　工作~　学习~　社会~　生活~　痛苦的~　难忘的~　一生的~

<仿>听力 · 判断对错：

我是一名演员，我很热爱我的职业，因为在工作中可以**经历**很多种不同的人生。

★ 他有很多工作。(　　)　　答案【×】

<仿>阅读 · 排列顺序：

A 生活的道路上不会总是一帆风顺

B 才能积累丰富的经验

C 只有**经历**过了困难

答案【ACB】

<仿>阅读 · 请选出正确答案：

有人认为经验积累对演员来说非常重要，"看过的、学过的、写过的、**经历**过的种种，这一切加起来变成了你的体验库"。其实，不仅仅是对演员，对任何人都是如此。经验就是财富，每次**经历**都可以让自己成长，希望在将来，我们都能成为"富有"的人。

★ 这段话主要想告诉我们什么？

A 要善于总结经验　　B 要多看多学习

C **经历**越多越有钱　　D **经历**使人成长　　答案【D】

辨析

经历　经验

两个词都能做名词和动词，但"经验"做动词的用法不常见。"经历"指人亲眼见过或亲身做过（的事情），如"一生的经历""难忘的经历""经历了战争"；"经验"指从实践中得来的知识、技能，如"交流经验""这位老医生很有经验"。

【经验】 jīngyàn ①名 从实践中得来的知识或技能。experience; knowledge or skills obtained through practice ②动 亲身见过、做过或遇到过；体验。experience; go through; undergo

扩展与搭配　~丰富　~宝贵　（很）有~　积累~　缺少~　总结~　交流~　介绍~　学习~　工作~　生活~　管理~　教学~　~教训

~过

<仿>听力 · 请选出正确答案：

女：听说你当老师了，第一次讲课感觉怎么样？

男：真是太紧张了，脑子一片空白，提前准备好的东西也差点儿都忘了。

女：没关系，刚参加工作，积累**经验**最重要。

男：是的，现在就好多了。

问：女的是什么意思？

A 要好好儿准备　　B 要多积累**经验**

C 不要忘记责任　　D 要认真讲课　　答案【B】

<仿>阅读·请选出正确答案：

本公司需要两名工作人员，要求有责任心和爱心，喜欢小朋友，有相关工作**经验**。每天工作八个小时，月休四天，工资面谈。

★ 这段话可能是：

A 申请　　B 新闻

C 通知　　D 招聘启事　　答案【D】

辨析

经历、经验，见第 107 页【经历】。

【竞争】 jìngzhēng 动 为了自己方面的利益而跟人争胜。compete; vie

扩展与搭配　公平～　跟……～　激烈的～　市场～　商业～　～对手　～压力

<仿>阅读·请选出正确答案：

有**竞争**，就必然有压力。只要你在社会中生活，就要承受生存**竞争**所带来的各种各样的压力。只有勇于正视压力，才能在越来越激烈的**竞争**中，取得自己的一席之地。

★ 根据这段话，我们可以知道：

A 压力大，**竞争**就大　　B 压力让人进步

C **竞争**带来压力　　D 要勇敢生活　　答案【C】

<仿>书写·完成句子：

进步　在**竞争**中　取得　我们　要

参考答案：我们要在**竞争**中取得进步。

【密码】 mìmǎ 名 对他人保密的号码。password

扩展与搭配　记住～　忘记～　使用～　银行卡～　复杂的～　简单的～　～箱　～锁　设置～

<仿>阅读·请选出正确答案：

你自己设置的**密码**安全吗？一般我们的**密码**是生日或者名字，简单的**密码**很容易被猜出来，会造成极大的安全隐患。

★ 根据这段话，设置**密码**时应该注意什么？

A 要简单　　B 要好记

C 安全　　D 用生日　　答案【C】

<仿>书写·完成句子：

密码　你　把　修改一下　手机支付的

参考答案：你把手机支付的**密码**修改一下。

【能力】 nénglì 名 能胜任某项工作或事务的主观条件（如知识、技能、体力、财富等）。ability; capability

扩展与搭配　有~　需要……的~　提高~　~强　组织~　表达~　写作~　购买~

<仿>阅读·请选出正确答案：

千万不要被"我不行"三个字打败。有的人遇到难题便只想到"我不行，做不到"。**能力**不是生来就有的，如果不会做，就更应该抓住机会提高自己。没有"行"与"不行"，只有"做"与"不做"。做了可能行，不做就永远不行。

★ 根据这段话，我们知道**能力**的提高需要：

A 说自己"行"　　B 努力去做

C 打败别人　　D 有人帮助　　答案【B】

<仿>书写·完成句子：

应该　**能力**　成年人　独立思考的　有

参考答案：成年人应该有独立思考的**能力**。

【任务】 rènwu 名 指定担任的工作；指定担负的责任。assignment; mission; task

扩展与搭配　完成~　~重　安排~　接受~　学习~　工作~　主要的~

<仿>听力·请选出正确答案：

男：本来以为下周才能完成的**任务**，今天就完成了！

女：是吗？真厉害呀！我早就知道你行。

问：男的怎么了？

A **任务**快完成了　　B 考试成绩很好

C 病得很厉害　　D **任务**提前完成了　　答案【D】

<仿>书写·完成句子：

请您　安排　再　一些**任务**　给我

参考答案：请您再给我安排一些**任务**。

【申请】 shēnqǐng 动 向上级或有关部门说明理由，提出请求。apply for something by giving one's reasons to authorities or a department concerned; file an application

扩展与搭配 ~签证 ~留学 ~入学 ~奖学金 ~表 ~书 ~材料 提出~ ~结婚

<仿>听力·请选出正确答案：

男：请您帮我看看，**申请**材料我还差什么？

女：嗯……**申请**表上有一项没填，就是这个，你未来的学习计划。

男：呀，我可不可以拿回去好好儿想想再填？

女：当然可以，你明天再来交吧。

问：男的忘记什么了？

A 填学习计划　　B 带学生证

C 交**申请**表　　D 写作业　　答案【A】

<仿>阅读·请选出正确答案：

2008 年 8 月 8 日，人们期盼已久的北京奥林匹克运动会开幕了。当天，全国各地都出现了**申请**结婚的高峰，光北京就有超过 16000 对新人登记结婚。

★ 根据这段话，2008 年 8 月 8 日的北京：

A 奥运会**申请**成功　　B 很多人**申请**结婚

C 很多人举办婚礼　　D 很多人**申请**离婚　　答案【B】

【生意】 shēngyi 名 商业经营；买卖。business

扩展与搭配 做~ 谈~ ~人 有~头脑 服装~ ~好 ~红火

<仿>听力·请选出正确答案：

女：做**生意**烦心事真多呀！

男：怎么了？最近不顺利吗？

女：唉，上门的顾客不少，可是真正买东西的没几个。

男：我想是网上购物的影响吧。

问：根据对话，下列哪项正确？

A 女的的**生意**不好　　B 男的很烦恼

C 女的喜欢上网购物　　D 女的很会做买卖　　答案【A】

<仿>阅读·请选出正确答案：

这家牛肉拉面店是一家百年老店。虽然门面不那么新，面积也不大，但是东西不贵，味道地道，所以**生意**特别好，什么时候去都需要等位子。

★ 这家面店怎么样？

A 历史不长　　B 顾客很多

C 主要卖牛肉　　D 味道一般　　答案【B】

【失败】 shībài 动（a）在战争、斗争或竞赛中被对方打败（跟“胜利”相对）。be defeated; lose (a war, game etc.)（b）工作没有达到预期的目的（跟“成功”相对）。fail; not achieve the planned target

扩展与搭配　演出～　手术～　比赛～　～是成功之母　～了　～者

反义词　胜利 / 成功

＜仿＞听力 · 判断对错：

有个朋友跟我说，不开心的时候就给自己做点儿东西吃，然后把它慢慢地吃光，心情就好了。我想我减肥就是这样**失败**的。

★ 她减肥没有成功。（　　）　　答案【√】

＜仿＞阅读 · 请选出正确答案：

成功者与**失败**者之间不同的是，成功人士始终有最积极的思考、最乐观的精神，能够控制自己的人生。**失败**者则相反，他们的人生受种种悲观的态度控制。我们怎样对待生活，生活就怎样对待我们。

★ 和成功者相比，**失败**者往往：

A 更积极　　B 受别人控制

C 运气不好　　D 比较悲观　　答案【D】

【师傅】 shīfu 名 工、商、戏剧等行业中传授技艺的人；对有技艺的人的尊称。master worker; a respectful form of address for a skilled worker

扩展与搭配　一位～　工人～　司机～　出租车～　修车～　老～

＜仿＞听力 · 请选出正确答案：

女：**师傅**，麻烦您过了前边那个十字路口停车。

男：好的，别忘了拿后备箱里的行李。

问：男的最可能是做什么工作的？

A 售货员　　B 司机

C 律师　　D 警察　　答案【B】

＜仿＞阅读 · 请选出正确答案：

这么热的天气，用了快 10 年的空调突然不好用了，这可真是受罪！没办法，只好约**师傅**下午来看看了。

★ 他家的空调：

A 下午才能到　　　　B 常常用

C 是新的　　　　D 需要修理　　　　答案【D】

【收入】 shōurù 名 收进来的钱。income

扩展与搭配　~高/低　~多/少　增加~　提高~　个人~　~水平

<仿>听力·判断对错：

大城市的机会多，人们的**收入**也比较高，生活质量相对高一些，但同时物价也高，房价更是贵得惊人，外地人很难立足。

★ 在大城市生活不一定幸福。(　　)　　　　答案【√】

<仿>阅读·请选出正确答案：

哈佛大学一项长达 20 年的研究表明，爱做家务的孩子跟不爱做家务的孩子就业率比为 15∶1，前者的**收入**比后者高 20%，而且婚姻更幸福。想要孩子成为精英，让他做家务是必不可少的。保姆式的一切代办型家庭，不会对孩子的成长有所帮助。

★ 这段话主要讲，家长应该：

A **收入**高一些　　　　B 让孩子做家务

C 婚姻幸福　　　　D 让孩子成为精英　　　　答案【B】

【输】 shū 动 在较量时失败；败（跟“赢”相对）。lose; be beaten; be defeated (as opposed to “win”)

扩展与搭配　比赛~了　~球　认~　~给……　~掉　~赢

反义词　赢

<仿>阅读·排列顺序：

A 我可以被打败

B 也不会低头认**输**

C 但绝不会放弃自己　　　　答案【ACB】

<仿>阅读·请选出正确答案：

有一对老夫妻，他们吵架的时候，老太太总是让着老头儿。老头儿问：“你为什么每次吵架都让着我，有时明明是我做错了。”老太太说：“因为你是我的，就算我吵赢了，又能怎么样？还不是赢了道理，**输**了感情？丢了你，我就**输**了人生的全部。”

★ 这段话是想告诉我们：

A 老头儿总是**输**　　　　B 老头儿总是生气

C 爱比**输**赢更重要　　　　D 老头儿总是对的　　　　答案【C】

【顺利】 shùnlì 形 在事物的发展或工作的进行中没有或很少遇到困难。smooth; successful

扩展与搭配 工作～ 一切～ 很～ 非常～ 祝……～ ～过关

<仿>听力·判断对错：

我多么希望这么多天的努力不会白费，艺考能够**顺利**过关，去我理想中的电影学院念书。

★ 他在等入学考试的结果。（ ） 答案【√】

<仿>阅读·选词填空：

A 公里 B 通知 C **顺利** D 坚持 E 情况 F 推迟

★ 祝愿你早日康复，下个月的比赛一切（ ），不会受到伤病的影响。

答案【C】

【提供】 tígōng 动 供给（意见、资料、物资、条件等）。provide; supply; offer

扩展与搭配 ～食品 ～住房 ～条件 ～机会 ～资金 ～服务 ～方便 ～帮助 ～不了

<仿>听力·判断对错：

我们始终致力于为老百姓**提供**最好的服务，以帮助您更好地获取健身知识。现邀请您抽出宝贵时间参与本次有奖调查，您的意见和建议对我们非常重要！

★ 他们在向顾客做调查。（ ） 答案【√】

<仿>阅读·请选出正确答案：

为了给旅客**提供**更高性价比的机票，这种航空经济舱不**提供**飞机餐，但如果旅客需要餐食，可以在起飞4—36小时前预订，自行选择喜欢的餐食，个性化定制飞机餐。

★ 根据这段话，如果想吃飞机餐，你必须：

A 用积分换 B 坐别的航班

C 多花钱 D 提前预订 答案【D】

【辛苦】 xīnkǔ 形 身心劳苦。hard; strenuous; laborious

扩展与搭配 觉得～ 很～ 太～ ～了 ～赚钱

<仿>阅读·选词填空：

A 世纪 B 引起 C **辛苦** D 坚持 E 味道 F 份

★ 老师，您（ ）了，谢谢您的支持和帮助！ 答案【C】

<仿>阅读·请选出正确答案：

一个人的人生舞台不是在别人的眼中，而是在自己的心中。我们努力工作，**辛**

苦赚钱，不是为了获得别人的掌声，而是为了获得更好的生活质量，实现自己的人生价值。

★ 我们努力的目的是：

A 为别人表演　　B 实现自我价值

C 赚很多钱　　D 获得成绩　　答案【B】

【修理】 xiūlǐ 动 使损坏的东西恢复原来的形状或作用。口语中常说"修"。repair

扩展与搭配　~机器　~汽车　~好　~不了　~一下　~厂　~工

<仿>听力·请选出正确答案：

女：冰箱好像坏了，你去找人**修理**一下吧。

男：啊？怎么又坏了？我前几天刚刚找人修过。我下班回来再说吧。

问：他们打算什么时候找人修冰箱？

A 前两天　　B 现在

C 下班后　　D 上班时　　答案【C】

<仿>阅读·请选出正确答案：

手机坏了，我们会拿去**修理**。虽然可能会花不少钱，但是还是觉得没到丢掉的时候。爱情也一样，可以给一次**修理**的机会。之后如果再出问题，再考虑是否放弃。

★ 爱情如果出问题，说话人打算怎么做？

A 给一次修理的机会　　B **修理**手机

C 花钱挽回　　D 放弃对方　　答案【A】

【压力】 yālì 名 承受的负担。pressure; stress

扩展与搭配　~大　有~　减轻~　工作~　学习~　交通~　竞争~

<仿>听力·判断对错：

上午10时左右和下午4时左右是食用甜食的最佳时间。这个时间段适当吃一点儿甜食，可以消除疲劳，调整心情，减轻**压力**。

★ 食用甜食能够减轻**压力**。(　　)　　答案【√】

<仿>阅读·请选出正确答案：

成年人都很不容易。和同学们聊天儿我才知道，不只是我，原来大家都是这样，常常**压力**大到忍不住想哭。这时我就告诉自己马上就要看到希望了，再坚持一下，什么困难都能克服。

★ 他面对**压力**时的态度是：

A 激动　　B 兴奋
C 开心　　D 坚持　　答案【D】

【赢】 yíng 动 胜（跟"输"相对）。win

扩展与搭配　~了　~球　~钱　打~　~得漂亮　~得精彩　~家

反义词　输

<仿>阅读·请选出正确答案：

这次比赛前，羽生在采访中说，滑冰和训练就是他的人生，他比任何人都知道自己能站在顶点的时间是有限的，他不想浪费一分一秒，在还能**赢**的时候，一定要**赢**。

★ 根据这段话，我们知道他：

A 想训练　　B 想取得胜利
C 想节省时间　　D 想抓住机会　　答案【B】

<仿>书写·完成句子：

这场　**赢**得　比赛　他们　特别精彩

参考答案：这场比赛他们**赢**得特别精彩。

【应聘】 yìngpìn 动 接受聘请；接受招聘。accept an offer of employment; apply for a job

扩展与搭配　~到……工作　来/去~　报名~　~者　~职位

反义词　招聘

<仿>听力·判断对错：

面试前应该做好充分的准备，要弄清楚你未来可能要加入的公司的一切，比如这个企业的背景情况、**应聘**职位的要求等等。

★ 面试前要多了解招聘公司的情况。(　　)　　答案【√】

<仿>阅读·请选出正确答案：

澳大利亚招聘网站的最新调查显示，大约48%的男性**应聘**者和33%的女性**应聘**者认为，求职面试时说假话是可以接受的，最常说的假话就是上一份工作的离职原因。

★ 根据这段话，人们**应聘**时可能会：

A 事先做调查　　B 注重表达
C 说一些假话　　D 说大话　　答案【C】

【责任】 zérèn 名 分内应做的事。responsibility; duty

扩展与搭配　~重　负~　有~　社会~　~心　~感　有~感

<仿>听力·判断对错：

小时候不懂得，父母为什么能那么早起床。长大后才明白，叫醒他们的不是闹钟，而是生活和**责任**。

★ 为了生活和照顾孩子，父母起床很早。(　　)　答案【√】

<仿>阅读·请选出正确答案：

到底该不该养宠物，这个问题要根据自己的情况来看。首先就是全家人是否喜欢宠物，是否能够接受这些小猫小狗的一些习性可能给自己生活上带来的困扰，以及能否在未来的10年、20年对它们不离不弃，自己是否有足够的**责任**心和耐心照顾它们、陪伴它们，有没有对宠物毛发过敏的问题，等等。这些问题都是需要事先考虑好的，然后才能确定是不是该养宠物。

★ 根据这段话，养宠物前需要考虑：

A 它们是不是可爱　B 出门时它们怎么办
C 是不是能对它们负责　D 它们是不是可以陪伴自己

答案【C】

★ 关于宠物，下列哪一项没提到？

A 某些习性会影响人　B 不太卫生
C 需要照顾　D 毛发可能会引发过敏

答案【B】

<仿>书写·完成句子：

自己的行为　对　应该　负**责任**　你

参考答案：你应该对自己的行为负**责任**。

【招聘】 zhāopìn 动 用公告的方式聘请。recruit; invite applications for a job

扩展与搭配　~服务员　~翻译　~人才　~司机　负责~　进行~　~广告　~会
反义词　应聘

<仿>听力·判断对错：

想成为空中小姐的朋友们看过来了！一帆航空公司现**招聘**员工，报名截止到2019年11月13日，详细要求及报名表可以在网上下载。一帆航空大家庭期待你的加入！

★ 一家航空公司正在**招聘**。(　　)　答案【√】

<仿>阅读·请选出正确答案：

在这场**招聘**会中，近3万名高校毕业生到场求职，现场收到简历13000多份，6000多人达成就业意向。

★ 关于这场**招聘**会，可以知道：

A 只招硕士　　　　B 有三万名毕业生就业

C 来了一万多名毕业生　　　　D 收到一万多份简历　　　　答案【D】

【正式】zhèngshì 形 合乎一般公认的标准的；合乎一定手续的。formal; official; regular

扩展与搭配　~员工　~代表　~比赛　~的工作　~发表　~道歉　~（发出）邀请

<仿>听力·请选出正确答案：

男：你难得穿得这么**正式**啊，有约会？

女：哪儿啊，是公司的年会。

男：以前参加年会也没见你这样穿啊。

女：上次穿得太休闲，被人笑话了。

问：女的为什么穿得很**正式**？

A 要参加年会　　　　B 要去约会

C 要参加婚礼　　　　D 要参加面试　　　　答案【A】

<仿>阅读·排列顺序：

A 今天已经**正式**走进中国舞蹈教育高等院校

B 街舞在中国起步虽晚

C 但是还是得到了应有的重视　　　　答案【BCA】

【职业】zhíyè ① 名 个人在社会中所从事的作为主要生活来源的工作。occupation; a person's regular work or profession ② 形 专业的；非业余的。professional

扩展与搭配　一份~　~习惯　~态度　选择~　满意的~　合适的~　正式的~　~病　~作家　~运动员　~演员

<仿>听力·判断对错：

在电影《偷自行车的人》中，导演坚持用一部分非**职业**演员来完成创作。因为他相信每一个人都能演好他自己，这样的演出更真实，更自然。

★ 参演这个电影的都是专业演员。（　　）　　　　答案【×】

<仿>阅读·请选出正确答案：

女人结婚生子之后，是继续留在职场，还是做全职妈妈？有人这样说，“这个时代，

对女人要求很高。如果你选择成为一个**职业**女性，就会有人说你不顾家庭，是个糟糕的母亲；如果你选择成为全职妈妈，又有人会说，生儿育女是女人的本分，这不算是一份职业。”我觉得事实是，女人努力工作，才有了选择的权利；当了妈妈，才了解了生命的意义。这两个身份其实并不矛盾，职场妈妈和全职妈妈，怎么选都是对的。

★ 根据这段话，可以知道女人当了妈妈会：

A 考虑是否继续工作　　B 不想在家照顾孩子

C 想做全职妈妈　　D 工作更努力　　答案【A】

★ 说话人觉得做职场妈妈和全职妈妈：

A 都得经过丈夫同意　　B 有矛盾

C 各有各的道理　　D 都是本分　　答案【C】

【赚】 zhuàn 动 获得利润（跟“赔”相对）。make a profit; make (money) (as opposed to “lose (money)”)

扩展与搭配　~钱　~得多　~不了　~够

反义词　赔

<仿>听力·判断对错：

比你有钱的人，一定比你努力，比你努力的人，总有一天会比你有钱。生活本来就是一分辛苦一分收获。你不为**赚**钱付出劳动，就得为省钱而烦恼。

★ 要**赚**钱就得付出努力。（　　）　　答案【√】

<仿>阅读·请选出正确答案：

我最大的痛苦就是，无论我一个月**赚**多少钱，都是花的比**赚**的多。

★ 根据这句话，我们知道他：

A 很难过　　B 花得更多

C 收入很多　　D 很有钱　　答案【B】

【总结】 zǒngjié ① 动 分析研究一阶段内的工作、学习或思想中的各种经验或情况，做出有指导性的结论。summarize ② 名 指总结后概括出来的结论。summary

扩展与搭配　~经验　~工作　~出（来）　~一下　及时~

一份~　写~　做~　交~　工作~　学习~　思想~

<仿>听力·判断对错：

人生的每一次经历都是一种成长。我们要从中吸取教训，**总结**经验，及时改正错误，努力成为更优秀的人。

★ 经历帮助人成长。（　　）　　答案【√】

<仿>阅读·请选出正确答案：

今天开会的时候，领导布置了新任务，希望我们每人都认真写一份详细的工作**总结**，把自己这一整年的工作成绩和存在的问题整理出来。

★ 领导要我们做的工作**总结**，应该写：

A 工作和生活　　B 意见和建议

C 计划和任务　　D 成绩和问题　　答案【D】

【作家】 zuòjiā 名 从事文学创作有成就的人。writer; author; a person who has made achievements in literary creation

扩展与搭配　一位～　小说～　青年～　成为～　著名的～　伟大的～　优秀的～　～的作品

<仿>听力·判断对错：

新浪读书举办了“2018年你最喜欢的**作家**”投票活动，读者们纷纷把宝贵的一票投给自己最喜爱的作家。

★ 读者最喜爱的**作家**需要投票选出。（　　）　　答案【√】

<仿>阅读·请选出正确答案：

作家陈忠实高考落第之后，没有像别的农家孩子那样回家种田，而是选择了一条看似不可能成功的道路——文学创作。记者问他：“您在农村成长起来，为什么村里那么多青年都没写小说，您不但写了小说，还成为**作家**了呢？”陈忠实回答：“我跟他们不太一样，他们眼里只有田地，我家里有一本《静静的顿河》。这本书让我知道世界比田地大得多，我可以用写作去探索其他东西。”

★ 这段话主要谈**作家**陈忠实：

A 不怕失败　　B 为什么搞文学创作

C 很有文学才能　　D 喜欢思考　　答案【B】

辨析

作家　作者

两个词都可以指写文学作品的人，但“作家”重点说明有成就，如“鲁迅是中国现代文学史上最伟大的作家”。而“作者”可以是有成就的人，也可以是普通人，如“这篇文章的作者是鲁迅/一名大学生”。

【作者】 zuòzhě 名 文章或著作的写作者；艺术作品的创作者。writer of an article or a book; creator of an art work

扩展与搭配　一位～　文章的～　小说的～　画儿的～

<仿>阅读·选词填空：

A 凉快　　B 竟然　　C 皮肤　　D 坚持　　E **作者**　　F 改变

★ 在这部小说中，（　　）讲述了当代中国年轻人的感情和追求、青春和梦想。

答案【E】

<仿>阅读·请选出正确答案：

1999 年的春节联欢晚会上，陈红唱红了一首歌——《常回家看看》。《常回家看看》的曲**作者**说，当时，词**作者**把歌词寄给他，他看完第二遍歌词，音乐就出来了。写完曲子之后，他唱给词**作者**听，两个人都很激动。这首打动人心的歌曲就这样诞生了。

★ 关于《常回家看看》，下列哪项不正确？

A 是一首歌　　B 由两个人共同创作

C 是为纪念孩子出生写的　　D 写得很快

答案【C】

辨析

作家、作者，见第 120 页【作家】。

8 交通

【**乘坐**】chéngzuò 动 坐（车、船、飞机等）。take (a car, ship, plane, etc.)

扩展与搭配　~地铁　~汽车　~高铁　~轮船　~飞机　~航班　~电梯

<仿>阅读·请选出正确答案：

乘坐前往三亚的3U8766航班的旅客请注意，我们抱歉地通知您，该航班由于天气原因，起飞时间推迟，请大家关注航班动态。

★ 飞机怎么了？

A 推迟起飞了　　B 坏了

C 可以登机了　　D 换了　　答案【A】

<仿>阅读·请选出正确答案：

最近记者从中国铁路总公司的官网上了解到，我们即将进入无纸质车票的时代，也就是说，以后我们**乘坐**火车时，只需购买电子车票，无须到车站取票，凭身份证就可以直接进站乘车。

★ 根据这段话，我们可以知道：

A 纸质车票不好　　B 电子车票很便宜

C 乘车不用电子车票　　D 可用身份证直接乘车　　答案【D】

【**登机牌**】dēngjīpái 名 机场为乘坐航班的乘客提供的登机凭证，乘客必须在提供有效机票和个人身份证件后才能获得。boarding pass

扩展与搭配　换~　办理~　取~　拿~

<仿>听力·请选出正确答案：

女：你怎么又回来了？没赶上飞机？

男：你说我倒霉不倒霉？明天的航班，我记成今天的了，换**登机牌**的时候才发现。

问：男的怎么了？

A 没赶上飞机　　B 记错时间了

C 飞机推迟起飞了　　D **登机牌**丢了　　答案【B】

<仿>阅读·选词填空：

A 危险　　B 毕业　　C 温度　　D 不过　　E 轻　　F 提前

★ 乘飞机出行前，要（　　）到机场办理好**登机牌**，这是旅客都知道的常识。

答案【F】

【堵车】 dǔ//chē 动 因道路狭窄或车辆太多，车辆无法顺利通行。traffic jam

扩展与搭配　经常~　~严重　遇上~　避免~　~了　错开~时间　堵了一个小时车

<仿>听力·请选出正确答案：

女：喂，小李，是我呀。高速公路上**堵车**，已经堵了一个多小时了。你帮我跟老板说一声，肯定要迟到了。

男：一个多小时，坐飞机都能到韩国了……好吧，你也别急，急也没什么用。

问：男的是什么意思？

A 让女的别着急　　B 女的可以坐飞机

C 他要去韩国　　D 女的不会迟到

答案【A】

<仿>阅读·请选出正确答案：

有人说，买车是人一生中做的最坏的投资。因为车有96%的时间是不在使用中的，1%的时间在寻找停车位或者**堵车**，真正开车的时间只有3%。

★ 这段话的意思是：

A 多投资买车　　B 不赞成买车

C 常常**堵车**　　D 不容易停车

答案【B】

【赶】 gǎn 动 加快行动，使不误时间。try to catch up with; make a dash for; rush for

扩展与搭配　~火车　~飞机　~时间　~任务　~得/不到　~上来　~过来/去

<仿>听力·请选出正确答案：

女：早点儿睡吧，明天一早你还要**赶**飞机呢。

男：好，我写完这篇报告就睡，明天会上要讲的。

女：你怎么现在才弄？都几点了！

男：我也没办法，领导刚告诉我。

问：男的明天早上要去做什么？

A 去外地　　B 写报告

C 上课　　D 考试

答案【A】

<仿>阅读 · 选词填空：

A 温度　　B 页　　C **赶**　　D 占线　　E 标准　　F 挺

★ 很多家长在孩子放学后，急忙接了孩子，又马上带着他们（　　）到课外学习班补课。　　答案【C】

【高速公路】gāosù gōnglù 专供汽车高速行驶的公路。expressway

扩展与搭配　一条～　走～　上～　下～　修建～　开通～

<仿>听力 · 请选出正确答案：

高速公路上一般车速较快，必须保持精神高度集中，而长时间精神高度集中，开车姿势固定，操作单调，又容易造成心理和生理上的疲劳，加之天气不好等情况，更易发生交通事故。因此，在**高速公路**上行车，一般连续驾驶3小时左右就应停车休息，缓解疲劳，以保持良好的精神状态。

★ 下面哪项不是**高速公路**上易发生交通事故的原因？

A 车速快　　B 天气不好

C 路况复杂　　D 精神疲劳　　答案【C】

<仿>阅读 · 请选出正确答案：

与一般公路相比，**高速公路**具有行车速度快、通行能力大、全封闭、汽车专用、行车安全方便的优点，还可以缓解铁路等方面的交通压力。然而优点是一把"双刃剑"，在安全意识淡薄的交通参与者面前，这些优点很可能就成了缺点。不但令人心惊胆战，而且下一秒就可能发生不可预见的恶性事故。此外，对环境影响大、收费高，也是**高速公路**的缺点。

★ **高速公路**有什么优点？

A 不堵车　　B 污染小

C 行车快且方便　　D 收费低　　答案【C】

【航班】hángbān 名 客轮或客机航行的班次，也指某一班次的客轮或客机。scheduled flight (of a plane) or voyage (of a passenger liner); flight or voyage number

扩展与搭配　从……到……的～　飞往……的～　国际～　国内～　……次～　～推迟

<仿>听力 · 判断对错：

这对新婚夫妇是在上海飞往新加坡的**航班**上认识的。之后相恋三年，今天他们终于在上海举行了婚礼。

★ 他们是在机场认识的。（　　）　　答案【×】

<仿>阅读 · 请选出正确答案：

各位乘客，前往长沙、珠海的MU2965 **航班**，由于天气的原因，决定取消今日飞

行，在此我们深表歉意。具体**航班**动态请密切关注苏南国际机场微博、微信。机场24小时服务热线0510-96889788。

★ 根据这段话，我们可以知道本次**航班**：

A 得到了关注　　B 暂时取消了

C 从北京出发　　D 24小时后起飞　　答案【B】

【加油站】 jiāyóuzhàn 名 为机动车添加油料的地方。gas station

扩展与搭配　有～　在～　路过～

<仿>听力·判断对错：

入冬以后，中石化**加油站**贴出“爱心驿站”的牌子。欢迎环卫工人、交通警察等室外工作人员到**加油站**室内休息、取暖。

★ **加油站**只允许顾客进入。（　　）　　答案【×】

<仿>书写·完成句子：

手机　**加油站**　禁止　内　使用

参考答案：**加油站**内禁止使用手机。

【降落】 jiàngluò 动（飞机等）落下；下降着落。descend; land

扩展与搭配　飞机～　准时～　准备～　～在……机场　～伞

反义词　起飞

<仿>阅读·请选出正确答案：

飞机**降落**时，很多人往往开始降低安全意识，因为着急下飞机而提早解开安全带，这时一旦遭遇气流，结果可想而知。还是提醒大家，飞行全程都要系好安全带！

★ 根据这段话，飞机**降落**时应该：

A 关上遮阳板　　B 取下行李

C 系好安全带　　D 站起来　　答案【C】

<仿>书写·完成句子：

降落在　飞机　首都国际机场　安全　将

参考答案：飞机将安全**降落**在首都国际机场。

【交通】 jiāotōng 名 运输事业。traffic; transportation

扩展与搭配　～发达　～方便　恢复～　～事故　～警察　～工具

<仿>阅读·选词填空：

A 误会　　B 坚持　　C **交通**　　D 丰富　E 顺序　　F 中文

★ 公交车是市民出行的重要（　　）工具之一。　答案【C】

<仿>阅读·请选出正确答案：

多数人会认为夜里人少、车少，行车难度系数就降低了。但从很多事故的发生时间来看，其实夜间是重大死伤**交通**事故的多发时段。

★ 根据这段话，我们可以知道夜间行车：

A 司机会很紧张　　B 要特别注意安全

C 难度不大　　D 事故较少　　答案【B】

【距离】 jùlí 名 相隔的长度。distance

扩展与搭配　一段～　有～　保持～　拉近～　拉开～　～长/短　～远/近

从……到……的～　……和……之间的～

<仿>阅读·请选出正确答案：

在寒冷的冬天里，两只刺猬要互相依靠着取暖。一开始由于靠得太近，各自的刺将对方刺得很痛，后来它们拉开了适当的**距离**，不但能够取暖，也很好地保护了自己。

★ 这个故事告诉我们，人与人之间应该：

A 保持一定**距离**　　B 互相帮助

C 互相关心　　D 互相取暖　　答案【A】

<仿>书写·完成句子：

这个活动　　**距离**　　老师和同学们之间的　　拉近了

参考答案：这个活动拉近了老师和同学们之间的**距离**。

【迷路】 mí//lù 动 迷失道路。lose one's way; get lost

扩展与搭配　迷了路　迷过路　～了

<仿>听力·判断对错：

这个城市的道路情况太复杂，我又没有什么方向感。来这儿三年了，出门还常常晕头转向，找不到路是常事。

★ 他常常**迷路**。（　　）　答案【√】

<仿>听力·请选出正确答案：

男：咱们坐出租车还是坐公交车？

女：我们还是打车去吧。第一次去那儿，听说特别不好找。

问：女的是什么意思？

A 怕**迷路**　　　　B 坐公交车去

C 坐地铁去　　　　D 来不及了　　　　答案【A】

【桥】 qiáo 名 架在水面上或空中以便行人、车辆等通行的建筑物。常比喻能起沟通作用的人或事物。bridge

扩展与搭配　一座～　过～　上～　修～　立交～　汉语～

<仿>听力·请选出正确答案：

男：妈妈，你猜猜看。毛毛虫想过一条河，它怎么过去呢？

女：从**桥**上过？或者……游过去的？

男：哈哈，都不是，你再猜。

女：坐船？

男：它是变成蝴蝶飞过去的！

问：毛毛虫是怎么过河的？

A 从**桥**上过去的　　　　B 游泳

C 坐船　　　　D 飞过去的　　　　答案【D】

<仿>阅读·请选出正确答案：

这个公园围绕护城河修建而成，拥有一个周长约两公里的池塘。池边种满了垂柳和美丽的杜鹃花，还有一座**桥**连接着一座浪漫的岛屿。

★ 关于这个公园，可以知道：

A 面积不大　　　　B 有一座**桥**

C 有个儿童游乐场　　　　D 有很多游客　　　　答案【B】

【入口】 rùkǒu 名 进入建筑物或场地所经过的门或口儿。entrance

扩展与搭配　走～　～处　商场～　车库～

反义词　出口

<仿>阅读·排列顺序：

A 您可以在那儿领取

B 礼物发放就在演出中心**入口**处

C 我们为到场的朋友们准备了礼物　　　　答案【CBA】

<仿>阅读·请选出正确答案：

在地铁站乘坐自动扶梯，发生紧急情况时，应立刻呼叫位于扶梯**入口**处的乘客或者地铁值班人员，按下红色紧急停止按钮，停止自动扶梯的运行，以免造成严重的伤害。

★ 乘坐自动扶梯发生意外时要：

A 找警察　　B 按停自动扶梯

C 找出口　　D 避免伤害　　答案【B】

【速度】 sùdù 名 运动物体在某一个方向上单位时间内所通过的距离；泛指快慢的程度。speed

扩展与搭配　~快　~慢　发展~　说话的~　阅读的~　火车的~　飞机的~

加快~（加速）　减慢~（减速）

<仿>听力·判断对错：

咖啡除了可以在早晨帮你尽快消除困意，还有很多其他功用。科学家做过一个试验，被测试者喝下含32毫克咖啡因的咖啡后，不但记忆力加强，阅读**速度**加快，头脑也变得更加清醒。

★ 咖啡能加快阅读**速度**。（　　）　　答案【√】

<仿>阅读·请选出正确答案：

十多年前，对网上购物没有兴趣或者强烈反对的人，现在已经被网购所征服。网购发展的**速度**之快，远远超出人们的想象，小到衣帽鞋袜，大到家电汽车，生活中的种种必需品，几乎都可以在网上买到。如今，网购已不是80后、90后这些年轻人的专利，很多50后、60后也正在加入网购的队伍。

★ 根据这段话可以知道，现在网购：

A 都是年轻人　　B 有人反对

C 发展很快　　D 商品质量有问题　　答案【C】

【停】 tíng 动（a）停止，不再进行；使停止，不再进行。stop（b）（把车辆、船只等）停放在某处。(of cars) be parked; (of ships) lie at anchor

扩展与搭配　雨/雪~了　~课　~产　~电　~业　~工　~职

不~　~下来　~在……　~车场

<仿>听力·判断对错：

当你**停**下来休息时，别忘了别人还在奔跑。

★ 我们应该不断努力。（　　）　　答案【√】

<仿>听力·请选出正确答案：

男：你要出门？带上雨伞吧，我今晚加班，接不了你。

女：还在下雨吗？我看看。已经**停**了。

男：还是带上吧，天气预报说下午还有雨呢。

女：好的，听你的。

问：男的是什么意思？

A 不想加班　　　　B 让女的听天气预报

C 让女的带雨伞　　　　D 雨**停**了　　　　答案【C】

【座位】 zuòwèi 名 供人坐的地方（多用于公共场所）。seat (mostly used in public places)

扩展与搭配　坐～　找～　有～　等～　换～　让～　增加～　安排～　预选～

<仿>听力·请选出正确答案：

男：欢迎光临！请问几位？

女：我们 4 个人。请问现在有没有座位？

男：真不好意思，现在正是饭点儿，您得排队等**座位**。

女：好，等就等吧，谁叫我们爱吃火锅呢？

问：女的是什么意思？

A 要请客　　　　B **座位**不够

C 要换一家饭店　　　　D 愿意等**座位**　　　　答案【D】

<仿>阅读·请选出正确答案：

近日，阳光航空发布消息称，公司计划明年在实际承运的国内航班上，推行 100% 预选**座位**服务。目前预选**座位**并不收费，而机场人工柜台不受理**座位**调换要求，只提供行李托运服务。

★ 根据这段话，阳光航空公司的预选**座位**服务：

A 只面向国内航班　　　　B 从今年开始实行

C 可以在机场办理　　　　D 收一定的费用　　　　答案【A】

9 教学

【报名】 bào//míng [动] 参加某种活动或组织时填写自己名字等信息的过程。register; apply; sign up

扩展与搭配 开始~ 积极~ 网上~ ~参加 ~人数 ~时间 ~地点 ~方式 ~表 ~费 报个名

<仿>阅读 · 请选出正确答案:

这次运动会由我来负责。这里有一张表格，上面详细列出了运动会上将要举行的比赛项目，请大家仔细阅读。想**报名**的同学请抓紧时间，在本周五前到 101 办公室找我。

★ 运动会**报名**应该去:

A 办公室 B 食堂

C 教室 D 体育场 答案【A】

<仿>书写 · 完成句子:

比上个月 这个月 **报名**的人数 一倍 多了

参考答案:这个月**报名**的人数比上个月多了一倍。

【比如】 bǐrú [动] 表示举例，例如。for example; for instance

扩展与搭配 ~说 ~，…… ~:……

<仿>听力 · 判断对错:

随着手机支付的逐渐普及，人们的生活变得更加便利了。**比如**说，去医院看病，也可以不用现金就能支付。

★ 手机支付让生活更方便了。( ) 答案【√】

<仿>阅读 · 请选出正确答案:

考试复习前最好先做个计划，**比如**一共要复习多长时间、每天要复习多少内容、怎么复习、如何检验复习效果等。把这些都详细计划好，才能取得好的效果。

★ 复习前，我们应该:

A 和同学讨论　　B 提前计划好
C 睡觉　　D 去旅游　　答案【B】

【毕业】 bì//yè 动 学生结束在学校的学习。graduate; finish school

扩展与搭配　~生　~论文　~院校　~以后　准备~　快要~了　终于~了　毕了业　毕不了业

<仿>阅读·选词填空：

A 平时　B **毕业**　C 安全　D 够　E 推迟　F 到底

★ 我跟他（　　）以后就一直没见过面，想想这都快过去十年了。　答案【B】

<仿>书写·完成句子：

大学**毕业**以后　工作　去那家公司　他　了

参考答案：他大学**毕业**后去那家公司工作了。

【表示】 biǎoshì 动（a）用言语行为显出某种思想、感情、态度等。express one's ideas, feelings, attitude, etc. with words or acts（b）事物本身显出某种意义或者凭借某种事物显出某种意义。show; signify

扩展与搭配　~关心　~欢迎　~同意　~尊重　~反对　~同情　~歉意　明确的~
有~
~停止

<仿>听力·判断对错：

儿子，你看，不同颜色的灯**表示**不同的意思。绿灯是现在可以走，红灯的话就一定要停下，如果是黄灯，你也要停下来，因为黄灯以后马上就会变成红灯。

★ 红灯**表示**停止。（　　）　答案【√】

<仿>阅读·请选出正确答案：

欢迎大家来参加这次家长会。一个学期很快又过去了，孩子们有了很多的收获，也取得了很大的进步，看着他们一天天成长，我感到非常高兴。当然这些成绩离不开各位家长的大力支持和配合。我在这里向各位家长**表示**感谢！

★ 说话人最有可能在哪儿？

A 银行　　B 学校
C 邮局　　D 医院　　答案【B】

【博士】 bóshì 名 学位的最高一级。doctor; Ph.D.

扩展与搭配　考上~　读~　文学~　~生　~点　~后　~学位　~毕业　~论文

~生导师　~服

<仿>听力 · 请选出正确答案：

男：听说你考上**博士**了！恭喜你啊！

女：谢谢！如果没有大家的帮助和支持，我恐怕也很难考上。

问：关于女的，可以知道什么？

A 考上了**博士**　　B 不爱学习

C 不高兴　　D 是教授　　答案【A】

<仿>阅读 · 排列顺序：

A 并且向他表示了祝贺

B 我们都为他感到高兴

C 经过三年的努力，小林终于考上了**博士**　　答案【CBA】

【词语】 cíyǔ 名 词和词组等。words and phrases

扩展与搭配　新~　学习~　使用~　~的意思　~的用法

<仿>阅读 · 排列顺序：

A 因此我坚持每天早晨都听一个小时广播

B 我的理想是当一名翻译

C 老师告诉我，我需要积累大量的**词语**　　答案【BCA】

<仿>书写 · 完成句子：

这些**词语**　意思　是　什么

参考答案：这些**词语**是什么意思。

【错误】 cuòwù ①形 不正确；与客观事实不符合。wrong; mistaken; incorrect; erroneous ②名 不正确的事物、行为等。mistake; error

扩展与搭配　~（的）决定　~（的）思想　~（的）判断

出现~　改正~　纠正~　犯~　有~　小~　语法~

<仿>阅读 · 排列顺序：

A 其实有时候提醒比批评效果更好

B 家长往往会直接批评孩子

C 孩子犯**错误**的时候　　答案【CBA】

<仿>阅读 · 请选出正确答案：

学习外语时要多说多练才能使自己进步得更快。当别人为你纠正**错误**时，千万不要觉得不好意思，因为每个人都是在不断改正自己**错误**的过程中进步的。

★ 这段话主要是说：

A 要正视**错误**　　B 要相信自己

C 要拒绝**错误**　　D 每个人都一样　　答案【A】

<仿>书写·完成句子：

他写的　几乎　语法**错误**　句子　没有

参考答案：他写的句子几乎没有语法**错误**。

【答案】 dá'àn 名 对问题的解释、回答。answer

扩展与搭配　写～　给～　找～　记住～　有～　没（有）～　错误～　标准～　不同的～

<仿>阅读·排列顺序：

A 相信每个人都有不同的**答案**

B 而我认为幸福就是一种感觉，它掌握在自己手中

C 幸福到底是什么　　答案【CAB】

<仿>书写·完成句子：

她才发现　考试结束后　错了　自己的**答案**

参考答案：考试结束后她才发现自己的**答案**错了。

【翻译】 fānyì ① 动 把一种语言文字的意义用另一种语言文字表达出来。translate ② 名 做翻译工作的人。translator

扩展与搭配　～汉语　～文章　～小说　～成……　～公司　～工作

一名～　当～　成为～

<仿>听力·请选出正确答案：

男：这次的会议需要一名**翻译**，安排谁比较合适呢？

女：小马以前做过**翻译**的工作，经验比较丰富，我看安排他来做就可以。

问：关于小马，可以知道什么？

A 很冷静　　B 很善良

C 可以做**翻译**　　D 年龄大　　答案【C】

<仿>阅读·选词填空：

A 坚持　B 首先　C 信心　D 往往　E 重新　F **翻译**

★ 这个照相机的说明书都是英文的，我还得找个人帮忙（　　）一下才能明白。

答案【F】

<仿>书写 · 完成句子：

你　试着　能不能　**翻译**一下

参考答案：你能不能试着**翻译**一下？

【方法】 fāngfǎ 名 关于解决思想、说话、行动等问题的门路、程序等。method; means; ways or procedures of thoughts, speeches or actions

扩展与搭配　选择～　有～　学习～　工作～　减肥～　使用～　好～　正确的～　解决的～

<仿>阅读 · 排列顺序：

A 她是在网上学的化妆

B 但是化完妆以后还是挺漂亮的

C 虽然不太专业

答案【ACB】

<仿>阅读 · 请选出正确答案：

学习是一种快速掌握知识的**方法**。可能每个人的学习**方法**都不一样，但是掌握正确的学习**方法**却是成功的第一步。

★ 这段话主要谈的是什么？

A 学习时间　　B 学习态度

C 学习效率　　D 学习**方法**

答案【D】

<仿>书写 · 完成句子：

已经　解决的**方法**　这件事情　有了

参考答案：这件事情已经有了解决的**方法**。

辨析

方法　办法

两个词都有"解决问题用的手段、思路"的意思，如"好办法 / 方法""想办法 / 方法"等。但"方法"多指采取的途径、步骤等，如"科学方法"，不能说"科学办法"。"办法"一般指办事或处理问题的具体方法，如"拿他没办法"，不能说"拿他没方法"。

【方面】 fāngmiàn 名 指相对的或并列的人或事物中的一方或一部分。aspect; side

扩展与搭配　经济～　政治～　学习～　教育～　运动～　这～　单～　大（的）～　好的～　其他～

一～……，另一～……　在……～　方方面面

<仿>阅读 · 选词填空：

A **方面**　B 感觉　C 重视　D 最好　E 互相　F 原谅

★ 这个问题你可以去问一下李老师，最近他一直在研究这（　　）的问题。

答案【A】

<仿>阅读 · 排列顺序：

A 还是从价格**方面**去考虑

B 无论是从未来的发展上看

C 在这个地方购房都是很合适的　　答案【BAC】

<仿>阅读 · 请选出正确答案：

业余爱好不仅可以促进人与人之间的交往，还可以让人发现自己其他**方面**的能力。例如，踢足球既可以培养运动**方面**的能力，又可以激发、培养合作精神。

★ 这段话主要在谈：

A 生活习惯　　B 业余爱好

C 朋友交往　　D 环境保护　　答案【B】

【放暑假】 fàng shǔjià 学校夏天的假期不上课。have the summer vacation

扩展与搭配　~的时候　~了　开始~了　在~

<仿>听力 · 请选出正确答案：

男：明天晚上学校礼堂有个演出，你去不去？

女：不是已经**放暑假**了吗？还有演出吗？

男：是真的，你看，这个通知写得很清楚。

女：那我们就一起去看吧。

问：关于明天，下列哪项正确？

A 开始**放暑假**　　B 他们要去看演出

C 有课　　D 他们在家　　答案【B】

<仿>阅读 · 请选出正确答案：

今年**放暑假**的时候，我和朋友一起去了四川的九寨沟。那里景色非常优美，空气也很新鲜，我在那儿拍了很多照片，室友们看了都很羡慕。

★ 说话人是什么时候去的四川九寨沟？

A 春天　　B 夏天

C 秋天　　D 冬天　　答案【B】

【寒假】 hánjià 名 学校冬季的假期。winter vacation

扩展与搭配　放~　~开始　~结束　~作业　今年~

<仿>听力·请选出正确答案：

男：今年**寒假**你打算去哪儿玩儿？

女：哪儿也去不成了，我妈妈让我在家学习。

男：放假还学习啊？

女：是啊，因为我打算明年考研究生。

问：关于女的，可以知道什么？

A 寒假要去旅游　　B 想睡觉

C 明年考研究生　　D 要去图书馆　　答案【C】

<仿>阅读·请选出正确答案：

今年**寒假**我去哈尔滨玩儿了一趟。那里的气候和南方很不同，冬天非常冷，雪也很大，冰灯非常漂亮。更让人吃惊的是，这么冷的天，外边居然还有很多人在吃雪糕。据说那种雪糕在哈尔滨非常有名，每个来旅游的人都要尝一尝。

★ 他觉得哈尔滨：

A 冬季不冷　　B 每天下雪

C 雪很小　　D 雪景很美　　答案【D】

【好处】 hǎochù 名（a）对人或事物有利的方面。benefit; advantage（b）使人有所得而感到满意的事物。profit; gain

扩展与搭配　有～　对……有/没（有）～　得到～

<仿>阅读·选词填空：

A 激动　B 顺序　C 稍微　D 难道　E **好处**　F 打扰

★ 他为了得到那点儿（　　），竟然欺骗了自己的家人和朋友。　　答案【E】

<仿>阅读·排列顺序：

A 吃饭前喝点儿汤对身体有**好处**

B 但是饭后喝汤却容易导致肥胖

C 因为它可以帮助消化　　答案【ACB】

<仿>书写·完成句子：

好处　早睡早起　有　对身体　很

参考答案：早睡早起对身体很有**好处**。

【基础】 jīchǔ 名 事物发展的根本或起点、开始。basis; foundation; base

扩展与搭配　经济～　物质～　感情～　～教育　打（好）～　在……的～上

<仿>阅读 · 排列顺序：

A 在原有的**基础**上，对费用问题进行了特别说明

B 张经理，根据您的要求

C 我把这个通知稍微改了一下　　答案【BCA】

<仿>阅读 · 请选出正确答案：

朋友之间相处，最重要的就是信任。如果在交往的过程中经常怀疑对方，那就很容易产生各种误会和不愉快，可想而知，这样的友谊也不会长久。

★ 友谊的**基础**是：

A 金钱　　B 信任

C 相处　　D 怀疑　　答案【B】

【假】 jià 名 按照规定或经过批准，暂时不工作或不上学的时间。vacation; holiday

扩展与搭配　放~　请~　休~　给~　病~　婚~　产~　暑~　寒~　~日　~期　~条

<仿>阅读 · 排列顺序：

A 他最近为了项目连续加了一个月的班

B 连老板都主动让他休**假**

C 身体实在不行了　　答案【ACB】

<仿>书写 · 完成句子：

请　给我　把　请**假**的同学　**假**条

参考答案：请**假**的同学请把**假**条给我。

【教授】 jiàoshòu 名 大学中职称最高的教师。professor

扩展与搭配　一位~　当~　老~　成为~

<仿>听写 · 请选出正确答案：

女：王**教授**，听说你要去国外讲学，什么时候出发啊？

男：签证还没办完呢，日期定不下来呀。

问：王**教授**什么时候去外国？

A 明天　　B 下个月

C 还不知道　　D 明年　　答案【C】

<仿>阅读 · 选词填空：

A 得意　B **教授**　C 骗　D 坚持　E 偶尔　F 发展

★ 他在大学工作了几十年，是个很受人尊敬的（　　）。　　答案【B】

<仿>书写 · 完成句子：

里　　停着　　林**教授**家的院子　　一辆车

参考答案：林**教授**家的院子里停着一辆车。

【**教育**】jiàoyù ①名 按一定要求培养人的工作，主要指学校培养人的工作。education ②动 用道理说服人，使人照着（规则或要求等）做。teach; educate; inculcate

扩展与搭配　发展～　高等～　成人～　义务～　特殊～　～水平　～家　～孩子　～学生　接受～

<仿>听力 · 判断对错：

这个短片是介绍中国**教育**的。前半部分主要介绍了中国**教育**的发展历史，后半部分主要谈中国**教育**今后的发展方向。

★ 这个短片主要谈中国经济。（　　）　　答案【×】

<仿>阅读 · 排列顺序：

A 这种做法不值得提倡

B 但是有些家长假期也让孩子一直补课

C **教育**确实要从孩子抓起　　答案【CBA】

【**解释**】jiěshì 动（a）分析阐明。explain; expound; interpret（b）说明含义、原因、理由等。explain implications, reasons or causes

扩展与搭配　～情况　～原因　～清楚　不用～　无法～　请～一下

<仿>阅读 · 请选出正确答案：

有些人在自己被误会的时候，不喜欢去**解释**。他们认为**解释**是多余的，只要自己做得正确，最后自然会得到别人的理解与支持。的确，有时候太多的**解释**会起到相反的作用，但是完全不**解释**的做法也并一定正确，还是要具体问题具体分析。

★ 被误会时，可以：

A 改正缺点　　B 不用**解释**

C 相信别人　　D 适当地**解释**　　答案【D】

<仿>书写 · 完成句子：

不是　　能　　几句话　　这件事情　　**解释**清楚的

参考答案：这件事情不是几句话能**解释**清楚的。

【**科学**】kēxué ①名 反映自然、社会、思想等的客观规律的分科的知识体系。science ②形 合乎科学的。scientific

扩展与搭配　研究～　自然～　～知识　～技术　～家　～研究证明……　随着～的发展

不～　很～　～的解释　～的说法　～的态度　～地……

<仿>阅读·请选出正确答案：

每个人在睡眠的过程中都会做梦，只不过醒了以后大部分都忘记了。从古至今，很多人都曾经尝试对梦进行分析和解释，有些人甚至专门对梦进行研究，比如弗洛伊德就写过著名的《梦的解析》。可惜的是，到现在仍然没有一个关于梦的**科学**的说法。

★ 关于梦，我们可以知道：

A 有很多人研究　　B **科学**能解释

C 没人感兴趣　　D 人醒了以后都会忘记　　答案【A】

<仿>书写·完成句子：

科学　解释　所有的事情　并不能

参考答案：**科学**并不能解释所有的事情。

【理解】lǐjiě 动 懂；了解。understand

扩展与搭配　～别人　～他人　能够～　互相～　容易～　～不了

<仿>阅读·排列顺序：

A 明白父母为自己付出了很多

B 很多人都是自己有了孩子以后

C 才开始渐渐**理解**自己的父母　　答案【BCA】

<仿>阅读·请选出正确答案：

人们常说："**理解**万岁。"每个人都希望获得别人的**理解**，但是**理解**是相互的。因此，我们在要求别人**理解**自己的同时，也要尽可能学会**理解**他人，遇到事情多替别人考虑一些。

★ 根据这段话，我们可以知道：

A **理解**别人很难　　B **理解**是相互的

C 人不需要**理解**别人　　D 要同情别人　　答案【B】

辨析

理解　了解　明白

三个词都可以做动词，但"理解"是内心的感受，用自己的体会来感受对方，如"在这件事上我很理解你""我们应该理解父母"，其中的"理解"都不能换成"了解"或"明白"。"了解"重点说明知道人或事物的具体状况，如"我很了解他"。"明白"有"知道、懂得"的意思，如"这件事我明白了"。此外，"明白"还可以做形容词，如"他讲得非常明白"。

【例如】 lìrú 动 举例子的时候用在例子的前面。for example; such as; for instance

扩展与搭配　~……　~，……　~：……

<仿>阅读·排列顺序：

A 有些习惯对人的身体是非常有害的

B 为了健康一定要改掉这些坏习惯

C **例如**抽烟、喝酒、晚睡等等　答案【ACB】

<仿>阅读·请选出正确答案：

有些人认为钱很重要。钱确实能买到很多东西，能满足人们的物质需要。但是我们必须明白，在这个世界上，还有很多钱没有办法买到的东西，**例如**时间、感情和生命。

★ 根据这段话，我们可以知道钱：

A 越多越好　B 什么都能买

C 不是万能的　D 不容易赚　答案【C】

【内容】 nèiróng 名 事物内部所包含的东西或意义。content; what is contained in something

扩展与搭配　缺少~　学习~　会议~　主要~　~丰富

<仿>阅读·选词填空：

A 印象　B **内容**　C 紧张　D 直接　E 改变　F 成为

★ A：明天的考试，你复习得怎么样了？

B：别提了，考试的（　　）也太多了，我都看不进去了。　答案【B】

<仿>阅读·排列顺序：

A 因为它的**内容**非常丰富

B 更重要的是里边的文学作品对我的帮助很大

C 我非常喜欢这个杂志　答案【CAB】

<仿>阅读·请选出正确答案：

这本杂志最早出现于1892年，它的读者主要是都市时尚女性，**内容**包括时装、化妆、美容、健康、娱乐和艺术等几个方面，是一本综合性的时尚生活杂志。

★ 这本杂志：

A 很厚　B 男人爱看

C 是新出现的　D 很受女性欢迎　答案【D】

【情况】 qíngkuàng 名 情形。situation

扩展与搭配 了解～ 说明～ 反映～ 天气～ 交通～ 学习～ 生活～ 一般～ ～严重 在……～下

<仿>阅读·选词填空：

A 信心 B 降低 C 估计 D 空 E **情况** F 随便

★ 这个（ ）已经引起了我们的关注，今天就安排人去调查。 答案【E】

<仿>阅读·请选出正确答案：

如果走在路上遇见认识的人，应该主动打招呼，有时也可以点头表示友好。如果遇到熟悉的朋友，除了简单的问候外，还可以问问对方家人的**情况**。

★ 这段话是介绍：

A 交友方法 B 礼貌用语

C 问候方式 D 朋友感情 答案【C】

<仿>书写·完成句子：

那位病人 不太严重 **情况** 的

参考答案：那位病人的**情况**不太严重。

【区别】 qūbié ①动 把两个以上的对象加以比较，认识它们不同的地方；分别。distinguish; differentiate; make a distinction between ②名 彼此不同的地方。distinction; difference

扩展与搭配 ～好坏

～很大 有～ 找～ 发现～ A和B的～ 最大的～

<仿>阅读·选词填空：

A 一切 B 热闹 C 闹 D **区别** E 阳光 F 轻松

★ A：这两双鞋子有什么（ ）呢？为什么价格相差这么多？

B：左边这双是真皮的，所以贵一些，右边那双不是。 答案【D】

<仿>阅读·排列顺序：

A 聪明人和笨人的最大**区别**在于

B 而笨人只会一直抱怨自己的失败

C 聪明人能从失败中学到经验 答案【ACB】

【日记】 rìjì 名 每天遇到的和所做的事情的记录，有的也写对这些事情的感受。diary

扩展与搭配 一本～ 一篇～ 写～ 记～ 美食～ 旅行～ 工作～ ～本

<仿>阅读·请选出正确答案：

写**日记**是一个好习惯。无论生活中遇到了什么，例如开心的事儿、烦恼的事儿、有意义的事儿等等，都可以在**日记**中记录下来。很多不能随便对别人说的话，也都可以写在**日记**里。这样看来，**日记**真像是一位朋友，记录下我们生活中的酸甜苦辣。

★ 根据这段话，我们可以知道，写**日记**：

A 很麻烦　　B 是生活的一部分

C 没意义　　D 浪费时间　　答案【B】

<仿>书写·完成句子：

喜欢　　每天　　她　　写**日记**

参考答案：她喜欢每天写**日记**。

【实际】 shíjì ①名 客观存在的事物或情况。reality ②形（a）实有的；具体的。practical; realistic（b）合乎事实的。real; actual

扩展与搭配　一切从～出发

～情况　～工作　～行动　～应用　～生活　～需要　很～　不～　～上

<仿>阅读·选词填空：

A 酸　B 精彩　C 气候　D **实际**　E 对面　F 律师

★ 在（　　）生活中，像他这种性格的人往往不太容易跟人沟通和交流。

答案【D】

<仿>阅读·选词填空：

A 意见　B 印象　C 逐渐　D **实际**　E 推迟　F 深

★ 不用再说了，你这个想法其实一点儿都不（　　）。　　答案【D】

<仿>阅读·排列顺序：

A 了解顾客的**实际**需要是十分重要的

B 即使我们做得再好也不会有人买

C 因为如果是客户不需要的东西　　答案【ACB】

<仿>阅读·请选出正确答案：

有些人很喜欢和别人开玩笑，觉得这很幽默，也很有趣。但**实际**上并不是每个人都喜欢开玩笑，有的人甚至会因为一些玩笑而生气。这一点应该引起我们的注意。

★ 这段话告诉我们，开玩笑：

A 不能太随便　　B 应该被禁止

C 要有趣　　　　　　　　D 很麻烦　　　　　　　　答案【A】

【说明】 shuōmíng ①动（a）解释明白。explain; make clear（b）证明。prove ②名解释意义的话。illustration; explication; caption

扩展与搭配　~问题　~原因　~一下　充分~
一段~　读~　看~　~书　~文

<仿>阅读·排列顺序：

A 当你遇到事情的时候能够先冷静下来
B 这**说明**你变成熟了
C 而不是马上就发脾气或抱怨　　　　　　　　答案【ACB】

<仿>阅读·请选出正确答案：

你在吃感冒药之前，一定要仔细阅读**说明**书，把吃药期间需要注意的问题都弄清楚。**说明**书看也不看，拿起药来就吃，这是非常不好的习惯。另外，感冒的时候你最好只选择一种感冒药，否则药物之间可能互相作用，会影响健康。

★ 这段话最有可能是谁说的？

A 老师　　　　　　　　B 医生
C 病人　　　　　　　　D 导游　　　　　　　　答案【B】

<仿>书写·完成句子：

向大家　　请你　　情况　　**说明**一下

参考答案：请你向大家**说明**一下情况。

【硕士】 shuòshì 名学位的一级，高于学士，低于博士。master; master's degree

扩展与搭配　考上~　读~　文学~　~学位　~毕业　~论文　~导师　~生　~点　~服

<仿>听力·请选出正确答案：

女：**硕士**毕业以后，你有什么打算？
男：先试着找找工作吧，毕竟我年龄已经不小了。
问：根据对话，可以知道什么？

A 男的毕业了　　　　　　　　B 男的很年轻
C 男的在读**硕士**　　　　　　　　D 男的是记者　　　　　　　　答案【C】

<仿>书写·完成句子：

硕士研究生　　今年　　王教授的　　她考上了

参考答案：今年她考上了王教授的**硕士**研究生。

【填空】 tián//kòng 动 填补空着的位置、职务等。fill in the blank

扩展与搭配　~题

<仿>书写·完成句子：

填空　正确的　请选择　词语

参考答案：请选择正确的词语**填空**。

【通知】 tōngzhī ①动 把事项告诉人知道。notify ②名 通知事项的文书或口信。notification

扩展与搭配　~一下

发~　收到~　紧急~　~书　~单

<仿>阅读·选词填空：

A 迷路　B **通知**　C 阅读　D 到底　E 弄　F 皮肤

★ A：小王，你赶紧（　　）一下各部门，今天下午的会议改到明天上午了。

B：好的，经理，我现在就去。　答案【B】

<仿>阅读·请选出正确答案：

北京市卫生局昨天发了**通知**，将在全市开展食品安全大检查活动，重点检查饭店、街边小吃和超市熟食区的卫生，以保证消费者的身体健康。

★ 这次大检查要检查什么？

A 卫生　B 交通

C 安全　D 设施　答案【A】

【文章】 wénzhāng 名（a）篇幅不长的单篇作品。essay; article（b）泛指著作。(in a broad sense) literary works

扩展与搭配　一篇~　写~　读~　发表~　好~　~的内容　~的作者

<仿>听力·判断对错：

这篇**文章**是介绍中国地理的，里面有很多精美的图片，读起来非常有意思。

★ 这篇**文章**主要谈中国教育。（　　）　答案【×】

<仿>阅读·选词填空：

A 餐厅　B 继续　C 冷静　D 现金　E **文章**　F 赢

★ 他写的（　　）语言生动有趣，又包含着很多人生道理，因此受到了很多读者的喜爱。　答案【E】

【橡皮】 xiàngpí 名 橡胶制成的文具，能擦掉笔写下的痕迹。eraser; rubber

扩展与搭配　一块～　新～　买～　～擦

<仿>书写·完成句子：

擦掉　可以　**橡皮**　铅笔写的字

参考答案：**橡皮**可以擦掉铅笔写的字。

【学期】 xuéqī 名 一年一般分为两学期，从秋季开学到寒假和从春季开学到暑假各为一个学期。semester; school term

扩展与搭配　一个～　这（个）～　上（个）～　下（个）～　新～　本～　第一～

<仿>阅读·排列顺序：

A 这个**学期**我的课很多

B 因为再忙也要坚持锻炼身体

C 但是还是利用业余时间去游泳　　答案【ACB】

<仿>阅读·请选出正确答案：

这**学期**学校给留学生新开了一门课叫“汉语新词语”，课上大家可以学到很多网络流行语。我看了课程介绍以后觉得非常有意思，决定要选这门课。

★ 他在谈：

A 选课　B 课后复习

C 汉语语法　D 汉字的写法　　答案【A】

【严格】 yángé 形 在掌握标准时认真、不放松。strict; rigorous; rigid

扩展与搭配　～要求　～管理　要求～　非常～　对……～　～来说

<仿>阅读·请选出正确答案：

每个人都希望自己的孩子有良好的生活习惯，但良好的习惯并不是一天两天就能养成的，这需要父母从小就**严格**地要求孩子，并用自己的行动去影响他们。

★ 下列哪一项是父母不应该做的？

A **严格**要求孩子　B 长时间培养孩子

C 自己先养成良好的习惯　D 经常批评孩子　　答案【D】

<仿>书写·完成句子：

往往　要求很**严格**　对自己　成功的人

参考答案：成功的人往往对自己要求很**严格**。

【研究】 yánjiū 动（a）探求事物的真相、性质、规律等。study; research（b）考虑或商讨。consider; deliberate on (opinions and issues)

扩展与搭配 调查～ 做～ 科学～ ～证明 ～人员 ～问题 ～所 ～中心 ～一下 研究研究

＜仿＞阅读·请选出正确答案：

洗脸的时候，用太凉的水容易洗不干净，用太热的水又容易造成皮肤过敏和衰老，所以水太冷或者太热，都会给皮肤的健康带来不好的影响。**研究**发现，用 40 度左右的温水洗脸是比较合适的。

★ 洗脸时，我们应该：

A 用温水　　B 用冷水

C 早晚各一次　　D 至少洗 5 分钟　　答案【A】

＜仿＞书写·完成句子：

解决办法　一起　大家　来**研究**一下

参考答案：大家一起来**研究**一下解决办法。

【语法】 yǔfǎ 名 语言的结构方式，包括词的构成和变化、词组和句子的组织。grammar

扩展与搭配 学习～ 研究～ 汉语～ ～错误 ～有问题

＜仿＞听力·请选出正确答案：

男：李丽，考试成绩出来了吧？你考得怎么样？

女：不太好，**语法** 80 分，口语比**语法**多 5 分，听力才 76 分。

问：李丽的哪门成绩最不好？

A **语法**　　B 口语

C 听力　　D 都不好　　答案【C】

＜仿＞书写·完成句子：

语法　他写的作文　没有　错误

参考答案：他写的作文没有**语法**错误。

【语言】 yǔyán 名 人所特有的用来表达意思、交流思想的工具。language

扩展与搭配 一种～ 学习～ 掌握～ ～表达 ～能力 ～水平 共同～ ～学

＜仿＞阅读·选词填空：

A **语言**　B 竞争　C 出差　D 号码　E 笨　F 超过

★ A：学习（　　）是为了与人交流，所以只记单词、语法是不够的。

B：对，还要多听多说。　　答案【A】

<仿>阅读·选词填空：

A 数字　B 究竟　C 棒　D **语言**　E 差不多　F 烦恼

★ 语法是（　　）学习中很重要的一个部分，但它并不是全部。　　答案【D】

<仿>阅读·请选出正确答案：

在生活中，我们不要总把“累”“烦”这样的词挂在嘴边。人的心情会受到**语言**的影响，你如果总说不开心的话，就很难让自己开心起来。

★ 根据这段话，我们应该常常说什么？

A 累　B 烦

C 开心的话　D 不开心的话　　答案【C】

【预习】 yùxí 动 学生提前自学将要听讲的功课。preview; prepare for a lesson

扩展与搭配　~新课　~生词　~语法　~内容　认真~　好好儿~　预习预习

<仿>听力·请选出正确答案：

男：王小明真是太聪明了！每次考试都是第一名。

女：他平时学习非常努力，课前**预习**和课后复习都做得很认真。

问：关于王小明，可以知道什么？

A 成绩不好　B 不爱**预习**

C 学习认真　D 不太聪明　　答案【C】

<仿>阅读·请选出正确答案：

我来中国学习汉语快一年了，大家都说我的汉语水平提高了很多。那是因为我每天上课前都自己先**预习**，带着问题去听课，就能听得更认真。每天下课以后我也认真复习。当然，我的进步跟中国朋友们对我的帮助也是分不开的。

★ 他觉得课前**预习**：

A 很重要　B 浪费时间

C 没意思　D 很难　　答案【A】

【阅读】 yuèdú 动 看（书报等）并理解其内容。read

扩展与搭配　~报纸　~材料　~课　~习惯　~能力　~水平　网上~　纸上~　电子~　~理解

<仿>听力·判断对错：

随着互联网的普及，越来越多的人选择在网上或者手机上看书、浏览新闻。但是跟电子**阅读**比起来，我还是更喜欢传统的纸上**阅读**。

★ 我更喜欢用手机进行电子**阅读**。（　　）　答案【×】

<仿>阅读·请选出正确答案：

最近，在书店里**阅读**、买书的人越来越多了。记者曾在“五一”期间采访过一家书店，看到书架前有很多孩子在认真地看书。据说，有很多家长特意带着水果和小凳把孩子送到这里，他们认为这种读书的气氛有助于孩子从小培养良好的**阅读**习惯。

★ 根据这段话，家长喜欢带孩子到哪里看书？

A 地铁　　B 家里

C 书店　　D 教室　　答案【C】

【正确】 zhèngquè 形 符合事实、道理或某种公认的标准。correct; right

扩展与搭配　~（的）决定　~（的）答案　~（的）方法　~（的）选择　回答~

<仿>阅读·请选出正确答案：

很多人吃饭以后，喜欢马上吃一些水果，其实这样做对身体并不好。**正确**的做法是在饭后2小时或饭前1小时吃水果。

★ 吃水果的**正确**时间是：

A 任何时间　　B 饭前1小时

C 吃饭以前　　D 饭后1小时　　答案【B】

<仿>阅读·请选出正确答案：

如今，越来越多的人开始认识到健康的重要性。吃饭的时候，开始注意吃的食物是否有营养；在办公室里工作的时候，开始注意坐的姿势是否**正确**；甚至在睡觉前，也开始思考怎样提高睡眠质量。

★ 根据这段话，现代人越来越重视什么？

A 金钱　　B 食物

C 健康　　D 睡眠　　答案【C】

【证明】 zhèngmíng ①动 用可靠的材料来表明或断定人或事物的真实性。prove ②名 证明书或证明信。certificate; identification

扩展与搭配　~人　~材料　研究~　得到了~

一份～　开～　办～　写～　入学～　收入～　出生～

<仿>听力·请选出正确答案：

男：你的留学材料都准备齐了吗？

女：还少一个工作**证明**，我一会儿就去办公室办理。

问：女的一会儿要去做什么？

A 找工作　　B 参加考试

C 拍照　　D 办工作**证明**　　答案【D】

<仿>书写·完成句子：

证明　他　这件事　一个诚实的人　是

参考答案：这件事**证明**他是一个诚实的人。

【知识】 zhīshi 名（a）人们在社会生活中所获得的认识和经验。knowledge（b）指学术、文化或学问。learning

扩展与搭配　学习～　掌握～　重视～　积累～　新/旧～　科学～　文化～　专业～　～面　～分子　～就是力量

<仿>阅读·排列顺序：

A 可以教给我们很多**知识**

B 读书是个好习惯

C 一本好书就像一位老师　　答案【BCA】

<仿>阅读·请选出正确答案：

电脑售后维修部的李经理，非常擅长与顾客沟通。每当有顾客来修电脑，她都主动、热心地为他们讲解电脑使用方面的**知识**和注意事项。

★ 李经理对待顾客：

A 很热情　　B 很冷静

C 不热情　　D 没耐心　　答案【A】

【专业】 zhuānyè 名 高等学校的一个学院或中等专业学校里，把学业分成的门类。major

扩展与搭配　选择～　换～　汉语～　体育～　外语～　医学～　～知识　～课　报考……专业

<仿>听力·判断对错：

小时候，我有一个理想，那就是长大以后要成为一名医生。所以，上大学的时候，我选择了医学**专业**。现在，我终于成为了一名合格的医生。

★ 他读的是文学**专业**。(　　)　　答案【×】

<仿>阅读·排列顺序：

A 其次就是要考虑什么**专业**毕业以后好找工作

B 考大学选择**专业**是非常重要的

C 首先要考虑自己的兴趣和爱好　　答案【BCA】

【准确】 zhǔnquè 形 完全符合事实或标准。accurate; exact; fully conforming to the fact or standard

扩展与搭配　消息~　~数字　~时间　~判断　~地说　~答案

<仿>阅读·选词填空：

A 猜　B **准确**　C 本来　D 顺便　E 观众　F 恐怕

★ A：听说咱们公司的经理要换人了。

B：这个消息（　　）吗？我怎么一点儿也不知道？　　答案【B】

<仿>阅读·请选出正确答案：

千万不要因为一句话或一件事，就去判断一个人的好与坏。只有通过长时间的观察，理智地分析，判断才可能更**准确**。

★ 根据这段话，怎样判断一个人？

A 多开玩笑　　B 多观察

C 听他解释　　D 举行聚会　　答案【B】

10 通信

【地址】 dìzhǐ 名（个人、团体）居住或所在的地点。address

扩展与搭配 家庭～ 通信～ 工厂～ 学校～ 寄信人～ 详细～

<仿>听力·请选出正确答案：

女：请你在这儿填上收货人的**地址**，具体到门牌号。

男：好的，我差点儿忘了。请您尽快发货。

问：男的需要填什么？

A 年龄　　B 职业

C 收货人**地址**　　D 发货时间　　答案【C】

<仿>阅读·请选出正确答案：

师傅，这儿确实是青年大街251号。不过我们这儿没有人叫外卖，您最好再打个电话问问，看是不是**地址**写错了。

★ 这位师傅：

A 要叫外卖　　B 记错号码了

C 写错**地址**了　　D 是来送外卖的　　答案【D】

【短信】 duǎnxìn 名 文字简短的信息，特指用手机通过移动通信网发出，可以显示在对方手机显示屏上的简短文字、图片等。text message

扩展与搭配 一条～ 发～ 收（到）～ 写～ 回～

<仿>阅读·选词填空：

A 危险　B 毕业　C 温度　D 不过　E 轻　F 发

★ 老师（　　）**短信**说明天有暴风雪，实习可能会取消，请大家等他通知。

答案【F】

<仿>阅读·请选出正确答案：

某中学引入人脸闸机识别系统，学校的师生可以“刷脸”进校，人脸识别可以在一秒内完成。该系统具备人脸识别、闸机通道和**短信**通知一体化功能，老师和家长可以查看孩子的考勤情况。

★ 根据这段话，学生进校：

A 需要家长陪同　　B 要带学生证

C 有**短信**通知　　D 需要老师陪同　　答案【C】

【广播】 guǎngbō ① 动 广播电台、电视台发射无线电波，播送节目。有线电播送节目也叫广播。broadcast ② 名 指广播电台或有线电播送的节目。broadcast; radio program

扩展与搭配　~消息　~新闻　~出去

~节目　~电台　听~

<仿>听力·判断对错：

初中时的娱乐活动都靠收音机，我经常一边做作业一边听**广播**，就这样度过了三年。今天想再听听以前常听的节目，竟然还在，主持人的声音还是那样亲切动听。

★ 他以前常听**广播**。（　　）　　答案【√】

<仿>阅读·选词填空：

A 危险　B 毕业　C 温度　D **广播**　E 轻　F 短信

★ 听英文（　　）是学习英文、提高听力水平的一种好方法，建议同学们尝试一下。　　答案【D】

【广告】 guǎnggào 名 向公众介绍商品、服务内容或文娱体育节目的一种宣传方式，一般通过报刊、电视、广播、网络、招贴等形式进行。advertisement; commercial

扩展与搭配　做~　电视~　商品~　招生~　~部

<仿>阅读·请选出正确答案：

想知道永久智能电动车的骑行体验怎么样吗？想了解它的智能体现在什么方面吗？电池充电方便吗？能防盗吗？能否接送孩子？购物买菜方便吗……欢迎大家来亲自体验！

★ 说话人在做什么？

A 做调查　　B 上课

C 骑电动车　　D 做**广告**　　答案【D】

【号码】 hàomǎ 名 表示事物次第的数目字。number

扩展与搭配　电话～　手机～　车牌～　房间～　身份证～　换～　记～

<仿>听力·请选出正确答案：

女：这是我的电话**号码**，请您记一下。

男：哦？后四位跟我的**号码**一样，真巧！

女：这说明我们的合作会有一个好的开始。

男：一定会的。

问：关于男的的电话**号码**，下列哪个正确？

A 被男的忘记了　　B 被女的忘记了

C 跟女的电话号一样　　D 后四位与女的一样　　答案【D】

<仿>书写·完成句子：

把　我　记错　房间**号码**　了

参考答案：我把房间**号码**记错了。

【互联网】 hùliánwǎng 名 由若干计算机网络相互连接而成的网络。the Internet

扩展与搭配　～时代　～信息　～公司

<仿>阅读·请选出正确答案：

随着**互联网**的发展，网络餐饮平台兴起，外卖行业越来越普及。利用网络外卖平台进行饮食消费已成为很多人的消费习惯，不用出门，只用手指点点手机，不久，一份美味的外卖就会被送到手里。但是，网络订餐平台为消费者带来便捷服务的同时，不规范的现象也时有发生。

★ 根据这段话，我们知道外卖：

A 不安全　　B 随着**互联网**的发展而更加普遍

C 非常便宜　　D 不太干净　　答案【B】

<仿>书写·完成句子：

互联网　成为　人们生活的　已经　一部分

参考答案：**互联网**已经成为人们生活的一部分。

【寄】 jì 动 通过邮局或快递公司递送（信、包裹等）。send by mail post; mail

扩展与搭配　～信　～钱　～包裹　～给……　～到……　～出　～来/去　～过来/过去

~信人　邮~

<仿>阅读 · 请选出正确答案：

吃饭叫外卖，买水果送货上门，**寄**快递预约上门取件，上夜班用各种奶茶提神，不上班就宅在家里。唉！我不胖谁胖呢！

★ 根据这段话，我们知道他：

A 比较胖　　B 正在减肥

C 喜欢运动　　D 生活很有规律　　答案【A】

<仿>阅读 · 选词填空：

A 差不多　B 提醒　C 温度　D **寄**　E 页　F 暖和

★ 我的信还没来得及（　　）出去，他的电话就打来了。　　答案【D】

【网站】 wǎngzhàn 名 某个企业、组织、机构或个人在互联网上建立的网络站点，一般由一个主页和许多网页构成。website

扩展与搭配　~地址　个人~　学校~　购物~　旅游~　商业~　官方~

<仿>听力 · 判断对错：

我们培优幼儿园都是在网上申请入园的。您可以关注我们的官方**网站**，上边有详细的报名流程说明。

★ 这家幼儿园只能通过**网站**报名。（　　）　　答案【√】

<仿>阅读 · 请选出正确答案：

昨天，公交集团向市民公布了首批 11 条公交线路发车时刻表。这些线路的公交车今后在始发站、终点站，将严格按照时刻表定时发车。11 条线路的时刻表除了可以在公交集团**网站**上查到以外，还会显示在这些线路每个站台的站牌上。

★ 根据这段话，公交时刻表：

A 很复杂　　B 不准时

C 站牌上没有　　D 可以上网查　　答案【D】

【消息】 xiāoxi 名（a）关于人或事物情况的报道。news; information; report or coverage of a person or an event（b）指人或事物的动向或变化的情况；音信。news; message; word

扩展与搭配　一条~　本报~　本台~　国际~　关于……的~　打听~　有~　没有~　等~　传来~　好~　坏~　让人激动的~

<仿>阅读·排列顺序:

A 可以申请读汉语国际教育专业的本科了

B 告诉大家一个好**消息**

C 我已经通过了 HSK4 级　　答案【BCA】

<仿>书写·完成句子:

等着　**消息**　我们　你的　好

参考答案:我们等着你的好**消息**。

【信封】 xìnfēng 名 装书信的封套。envelope

扩展与搭配　一个~　装进~(里)

<仿>听力·请选出正确答案:

男:你那儿有没有**信封**?

女:哎呀,好久没有动笔写过信了,都是发电子邮件,我给你找找。

问:男的让女的做什么?

A 写信　B 找**信封**

C 发传真　D 发电子邮件　　答案【B】

<仿>阅读·请选出正确答案:

我们的"解忧杂货店"活动,是请大家将自己在生活中遇到的不顺心的事情,或是一些无法向别人倾诉的烦恼写下来,装进**信封**,投进教学楼一楼的黄色信箱。我们愿意分担你的痛苦,期待你的来信!每一封信都会得到我们的回信哦!

★ 根据这段话,参加这个活动的人应该:

A 去邮局寄信　B 把烦恼写进信里

C 给别人回信　D 在**信封**上写清楚地址　　答案【B】

【信息】 xìnxī 名 音信;消息。information; message

扩展与搭配　一条~　获得~　交流~　市场~　~时代　~技术　商品~　招生~　个人~

<仿>阅读·排列顺序:

A 因此,注意倾听是一种重要的**信息**交流技巧

B 都是通过听和说获得的

C 任何人掌握的**信息**　　答案【CBA】

<仿>阅读·请选出正确答案：

会哭的孩子有奶吃。孩子的哭是一种传达**信息**的方式，他们通过这一方式索要关心和注意。安静的、乖乖听话的孩子，总是被忽视最多的。而哭闹着表达自己“饿了”“困了”“要抱抱”的孩子，总是能够得到满足。

★ 根据这段话，孩子哭是在：

A 伤心　　B 引起父母注意

C 让自己放松　　D 生气　　答案【B】

【邮局】 yóujú 名 办理邮政业务的机构。post office

扩展与搭配　~附近　有~　去~寄东西

<仿>听力·请选出正确答案：

女：您好，往北京寄包裹多少钱？

男：那得看你的包裹有多重。

问：他们最可能在哪儿？

A **邮局**　　B 机场

C 火车站　　D 图书馆　　答案【A】

<仿>阅读·请选出正确答案：

芬兰“圣诞老人村”是闻名世界的圣诞老人的故乡。游客必玩儿的有以下几项：和圣诞老人合影；领取自己进入北极圈的证书；去圣诞**邮局**给朋友寄明信片；双脚横跨在北极线上拍照留念。

★ 根据这段话，在圣诞村游客可以：

A 跟朋友交换礼物　　B 打扮成圣诞老人

C 得到毕业证书　　D 寄明信片　　答案【D】

【占线】 zhàn//xiàn 动 指电话线路被占用，电话打不进去。the line is busy

扩展与搭配　电话~　手机~

<仿>听力·判断对错：

玛丽现在在哪儿？她的电话不是**占线**就是打不通。去宿舍找她吧，敲了半天门，也没人开。

★ 他联系不上玛丽。（　　）　　答案【√】

<仿>阅读·选词填空：

A 赶　B 标准　C 温度　D 页　E **占线**　F 挺

★ A：我给老王打电话，一直（　　），他在跟谁聊呢？这么长时间！

B：是不是电话有问题？　答案【E】

11 政法

【大使馆】 dàshǐguǎn 名 一个国家设在其他国家的最高级外交机构，简称“使馆”。embassy

扩展与搭配 中国～ 美国～ 日本～ 外国～ 去～办签证

＜仿＞阅读·请选出正确答案：

在国外的时候，如果遇到困难或危险，大家可以第一时间去寻求**大使馆**或总领事馆的帮助。

★ 根据这段话，出国旅游遇到困难时可以：

A 找**大使馆** B 找警察

C 会有危险 D 找朋友帮忙 答案【A】

＜仿＞书写·完成句子：

国庆招待会 受**大使馆**邀请 王教授 参加了

参考答案：王教授受**大使馆**邀请参加了国庆招待会。

【法律】 fǎlǜ 名 由立法机关或国家机关制定，国家政权保证执行的行为规则的总和。包括宪法、基本法律、普通法律、行政法规和地方性法规等规范性文件。law

扩展与搭配 遵守～ 违犯～ ～责任 ～服务 ～专业 ～系 ～规定

＜仿＞听力·判断对错：

小时候，我有一个理想，希望长大以后能够运用**法律**来帮助别人。所以，上大学的时候，我选择了**法律**专业，现在，我成为了一名律师。

★ 他读的是新闻专业。（ ） 答案【×】

＜仿＞阅读·请选出正确答案：

“百名律师调解帮”活动旨在为人们提供全方位、面对面、零距离的**法律**服务，尽可能地满足广大市民对**法律**服务的需求。

★ 这个活动的目的是什么？

A 接待市民 B 讨论问题

C 提供**法律**服务　　　　　　D 帮助市民找工作　　　　　　答案【C】

【规定】 guīdìng ① 动 对事物的数量、质量或方式、方法等做出具有约束力的决定。stipulate; provide ② 名 所规定的内容。rule; regulation; stipulation

扩展与搭配　~时间　~的标准
一项~　符合~　遵守~　违反~　有关~　新~　按照~

<仿>阅读 · 请选出正确答案：

一天吃多少盐最健康？按照世界卫生组织的**规定**，我们一天吃盐的量最好在 6 克以内，大概一个啤酒瓶盖子那么多。

★ 根据这段话，吃盐：

A 不应过多　　　　　　B 容易得高血压
C 越少越好　　　　　　D 营养跟啤酒差不多　　　　　　答案【A】

<仿>书写 · 完成句子：

要求　学校　家长　接送孩子　按照**规定**时间

参考答案：学校要求家长按照**规定**时间接送孩子。

【国际】 guójì ① 形 国与国之间的；世界各国之间的。international ② 名 指世界或世界各国。the world or countries in the world

扩展与搭配　~问题　~关系　~比赛
~社会　~新闻　~地位　~劳动节　~妇女节　~儿童节　~大奖　~法

<仿>听力 · 判断对错：

为期 10 天的**国际**美食节开幕了！在这里，不用走出国门，也能吃到世界各地的特色美食。

★ **国际**美食节在 10 号举行。(　　)　　　　　　答案【×】

<仿>阅读 · 请选出正确答案：

她看起来非常矮小，但在这场**国际**乒乓球比赛中，却连连打败好几位世界著名的乒乓球选手，真是让人吃惊。

★ 根据这段话，她：

A 很有名　　　　　　B 长得很高
C 在比赛中输了　　　　　　D 在比赛中赢了　　　　　　答案【D】

【禁止】 jìnzhǐ 动 不允许；不许可。prohibit; forbid

扩展与搭配　~吸烟　~通行　~拍照　被~　~不了

反义词　允许

<仿>听力·请选出正确答案：

女：对不起，先生，赛场**禁止**使用闪光灯拍照。

男：抱歉！我马上关掉。

问：男的刚才在做什么？

A 打电话　　B 开空调

C 照相　　D 开灯　　答案【C】

<仿>阅读·请选出正确答案：

据欧洲媒体报道，法国通过了关于**禁止**幼儿园、小学和初中的学生在校园内使用手机的法案。按照法案规定，在校小学生和初中生无论是在课堂上，还是在课外活动时均不能使用手机。

★ 根据这段话，法国的幼儿园、小学和初中的学生：

A 在课堂上可以用手机　　B 在校园里**禁止**使用手机

C 课外活动时可以用手机　　D 得到允许可以用手机　　答案【B】

【警察】 jǐngchá 名 具有武装性质的国家治安行政人员。police

扩展与搭配　一位～　一名～　当～　做～　成为～　交通～　～局

<仿>阅读·排列顺序：

A 王强就一直想当一名**警察**

B 他觉得**警察**都是功夫特别厉害的人

C 看了电影《**警察**故事》之后　　答案【CAB】

<仿>书写·完成句子：

警察　用生命　的　会　保护人民

参考答案：**警察**会用生命保护人民的。

【律师】 lǜshī 名 受当事人委托或法院指定，依法协助当事人进行诉讼，出庭辩护，以及处理有关法律事务的专业人员。lawyer

扩展与搭配　一位～　一名～　当～　做～　成为～　请～　～事务所

<仿>听力·判断对错：

我的父母都是**律师**，曾经帮助过很多人。他们希望我以后也学法律，但是我更想成为一名医生，所以考大学的时候报了医学专业。

★ 他的父母希望他成为一名医生。（　　）　　答案【×】

<仿>阅读·请选出正确答案：

虽然顺利通过了司法考试，但我深知要成为一名**律师**需要学习的东西还有很多很多，我会继续努力，尽快适应。

★ 根据这段话，可以知道他：

A 是**律师**　　B 想当**律师**

C 要参加司法考试　　D 很适应现在的生活　　答案【B】

【签证】 qiānzhèng 动 一国主管机关在本国或外国公民所持的护照或其他旅行证件上签注、盖印，表示准其出入本国国境。grant a visa

扩展与搭配　办~　申请~　拿到~

<仿>听力·判断对错：

我好不容易把办**签证**需要的材料准备全了，明天去递交。希望能顺利出签啊！

★ 他已经办好**签证**了。（　　）　　答案【×】

<仿>阅读·请选出正确答案：

爸爸妈妈，我想暑假期间带你们去国外旅游一趟，你们只要确定目的地就行，办**签证**很简单，旅行社会替我们办理的。

★ 根据这段话，他们的**签证**由谁负责办理？

A 爸爸　　B 妈妈

C 说话人　　D 旅行社　　答案【D】

【社会】 shèhuì 名 指由一定的经济基础和上层建筑构成的整体；泛指由于共同物质条件而互相联系起来的人群。society; community

扩展与搭配　~关系　~经验　~新闻　~责任　~环境　适应~　进入~

<仿>阅读·请选出正确答案：

大学毕业以前，在学校这座象牙塔里，唯一的压力好像就是学习。现在进入**社会**了，工作的压力和生活的酸甜苦辣让我感觉十八九岁的年龄是最美好的。

★ 这段话主要想告诉我们，他：

A 不喜欢学习　　B 觉得自己老了

C 想念学校生活　　D 没有工作压力　　答案【C】

<仿>阅读·排列顺序：

A 明星作为公众人物

B 承担起应有的**社会**责任

C 更应该严格要求自己，珍惜声誉　　答案【ACB】

【省】 shěng 名 行政区划单位，直属中央。province

扩展与搭配　东北三～　这/那个～　～会

<仿>听力·判断对错：

今天全**省**天气晴好。未来几天，我**省**大部分地区将迎来降雨，但雨量不大。

★ 这是全**省**的天气预报。(　　)　　答案【√】

<仿>阅读·请选出正确答案：

本公司的销售网络遍布全国二十多个**省**市，能够为客户提供便捷、优质的供货服务和售后服务。

★ 这个公司在多少个**省**市有销售网点？

A 20多个　　B 30多个

C 40多个　　D 10个　　答案【A】

【首都】 shǒudū 名 国家最高政权机关所在地，是全国的政治中心。capital (of a country)

扩展与搭配　～北京　～文化　～环境　～机场　～饭店　～体育馆　住在～　中国的～

<仿>阅读·排列顺序：

A 他说，这是一座迷人的城市

B 乔治几乎游遍了中国**首都**北京的所有的名胜古迹

C 是古老与现代的独特结合体　　答案【BAC】

<仿>阅读·请选出正确答案：

这家饭店位于**首都**的市中心，通体洁白，像给十里长街戴上了一块美玉。

★ 关于这家饭店，可以知道什么？

A 在**首都**的南边　　B 在**首都**的北边

C 是白色的　　D 是一块美玉　　答案【C】

【亚洲】 Yàzhōu 名 世界五大洲之一，位于太平洋西岸。Asia

扩展与搭配　～经济　～文化　～环境　～国家

<仿>阅读·请选出正确答案：

亚洲是世界七大洲中面积最大、人口最多的一个洲，**亚洲**的历史和文化都非常悠久。

★ 关于**亚洲**，下面哪项不正确？

A 面积最大　　　　B 人口最多

C 历史悠久　　　　D 共 7 种语言　　　　答案【D】

<仿>书写·完成句子：

大部分　　很低　　**亚洲**　　冬季气温　　地区

参考答案：**亚洲**大部分地区冬季气温很低。

【允许】 yǔnxǔ 动 许可，同意人的要求。permit; allow

扩展与搭配　领导～　法律～　时间～　条件～　得到～　经过～　不～

反义词　禁止

<仿>阅读·请选出正确答案：

小孩子跟大人一样也有自尊心，有自己的想法。有时候需要**允许**他发发小脾气，但是父母一定要有耐心，把孩子放在和我们一样平等的位置上，教导他们如何正确对待自己的不良情绪。

★ 根据这段话，小孩子发脾气时大人应该：

A 发更大的脾气　　　　B 有自己的想法

C 耐心一点儿　　　　D 不**允许**他发脾气　　　　答案【C】

<仿>阅读·请选出正确答案：

喝水打翻杯子，吃饭不小心弄脏衣服，在雪白的墙上乱写乱画……孩子犯的这些错误，时常让家长发火，抓来孩子就是一顿教训，美其名曰家庭教育，可事实却是不**允许**孩子犯错误。这才是家长在家庭教育上犯的最大的错误。

★ 这段话告诉我们，要：

A 对孩子严格　　　　B **允许**孩子犯错

C 让孩子听话　　　　D 学习怎么教育孩子　　　　答案【B】

三、业余生活

12 餐饮

【包子】bāozi 名 食品，用菜、肉或糖等做馅儿，多用发面做皮，包成后，蒸熟。steamed stuffed bun

扩展与搭配 一个~ 包~ 做~ 吃~ 肉~ 菜~ 一屉~

<仿>阅读 · 请选出正确答案：

田小玲坐飞机到上海看儿子，带了自己包的100个**包子**。到机场才发现，托运费差不多要600元。田小玲说，托运费这么贵，她差点儿放弃，但是后来看到儿子吃得那么香，觉得一切都值了。

★ 根据这段话，我们知道：

A 田小玲爱吃**包子** B 儿子爱吃**包子**

C **包子**是牛肉馅儿的 D 田小玲没交托运费 答案【B】

<仿>阅读 · 排列顺序：

A 今天小区门口新开了一家包子铺

B 尝后都称赞道："真是朴实无华的美味！"

C 不到中午，就有不少人赶来尝鲜 答案【ACB】

【饼干】bǐnggān 名 食品，用面粉加糖、鸡蛋、牛奶等烤成的小而薄的块儿。biscuit; cracker; cookie

扩展与搭配 一块~ 一包~ 一盒~ 做~ 吃~

<仿>阅读 · 请选出正确答案：

老杨家**饼干**，咸蛋黄味儿，算是**饼干**中的小清新，又酥又脆，不甜不腻，真是美味！最近在网上卖得特别火，推荐给大家啊！

★ 他在推荐什么？

A 蛋糕 B 羊肉

C 咸鸭蛋 D **饼干** 答案【D】

<仿>书写 · 完成句子：

吃光了　　那盒**饼干**　　把　　他　　都

参考答案：他把那盒**饼干**都吃光了。

【尝】 cháng 动（a）吃一点儿试试；辨别滋味。taste; try the flavour of（b）经历；体验。experience

扩展与搭配　~味道　~一口　~一下　~到　~遍　尝尝　~到甜头

<仿>听力 · 请选出正确答案：

女：你**尝尝**这个汤，味道怎么样？
男：好的。你放盐了没有？
问：男的是什么意思？

A 没有盐了　　B 汤淡了
C 要放糖　　D 汤已经做好了　　答案【B】

<仿>阅读 · 请选出正确答案：

这个节目将在春节期间播放，到时候会带着观众朋友们**尝**遍中国各地的美味，讲述人与食物背后的温情故事。

★ 关于这个节目，可以知道什么？

A 已经播出了　　B 跟美食有关
C 教大家做菜　　D 是一部电视剧　　答案【B】

【刀】 dāo 名 切、割、削、砍、铡用的工具，一般用钢铁制成。knife

扩展与搭配　一把~　菜~　水果~　手术~　小~

<仿>听力 · 判断对错：

她的手受伤了，是做饭的时候不小心被**刀**弄伤的。不过不用担心，伤得不重。

★ 她的手被划破了。（　　）　　答案【√】

<仿>听力 · 请选出正确答案：

男：晚饭我来给你们露一手。
女：看不出来啊！你切菜怎么用水果**刀**？
男：谁说切菜就非得用菜**刀**？
女：一看就知道你根本不怎么做饭，连菜**刀**都没有。
男：又被你看穿了！
问：根据对话，可以知道什么？

A 男的的家里没有**刀**　　B 男的在切水果
C 女的要做饭　　D 男的很少做饭　　答案【D】

【干杯】 gān//bēi 动 喝尽杯中的酒（用于劝别人喝酒或表示庆祝的场合）。drink a toast

扩展与搭配　为友谊～　为健康～　干一杯

<仿>听力·请选出正确答案：

女：你第一次参赛就取得这么好的成绩，祝贺你！来，我们**干一杯**！

男：谢谢你！主要还是靠大家的全力支持，**干杯**！

问：根据对话，可以知道什么？

A 啤酒喝光了　　B 他们在互相鼓励

C 女的在表示感谢　　D 男的比赛成绩很好　　答案【D】

<仿>书写·完成句子：

愉快的　合作　为　我们　**干杯**

参考答案：为我们愉快的合作**干杯**！

【果汁】 guǒzhī 名 用鲜果的汁水制成的饮料。fruit juice

扩展与搭配　一瓶～　一箱～　喝～　新鲜～

<仿>听力·请选出正确答案：

女：小王，你要出门？

男：是，看了半天书了，头晕脑胀，想去买杯咖啡。你来点儿什么？我请客！

女：帮我带杯**果汁**吧。

男：好，要什么口味的？

女：芒果汁，就是上次看电影时我喝过的那种。

问：女的让男的做什么？

A 买**果汁**　　B 买咖啡

C 买水果　　D 陪她看电影　　答案【A】

<仿>阅读·请选出正确答案：

水果榨汁的过程中会丢失很多原本的营养，如维生素C、抗氧化成分和膳食纤维，这就相当于把买水果的钱浪费了大一半。喝**果汁**还会导致血糖上升。因此，除非牙齿或者胃肠不好，否则没必要将水果榨汁。

★ 关于**果汁**，下面哪项是正确的？

A 更有营养　　B 更好喝

C 不如吃水果　　D 可以代替水果　　答案【C】

【饺子】 jiǎozi 名 包成半圆形的有馅儿的面食，煮、煎或蒸熟后食用。dumpling

扩展与搭配　一个～　一盘～　包～　做～　吃～　～馆

<仿>听力·请选出正确答案：

女：儿子，明天是你的生日，想吃点儿什么？妈给你做。

男：好吃不过饺子，我就喜欢吃您包的**饺子**！

女：没问题，我这就去超市买菜，就包牛肉馅儿的。

男：我陪您去！我还要韭菜鸡蛋馅儿的。

问：男的怎么了？

A 想吃**饺子**　　B 今天过生日

C 要去超市买菜　　D 要陪妈妈包**饺子**　　答案【A】

<仿>阅读·选词填空：

A 拉　B 圆　C 完全　D **饺子**　E 重点　F 坚持

★ 中国的北方人过年时，全家人都要围坐在一起吃（　　），热闹极了。

答案【D】

【烤鸭】 kǎoyā 名 北京特色菜，挂在特制的炉子里烤熟的鸭子。roast duck

扩展与搭配　一只～　吃～　北京～　～店

<仿>听力·判断对错：

北京**烤鸭**是他的最爱。即使在国外，每次去中国饭馆，**烤鸭**也是每顿必点。

★ 在国外，他吃不到**烤鸭**。（　　）　　答案【×】

<仿>阅读·请选出正确答案：

我是在北京上大学的留学生，听说北京**烤鸭**是非常有名的中国菜。今年暑假我父母来北京看我，我就带他们去吃了**烤鸭**，他们也觉得味道不错。

★ 北京**烤鸭**：

A 父母不喜欢　　B 很有名

C 很贵　　D 不是中国菜　　答案【B】

<仿>书写·看图，用词造句：

烤鸭　　参考答案：我最爱吃北京**烤鸭**。

【苦】 kǔ 形（a）像胆汁或黄连的味道（跟“甜”相对）。bitter（b）难受；痛苦。hardship; suffering; pain

扩展与搭配 味道～ ～瓜 ～味儿 生活～ 吃～ 不怕～ ～日子
反义词 甜

<仿>阅读·排列顺序：

A 你的音乐梦怎么实现呢
B 妈妈知道你练琴有多**苦**
C 不过不吃**苦**的话 答案【BCA】

<仿>阅读·请选出正确答案：

人的一生中，总有吃不完的**苦**、受不完的累。为了家人，有扛不完的重担；为了生活，有说不尽的辛酸。但是生活虽**苦**，我们也要努力在这样的生活中，品出甜来。出去走走，看看外面的世界；晒晒太阳，感受一下阳光的温暖；听听音乐，放松心情……不管生活多**苦**，这些都是不可缺少的甜。

★ 根据这段话，我们知道生活：

A 只有**苦**和累 B 让人失望
C 充满幸福 D **苦**中有甜 答案【D】

【矿泉水】 kuàngquánshuǐ 名 含有较多对人体有益的矿物质的地下水。mineral water

扩展与搭配 一瓶～ 一箱～ 喝～

<仿>听力·请选出正确答案：

女：爸，我渴了，给我买瓶饮料吧。果汁也行，汽水也行，可以吗？
男：不行，我说过多少次了，除了**矿泉水**以外，别的都不行。
问：女的可以喝什么？

A **矿泉水** B 果汁
C 汽水 D 热水 答案【A】

<仿>阅读·请选出正确答案：

来我们这儿游览的游客只需要将旅途中产生的垃圾带出景区，就能免费领取一瓶**矿泉水**。这项活动目前已是第六个年头，最初只是国庆黄金周时实行，如今已经长年开展。兑换的小礼品也由矿泉水逐渐扩充为手绘地图、小国旗、环保袋、雨衣等。截至目前，这项活动已累计向中外游客发放**矿泉水**10万余瓶。

★ 要免费得到**矿泉水**，应该：

A 国庆节去　　B 买地图

C 用环保袋换　　D 把垃圾带出景区　　答案【D】

【辣】là 形 像姜、蒜、辣椒等有刺激性的味道。spicy; hot

扩展与搭配　~味儿　怕~　吃~　很~　太~　麻~香锅

<仿>阅读·请选出正确答案：

你知道一个爱吃**辣**的人不能吃**辣**有多痛苦吗？这就是我现在的感受。胃疼刚好，医生说，吃**辣**的话胃病会再犯的。唉！看来只能先忍一忍了，等身体完全恢复了再说。

★ 他怎么了？

A 肚子疼　　B 不爱吃**辣**

C 很无聊　　D 暂时吃不了**辣**　　答案【D】

<仿>阅读·排列顺序：

A 所以国外的中国餐馆做的都是“改良”版的中餐

B 很多地道的中国菜外国人都吃不惯

C 更适合外国人的口味，没有太**辣**　　答案【BAC】

【葡萄】pútao 名 落叶藤本植物，叶子掌状分裂，花小，黄绿色。浆果球形或椭圆形，成熟时多为紫色或黄绿色，味酸甜，多汁，是常见水果，也用来酿酒。grape

扩展与搭配　一棵~树　一串~　一斤~　吃~　~酒

<仿>听力·请选出正确答案：

男：你尝尝这**葡萄**，老家的朋友寄来的，特别甜！

女：嗯，确实甜，早就听同事说过，那边的**葡萄**很有名。

问：**葡萄**是谁送的？

A 男的的朋友　　B 女的的同事

C 男的的同事　　D 男的的亲戚　　答案【A】

<仿>阅读·请选出正确答案：

一串**葡萄**，有人说它甜，有人说它酸，我毫不犹豫地摘了一颗往嘴里一扔。甜的？酸的？不尝尝怎么会知道？大胆去尝试新的事物，不要轻易被别人的思想左右了自己。任何事情都一样，不要只听别人说，而是要自己去感受和思考。

★ 这段话的主要意思是：

A **葡萄**很甜　　B **葡萄**很酸

C 要勇敢尝试新事物　　D 吃**葡萄**需要勇气　　答案【C】

【巧克力】 qiǎokèlì 名 以可可粉为主要原料，再加上白糖、香料等制成的食品。chocolate

扩展与搭配 一块~ ~蛋糕 ~饼干 吃~

<仿>听力·判断对错：

千万不要因为心情不好就去吃甜食。因为吃了**巧克力**就想喝奶茶，喝了奶茶就想吃蛋糕，吃了蛋糕就想吃冰淇淋。是的，甜食可能会让你一时开心，但是长胖以后心情会更不好！

★ 吃甜的东西能让人心情一直很好。（ ） 答案【×】

<仿>阅读·请选出正确答案：

寒冷的冬日如果能喝上一杯热**巧克力**，整个人会瞬间从身体到灵魂都暖起来。这里有三种美味又简单的热**巧克力**的制作方法，快为自己和喜欢的人做一杯热**巧克力**吧！

★ 这段话之后可能要介绍什么？

A 吃**巧克力**的好处 B 吃**巧克力**的坏处

C 怎么做热**巧克力** D 要多吃**巧克力** 答案【C】

【勺子】 sháozi 名 舀东西的用具，略作半球形，有柄。spoon

扩展与搭配 一把~ 饭~ 汤~

<仿>听力·请选出正确答案：

男：服务员，有没有**勺子**？孩子小，不会用筷子。

女：有，我们店备有儿童餐具，这就给您拿来。

问：男的想要什么？

A 筷子 B **勺子**

C 刀子 D 盘子 答案【B】

<仿>书写·看图，用词造句：

勺子 参考答案：他正在用**勺子**吃饭。

【酸】 suān 形（a）像醋的气味或味道。sour（b）悲痛；伤心。sick at heart; grieved; distressed

扩展与搭配 ~葡萄 ~苹果 ~奶 ~味儿 ~甜苦辣 心~

<仿>听力·判断对错：

童年的记忆中，冬天是吃冰糖葫芦的季节。山楂果外边包着一层透明的糖衣，咬一口，**酸**中带着甜，别提多好吃了！

★ 冰糖葫芦又酸又甜。（　　）　　答案【√】

<仿>阅读·选词填空：

A 填　B 正式　C 温度　D **酸**　E 广播　F 肚子

★ 这部电影给观众展示了小人物生活的（　　）甜苦辣。　　答案【D】

【汤】 tāng 名 烹调后汁儿特别多的副食。soup; broth

扩展与搭配　一碗～　喝～　鸡蛋～　酸辣～

<仿>听力·判断对错：

很多种**汤**都是营养丰富、健康美味的，同时又可以让人感觉吃得很饱，是推荐的减肥食品之一。

★ 减肥的时候不应该喝汤。（　　）　　答案【×】

<仿>阅读·请选出正确答案：

汤在广东人的生活中很重要。因为天气炎热，他们形成了爱喝各种粥和**汤**的习惯。夏天的夜晚，约上几个朋友，在街边小饭馆儿喝**汤**，正是最受当地人欢迎的消暑方式。

★ 关于广东人，我们知道：

A 爱喝**汤**　　B 夏天很少喝**汤**

C 喜欢蔬菜**汤**　　D 讲究喝酒　　答案【A】

【糖】 táng 名 食糖的通称；糖果。sugar; candy; sweets

扩展与搭配　一块～　吃～　奶～　水果～　喜～

<仿>听力·请选出正确答案：

男：有没有无**糖**可乐？

女：你怎么喝上无**糖**可乐了？你以为没有**糖**就不会发胖吗？

男：胖不胖我倒不在意，重要的是对身体好不好。

女：可我觉得可乐没有**糖**就不叫可乐了。

问：根据对话，下列哪项是正确的？

A 女的想喝无**糖**可乐　　B 女的不喝无**糖**可乐

C 男的怕胖　　D 男的喜欢甜的　　答案【B】

<仿>阅读·请选出正确答案：

吃糖要适时适量。吃**糖**过量有很多危害，除了会导致蛀牙，还可能诱发头疼，增加肝脏负担，加速皮肤老化等。

★ **糖**：

A 要多吃　　B 要少吃

C 要适量吃　　D 有很多危害　　答案【C】

【味道】 wèidào 名（a）物质所具有的能使舌头得到某种味觉的特性；物质所具有的能使鼻子得到某种嗅觉的特性。taste; flavour（b）使人感到愉快、有意思、有吸引力的特性。feeling; flavour; appeal

扩展与搭配　~好　~不错　~不好　有~　没（有）~　缺少~

<仿>听力·请选出正确答案：

男：饭做好了，快来吃饭！

女：我没胃口，吃什么都没**味道**，你自己吃吧。

男：你是不是生病了？

女：没事儿，可能是昨天晚上吃得太油腻，少吃一顿就好了。

问：根据对话，下面哪项是正确的？

A 女的不想吃饭　　B 饭没**味道**

C 男的生病了　　D 饭菜太油腻了　　答案【A】

<仿>阅读·选词填空：

A 世纪　B 引起　C 辛苦　D 坚持　E **味道**　F 份

★ 中国美食中每一个菜系都有自己特别的（　　）。　　答案【E】

【西红柿】 xīhóngshì 名 一种草本植物，果实球形或扁圆形，红或黄色，是常见蔬菜；这种植物的果实。也叫番茄。tomato

扩展与搭配　一个~　一公斤~　吃~　~炒鸡蛋　~鸡蛋汤

<仿>听力·请选出正确答案：

女：今天你来做饭吧，我累死了！

男：可是我只会做**西红柿**鸡蛋面。

女：没关系，你做什么我就吃什么。

男：哎呀，没有**西红柿**了，只吃鸡蛋面怎么样？

问：根据对话，我们可以知道什么？

A 女的不想吃面　　B 男的不会做饭

C 男的很累　　D 没有**西红柿**了　　答案【D】

<仿>阅读 · 请选出正确答案：

土豆和**西红柿**根本不是一个世界的，但是它们走到了一起。土豆去了皮，切成条，变成了薯条；**西红柿**煮熟，变成了番茄酱。而薯条和番茄酱是最合适不过的搭配。感情和婚姻也是这样，没有天生就合适的两个人，需要的是互相理解，并且为对方改变。

★ 根据这段话，两个相爱的人应该：

A 互相理解、互相适应　　B 多吃**西红柿**

C 一起走　　D 天生就合适　　答案【A】

【咸】 xián 形 像盐的味道。salty

扩展与搭配　太~　~淡　~盐　~菜

反义词　淡

<仿>听力 · 请选出正确答案：

女：爸爸，你尝尝，这是我第一次炒的菜，怎么样？

男：嗯，还不错，就是有点儿**咸**，是不是盐放多了？

女：是吗？那我再加点儿水吧？

男：那不成了汤了吗！

问：男的觉得女的做的菜怎么样？

A 像汤一样　　B 有点儿甜

C 肉太少　　D **咸**了点儿　　答案【D】

<仿>阅读 · 请选出正确答案：

一勺盐，倒进杯子里，很**咸**。一勺盐，倒进湖里，很淡。烦恼就像盐，是**咸**还是淡，取决于你心胸的大小。

★ 这段话告诉我们：

A 盐很**咸**　　B 生活中烦恼很多

C 应该正确看待烦恼　　D 生活免不了有烦恼　　答案【C】

【香】 xiāng 形（a）气味好闻（跟“臭”相对）；食物味道好。fragrant; scented; delicious（b）吃东西胃口好。with a good appetite（c）睡得踏实。(of sleep) sound

扩展与搭配　花~　饭~　~水　~味儿　吃得~　睡得~

反义词　臭

<仿>阅读 · 选词填空：

A 难受　B 郊区　C 温度　D 流行　E **香**　F 恐怕

★ 还没进家门就闻到饭（　）了，更觉得饿了。　答案【E】

<仿>阅读 · 请选出正确答案：

都知道吃早餐对身体好，但是早起是个难事。我曾经也是这样，为了多睡一会儿，很少做早饭，吃早饭。改变是从有了孩子开始的。家人睡得正**香**的时候，我就开始忙碌，简单迅速、营养好吃成了早餐主题。

★ 从这段话，我们知道她：

A 比家人起得早　B 以前常早起做饭

C 现在睡觉更**香**　D 做饭很**香**　答案【A】

【小吃】 xiǎochī 名 不作为正式饭菜的食品，一般分量少，价钱低。snacks

扩展与搭配　有名的～　当地～　各地～　家乡的～　北京～　～店　～街

<仿>听力 · 请选出正确答案：

男：想吃什么？我请你！火锅还是烤肉？

女：我好怀念学校门口那条美食街卖的**小吃**，不知道现在还在不在。

问：女的想吃什么？

A 火锅　B 美食

C 烤肉　D **小吃**　答案【D】

<仿>阅读 · 排列顺序：

A 我觉得她可以去开个**小吃**店

B 我妈妈的厨艺越来越好了

C 生意肯定很不错　答案【BAC】

【盐】 yán 名 一种可供食用的无机化合物，主要成分是氯化钠，无色或白色晶体，有咸味。是重要的调味剂和防腐剂，也用于制染料、玻璃、肥皂等。salt

扩展与搭配　一袋～　放～　加～　食（用）～　工业用～　～水

<仿>听力 · 判断对错：

给这盘菜再放点儿**盐**吧，没什么味道。

★ 这盘菜味道有点儿淡。（　）　答案【√】

<仿>阅读 · 排列顺序：

A 过早的强味觉刺激对婴幼儿的健康不利

B 很多家长担心孩子不吃盐会没有力气

C 但其实不到 1 岁的孩子的食物中是无须加盐的　　答案【BCA】

13 旅行

【参观】cānguān 动 实地观察（工作成绩、事业、设施、名胜古迹等）。visit; observe (work achievements, utilities, facilities, places of interest, etc.)

扩展与搭配　~学校　~工厂　~团　去……参观

<仿>听力·请选出正确答案：

男：想去**参观**科技馆的同学请报一下名。

女：老师，我想去。

男：好的，**参观**需要预约，你组织咱们班的同学一起报名吧。

女：知道了，我这就统计一下。

问：他们准备组织同学们做什么？

A 去学习　　B 预约座位

C **参观**科技馆　　D **参观**学校　　答案【C】

<仿>阅读·排列顺序：

A 并品尝了一顿午餐

B 作为家长委员会的一员

C 我被邀请去学校食堂**参观**　　答案【BCA】

【长城】Chángchéng 名 中国古代伟大的军事性防御工程。始建于战国时期，秦始皇统一中国后，连接原先秦、赵、燕北面的城墙并加以增筑，长度超过一万华里，所以也叫万里长城。Great Wall

扩展与搭配　爬~　登~　万里~　不到~非好汉

<仿>听力·判断对错：

都说“不到**长城**非好汉”，我这次没去成真是有点儿遗憾，下次再来北京我一定去！

★ 他这次没去爬**长城**。（　　）　　答案【√】

<仿>书写 · 看图，用词造句：

长城　　参考答案：下周末我们一起去爬**长城**吧。

【长江】 Chángjiāng 名 中国第一大河，发源于青藏高原，流经11个省、自治区、直辖市，注入东海，全长约6300公里，中国人把它和黄河并称为中华民族的"母亲河"。Changjiang River; Yangtze River

扩展与搭配　游览～　～大桥　～两岸

<仿>阅读 · 排列顺序：

A 我们有责任和义务去保护它

B **长江**，发源于青藏高原

C 是中华民族的"母亲河"　　答案【BCA】

<仿>阅读 · 请选出正确答案：

长江发源于青藏高原，全长约6300公里，比黄河长900余公里，是世界第三长河，也是亚洲最长的河流。

★ 关于**长江**，下列哪项正确？

A 是世界最长的河流　　B 是世界第二长的河流

C 是亚洲第三长的河流　　D 是亚洲最长的河流　　答案【D】

【出发】 chūfā 动 离开原来所在的地方到别的地方去。set out; start off

扩展与搭配　准时～　～时间　早点儿～　从……～

<仿>听力 · 请选出正确答案：

女：明早咱们什么时候**出发**？

男：我看呀，越早越好。早上人少，拍照也方便。

女：嗯，也省得路上堵车。问题是你起得来吗？

男：你一起床就马上叫我。

问：根据这段对话，可以知道什么？

A 他们不能起早　　B 路上不会堵车

C 他们今晚**出发**　　　　　　D 他们想早点儿**出发**　　　　答案【D】

<仿>阅读·选词填空：

A 熟悉　B 后悔　C **出发**　D 坚持　E 停　F 千万

★ 从早上8点（　　）到现在，已经7个小时了，我们一直在赶路，一刻都没休息。

答案【C】

【导游】 dǎoyóu 名 陪同、引导旅游者游览，并做说明介绍的人。tourist guide

扩展与搭配　一名~　一位~　一个~　成为~　（给……）当~

<仿>听力·请选出正确答案：

男：张小姐，我们接下来的行程怎么安排？

女：我们先坐登山火车到半山腰，然后爬到山顶看风景，最后再坐缆车下山。

问：女的最可能是做什么工作的？

A **导游**　　　　B 警察

C 演员　　　　D 司机　　　　答案【A】

<仿>阅读·排列顺序：

A 欢迎您有时间来我的家乡

B 保证让您乘兴而来，尽兴而归

C 到时候我给您当**导游**　　　　答案【ACB】

【景色】 jǐngsè 名 指具有某特色的风景。scenery; view; scene; landscape

扩展与搭配　~美丽　~优美　南方的~　北方的~

<仿>听力·判断对错：

10月底，这里秋意正浓，**景色**迷人，吸引了不少游客前来游玩、拍照。下个月将是公园里红叶的最佳观赏时期，风景会更美。

★ 现在是公园**景色**最美的时候。（　　）

答案【×】

<仿>阅读·排列顺序：

A 而是在旅途中重新认识自己

B 不是能看见多美的**景色**

C 旅行最大的好处

答案【CBA】

辨析

景色　风景

两个词都可以表示可供观赏的对象，但“景色”可指某一地区的风景，也特指可供观赏的现象，如“雨后湖边的景色”“傍晚的景色”，其中的“景色”一般都不能换成“风景”。另外，可以说“风景区”“风景点”，这里的“风景”也不能换成“景色”。

【旅行】 lǚxíng 动 为了办事或游览从一个地方去到另一个地方（多指路程较远的）。travel

扩展与搭配　一次～　～计划　～结婚　～社　～团　～者

＜仿＞听力・判断对错：

如果你问我，一个人**旅行**孤独吗？我一定会干脆地回答你：“一点儿都不！”独自**旅行**，没有约束，想去哪儿就去哪儿，想停就停，说走就走。

★ 他不喜欢一个人**旅行**。（　　）　　答案【×】

＜仿＞阅读・请选出正确答案：

云南自由行在**旅行**者中一直比较热门。不管是“五一”还是国庆节假期，昆明、大理、丽江、茶马古道等景点都是去云南**旅行**的不二选择。如果你是一个“吃货”，云南美食也会留给你深刻的印象。总之，云南是一个绝对不会让你失望的**旅行**目的地。

★ 关于云南，下面哪句话没提到？

A“五一”去的人少　　B 很受游客欢迎

C 能满足爱吃的人　　D 不会让游客失望　　答案【A】

辨析

旅行　旅游

两个词都指出门到较远的地方去，但“旅行”可以泛指出门到较远的地方去（包括游览），而“旅游”的目的是游览、观光，如“祝乘客们旅行愉快！”中的“旅行”就不能换成“旅游”，因为乘客并不都是去旅游的。

【照】 zhào 动（a）照射。shine; light up; illuminate（b）对着镜子或其他反光的东西看自己的影子。see oneself in a mirror（c）拍摄（相片）。take a picture; photograph

扩展与搭配　日～　光～　～镜子　～照片　～相　～片

＜仿＞听力・请选出正确答案：

男：服务员，这个房间太暗了，有阳光能**照**进来的房间吗？

女：有是有，不过那间是吸烟房，烟味儿比较大。

男：没关系，开窗通通风就可以了。

女：那我就给您换那个房间了。

问：男的为什么要换房间？

A 空气不好　　B 有点儿吵

C 有烟味儿　　D 太阳**照**不进来　　答案【D】

<仿>阅读 · 请选出正确答案：

现在女人们看手机的时间远远超过了**照**镜子的时间，而手机对男人的吸引力也超过了烟酒。我最搞不懂的是，那些看电影的时候也老是在看手机的人，两个小时的电影，一个小时在看手机，难道不影响观影体验吗？

★ 根据这段话，可以知道他对常看手机的人：

A 很生气　　B 很不理解

C 很同情　　D 很羡慕　　答案【B】

<仿>书写 · 完成句子：

照　麻烦　给我们　您　一张合影

参考答案：麻烦您给我们**照**一张合影。

14 娱乐

【表演】 biǎoyǎn 动 戏剧、音乐、舞蹈、曲艺、杂技等演出用语言、歌唱、演奏、动作等把情节或技艺表现出来。perform; act; play

扩展与搭配　一场~　~节目　~京剧　看~　有~　会~　精彩的~

<仿>听力 · 请选出正确答案：

男：你今天怎么穿得这么漂亮？不会是要去约会吧？

女：哪儿呀，一会儿有我的节目。

男：期待你的**表演**哦！加油！

女：谢谢。记得给我鼓掌啊！

问：女的为什么穿得这么漂亮？

A 要去约会　　B 要参加运动会

C 要**表演**节目　　D 要参加比赛　　答案【C】

<仿>阅读 · 请选出正确答案：

不是光有热情就适合学习**表演**，那么多人做着明星梦，能成为明星的有多少？当演员是要有素质条件的，不是你长得漂亮、肯花钱就能成功的。

★ 当演员需要：

A 一定的素质　　B 有热情

C 长得漂亮　　D 肯花钱接受辅导　　答案【A】

【打扮】 dǎban 动 使容貌和衣着好看；装饰。dress up; deck out

扩展与搭配　~自己　会~　爱~　~得很漂亮

<仿>阅读 · 请选出正确答案：

如果一个女孩子没有打扮就去上课，并且穿得也很随便，那就说明她的班里没有她喜欢的男孩子。

★ 这段话主要谈女孩子：

A 怎样**打扮** B 为什么**打扮**

C 上课不能随便穿 D **打扮**的好处 答案【B】

<仿>阅读 · 排列顺序：

A 爱美是女人的天性

B 才能够赢得别人的欣赏

C 懂得怎样**打扮**自己 答案【ACB】

【戴】 dài 动 把东西放在头、脸、脖子、胸、臂等处。put on; wear (headgear, accessories, etc.)

扩展与搭配 ~帽子 ~眼镜 ~围巾 ~手套 ~手表 ~耳机 ~上

<仿>听力 · 请选出正确答案：

女：您好！能告诉我 56 号座位在哪边吗？

男：座椅旁边不是写着呢吗？

女：不好意思，我没**戴**眼镜，看不清。

男：这是 18 号，56 号应该在那边。

问：女的怎么了？

A 票丢了 B 走错路了

C 没**戴**眼镜 D 记错座位号了 答案【C】

<仿>阅读 · 选词填空：

A 差不多 B 提醒 C 温度 D 适应 E **戴** F 暖和

★ 我觉得冬天是最适合谈恋爱的季节了，男孩子帮女孩子（ ）围巾，多美好的画面！ 答案【E】

【放松】 fàngsōng 动 对肌体、精神等的控制或注意由紧变松。relax; slacken; loosen

扩展与搭配 ~要求 ~一下 ~下来

<仿>听力 · 请选出正确答案：

女：你怎么还没睡？明天还要早起去参加考试呢。

男：我也想睡啊，可就是紧张得睡不着。

女：**放松**一点儿，你就把考试当成一次练习。

男：可对我来说，这明明是个非常重要的考试呀！

问：女的是什么意思？

A 让他好好儿复习 B 让他早点儿起床

C 不想参加考试 D 劝他**放松** 答案【D】

<仿>阅读 · 请选出正确答案：

“面黄肌瘦”“黄脸婆”这种字眼总是让人产生一种“这个人日子过得很不好”的感觉。想要肤色红润，你需要好好儿护肤，更需要好好儿**放松**和休息。研究表明，足够的睡眠对肤色恢复红润是很有帮助的。

★ 要使面色红润好看，应该：

A 过好日子　　B 保证睡眠

C 化妆　　D 胖一点儿　　答案【B】

【功夫】 gōngfu 名 武术。*kung fu*; martial arts such as shadow-boxing, swordplay, etc.

扩展与搭配　练～　学～　表演～　中国～　～片　～明星

<仿>阅读 · 请选出正确答案：

华人影星李小龙出生于美国旧金山，他一生参演过多部电影和电视剧，影迷遍布全球。他是世人眼中的“**功夫**之王”。他曾说，“我练中国**功夫**，不为击破木板，而是为了用它影响我们的整个思想和生活方式。”

★ 李小龙练**功夫**是为了：

A 被称为“**功夫**之王”　　B 影响思想和生活方式

C 演**功夫**电影　　D 让身体强壮　　答案【B】

<仿>阅读 · 请选出正确答案：

中国**功夫**高深莫测，对于外国人来说还是非常神秘的。初到中国的留学生常常问我，是不是每个中国人都会**功夫**？是不是都能飞到屋顶？

★ 外国人认为中国**功夫**：

A 需要坚持练习　　B 很难懂

C 中国人都会　　D 需要解释　　答案【C】

【观众】 guānzhòng 名 看表演、比赛或看电影、电视的人。spectator; viewer; audience

扩展与搭配　一位～　热情的～　受～欢迎

<仿>听力 · 请选出正确答案：

男：感谢各位的精彩表演，祝贺你们演出成功！

女：谢谢您，谢谢各位朋友能来看我们的演出，谢谢你们的关注和支持！

问：根据对话，下列哪项正确？

A 女的祝贺男的　　　　　　　B 女的是**观众**

C 演出还没开始　　　　　　　D 男的是**观众**　　　　　　答案【D】

<仿>阅读·选词填空：

A 重　　B 首先　　C **观众**　　D 坚持　　E 擦　　F 地点

★ 她的表演非常感人，很多（　　）都感动得流下眼泪。　　　　答案【C】

【活动】 huódòng ①名 为达到某种目的而采取的行动。activity ②动（肢体）动弹；运动。(of limbs) exercise; move about

扩展与搭配　举行~　举办~　搞~　~计划　庆祝~　打折~　体育~　~一下　活动活动

<仿>听力·判断对错：

司机一定要做到，持续开车4小时要停车休息一下，**活动**一下身体，呼吸呼吸新鲜空气。

★ 司机长时间开车感到劳累时应该**活动活动**。（　　）　　　　答案【√】

<仿>阅读·请选出正确答案：

"无打扰读书会"**活动**要求同学们在图书馆内阅读两小时，期间不准玩儿手机等电子产品。不少参加**活动**的同学表示，两个小时不玩儿手机确实挺难。

★ 这个**活动**：

A 在校园举办　　　　　　　　B 要求学生多读好书

C 要求学生两小时内不能玩儿手机　D 很容易　　　　答案【C】

【进行】 jìnxíng 动 从事（某种活动）。carry out; conduct; (of an activity) be in progress

扩展与搭配　~检查　~体检　~指导　~谈判　~讨论　~得顺利

<仿>听力·判断对错：

各位代表，现在是茶歇时间，休息三十分钟。我们为大家准备了饮料、水果和甜点，请各位享用。会议将在十点半继续**进行**。

★ 现在是休息时间。（　　）　　　　答案【√】

<仿>书写·完成句子：

将　　会议　　对　　**进行**讨论　　这个问题

参考答案：会议将对这个问题**进行**讨论。

【京剧】 jīngjù 名 中国全国性的主要剧种之一。Beijing opera

扩展与搭配 唱~ 听~ 看~ 学~ 表演~ ~演员 ~表演 ~团

<仿>听力·判断对错:

早上我去公园跑步，远远地听到有人在唱**京剧**。我还以为是播放的录音，没想到是几位**京剧**爱好者的现场表演！

★ 唱**京剧**的是著名**京剧**演员。(　　) 答案【×】

<仿>阅读·排列顺序:

A 梅兰芳在50余年的舞台生活中

B 并形成了具有独特风格的艺术流派——梅派

C 发展和提高了**京剧**旦角的演唱和表演艺术 答案【ACB】

【精彩】 jīngcǎi 形 (表演、展览、言论、文章等)优美；出色。(of a performance, exhibition, speech, article, etc.) brilliant; splendid; wonderful

扩展与搭配 ~的演出 ~的表演 ~的比赛 ~的节目 表演得很~

<仿>阅读·请选出正确答案:

赵涛凭借在《江湖儿女》中的**精彩**表演，获得了最佳女演员奖，她也是继章子怡、吕中之后第三位获此殊荣的中国女演员。恭喜赵涛！

★ 根据这段话，我们知道赵涛：

A 是第一位获这个奖的女演员　　B 演的是电视剧

C 表演得很**精彩**　　D 很受观众欢迎 答案【C】

<仿>书写·完成句子:

精彩 昨天晚上 比赛 特别 的

参考答案：昨天晚上的比赛特别**精彩**。

【镜子】 jìngzi 名 有光滑的平面，能照见形象的器具。mirror

扩展与搭配 一面~ 照~

<仿>听力·请选出正确答案:

女：哎，轻点儿，这个箱子里边是**镜子**，麻烦您搬的时候轻拿轻放。

男：我会小心的。

女：还有那几个箱子别倒着搬。

男：好的，一会儿我用笔做个标记。

问：女的担心什么？

A 丢东西　　B 男的摔倒

C **镜子**碎掉　　D 箱子太重　　答案【C】

<仿>阅读·请选出正确答案：

练过舞的人都知道，自己的舞蹈感受和观众感受到的不一定是一样的。要想呈现出最好的舞蹈效果，得对着**镜子**自己跳给自己看，一点儿一点儿地练习，一遍一遍地修正动作。这个过程很枯燥，但对提高肢体表现力很有帮助。

★ 根据这段话，练舞的人：

A 觉得练习很有意思　　B 对着镜子练习很有效

C 不用考虑观众　　D 要多登台表演　　答案【B】

【举办】 jǔbàn 动 举行（活动等）；办理（事业）。conduct (activities); hold; run (an undertaking)

扩展与搭配　~会议　~活动　~晚会　~比赛　~单位　~下去　共同~　由……~

<仿>听力·判断对错：

为了迎接春节的到来，学生会准备下个周末**举办**新年晚会，到时候每个人都要准备一个节目啊，好好儿地玩儿一玩儿！

★ 下周要**举办**新年晚会。（　）　　答案【√】

<仿>阅读·请选出正确答案：

为了丰富大学生的课余生活，文学院和外国语学院在校体育馆共同**举办**了一场篮球友谊赛。经过激烈的争夺，最终外国语学院取得了胜利。

★ 这场篮球赛：

A 在操场举行　　B 由两个学院共同**举办**

C 文学院赢了　　D 比赛不激烈　　答案【B】

辨析

举办　举行

两个词的对象都是某正式活动，不能是“吃饭”“睡觉”等日常活动。但是，“举办”的宾语一般是名词性的，如“举办会议”“举办舞会”。“举行”的宾语可以是动词性或名词性的，如“举行会谈”“举行舞会”等。

【举行】 jǔxíng 动 进行（集会、比赛等）。hold (a meeting, contest, etc.)

扩展与搭配　~会议　~活动　~舞会　~晚会　~比赛

<仿>阅读·请选出正确答案：

近日，“高雅文化进校园”活动在我校成功**举行**。在先后两场表演中，交响乐团演奏了多首中外经典音乐曲目，受到了学生们的热烈欢迎。在两场演出开始时乐团还特别安排了乐器介绍环节，给大学生们讲解了交响乐的一些基础知识。

★ 关于这个活动，我们可以知道：

A 只演奏中国乐曲　　B 在音乐厅**举行**

C 学生们听不懂　　D 举办了两场演出　　答案【D】

<仿>书写·完成句子：

会　**举行**　他们的婚礼　在海南岛　也许

参考答案：他们的婚礼也许会在海南岛**举行**。

辨析

举办、举行，见第 188 页【举办】。

【聚会】 jùhuì ① 动（人）会合；聚集。(of people) get together; meet ② 名 指聚会的事。get-together

扩展与搭配　在……~

同学~　朋友~　家庭~　参加~

<仿>听力·判断对错：

周末的**聚会**，我无论如何都要参加。和同学们十年没见了，不知道他们现在变成什么样子了。

★ 他要参加同学**聚会**。(　　)　　答案【√】

<仿>阅读·请选出正确答案：

现在，我特别怕家庭**聚会**或者见亲戚，因为家里除了还在上初中的妹妹以外，就剩我一个人是单身了。大伯叔叔们、阿姨姑姑们一见了我，还没聊上几句，就开始问我个人问题怎么样了，想找什么样的男朋友什么的，真是叫人头疼！

★ 她怕家庭**聚会**，是因为亲戚们：

A 太热闹　　B 问她男朋友的事

C 更喜欢妹妹　　D 问她学习成绩　　答案【B】

【理发】 lǐ//fà 动 剪短并修整头发。have one’s hair cut; get a haircut/hairdo

扩展与搭配　~店　~师　给……~　理个发　理了一次发

<仿>听力·请选出正确答案：

男：欢迎光临，您要**理发**吗？

女：是的。

男：想理什么样的发型呢？

女：我这儿有张照片，能不能照这个样子理？

问：他们最可能在哪儿？

A 教室　　B 电梯里

C **理发**店　　D 办公室　　答案【C】

<仿>阅读·排列顺序：

A **理发**店的师傅建议我剪短头发

B 还是觉得自己最了解自己适合什么

C 结果我刚出来就后悔了　　答案【ACB】

【乒乓球】 pīngpāngqiú 名（a）球类运动项目之一。在球台中央支着球网，双方分站在球台两侧，待球在台上弹起后用球拍将球打向对方台面。有单打和双打两种。table tennis; ping-pong（b）乒乓球运动使用的球。ping-pong ball

扩展与搭配　打~　~比赛　~运动员　~拍　~桌

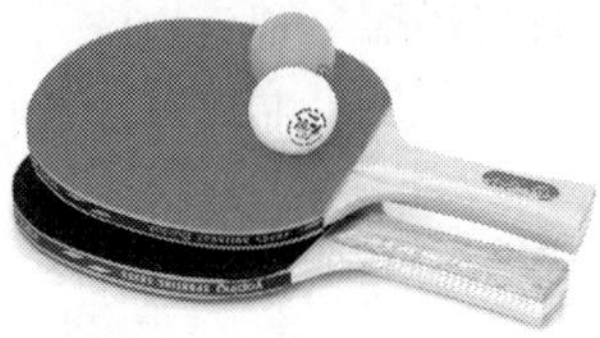

<仿>阅读·请选出正确答案：

邓亚萍一共拿到过18个**乒乓球**比赛的世界冠军，在乒坛连续8年排名第一。她曾前往世界一流学府学习，先后在清华大学、剑桥大学深造，并于2008年获得英国剑桥大学经济学博士学位。

★ 关于邓亚萍，下面哪项不正确？

A 在清华大学学习过　　B 考试总得第一

C 是经济学博士　　D 得过18次世界冠军　　答案【B】

★ 这段话主要介绍邓亚萍的：

A 学习过程　　B 人生愿望

C 人生经历　　D 比赛经历　　答案【C】

【轻松】 qīngsōng 形 不感到有负担；不紧张；不累。relaxed

扩展与搭配　工作~　学习~　心情~　~愉快　感到~　觉得~

反义词　紧张

<仿>听力·请选出正确答案：

男：天冷了，你该买些衣服了，别总买网上那些便宜货。

女：你说得倒**轻松**！我去商场买，你帮我付钱啊？

问：女的是什么意思？

A 衣服不好买　　B 商场也有便宜的衣服

C 商场的衣服太贵　　D 让男的给她买衣服　　答案【C】

<仿>阅读·排列顺序：

A 明明找个人帮忙就可以**轻松**解决的事情

B 这不是自己给自己找麻烦吗

C 你非要自己一个人来　　答案【ACB】

【热闹】 rènao ①形（景象）繁盛活跃，气氛、场面热烈。bustling with noise and excitement; lively ②动使场面活跃，精神愉快。liven up ③名热闹的景象。a scene of bustle and excitement; a thrilling sight

扩展与搭配　~的节日　~的晚会　~的会场　最~

~起来　~一下

看~

<仿>听力·判断对错：

冬天到了，**热闹**又暖身的火锅，是很多朋友聚会的首选。一群好友围坐在一起，实在是再幸福不过了。

★ 冬天朋友们聚会时喜欢吃火锅。（　　）　　答案【√】

<仿>阅读·选词填空：

A 所有　B 往往　C 出差　D 态度　E 意见　F **热闹**

★ 春节，俗称“年”，是中国人最看重、最（　　）的传统节日。

答案【F】

【散步】 sàn//bù 动随便走走（是一种休息或锻炼身体的方式）。take a walk; go for a walk

扩展与搭配　出去~　散一会儿步　散散步

<仿>听力·请选出正确答案：

男：咱们出去**散散步**吧。

女：我一大堆作业还没写完呢，没心思散步。

男：走吧走吧，总闷在屋子里也写不出来。

女：那好吧，我们早点儿回来。

问：关于女的，可以知道什么？

A 有点儿伤心　　B 很想出门

C 作业还没完成　　D 觉得时间太晚了　　答案【C】

<仿>阅读 · 请选出正确答案：

抽时间外出**散步**很重要，即使每周步行时间只有2小时，也可以有效降低得病的风险，而且每天**散步**有助于心理健康。

★ 根据这段话，**散步**：

A 很重要　　B 越久越好

C 要去健身房　　D 不利于心理健康　　答案【A】

【弹钢琴】tán gāngqín 弹，是指用手指或器具拨弄或敲打，使物体振动发出声音。play (a musical instrument) 弹钢琴，指演奏钢琴。play the piano

扩展与搭配　会～　爱～　能～　～的人　学～

<仿>听力 · 请选出正确答案：

女：现在的孩子多幸福！想学什么就学什么。

男：妈，你也可以啊，你不是想学**弹钢琴**吗？可以跟您孙女一起学呀。

女：别别，让人笑话。

男：要不您可以去老年大学学。

女：这倒可以考虑。

问：女的的孙女在学什么？

A 讲笑话　　B **弹钢琴**

C 唱京剧　　D 听广播　　答案【B】

<仿>书写 · 完成句子：

样子　**弹钢琴**　她　的　真好看

参考答案：她**弹钢琴**的样子真好看。

【网球】wǎngqiú 名（a）球类运动项目之一，球场长方形，中间有一道网，双方各占一面，用球拍来回击球。有单打和双打两种。tennis（b）网球运动所用的球 tennis ball

扩展与搭配　打～　～比赛　～运动员　～拍

<仿>听力 · 请选出正确答案：

女：你还记得吗？大学的时候，同学们都叫你"**网球**王子"。

男：唉，现在不行了，胖得像气球了。

问：根据对话，下列哪项正确？

A 男的**网球**打得不好　　B 女的不会打**网球**

C 男的现在胖了　　D 女的想打**网球**　　答案【C】

<仿>阅读 · 排列顺序：

A 打墙对基本动作的练习很有帮助

B 对于**网球**初学者来说

C 因为墙的回球是非常规律、很好判断的　　答案【BAC】

【小说】 xiǎoshuō 名 一种叙事性的文学体裁，通过人物的塑造和情节、环境的描述来概括地表现社会生活。一般分为长篇小说、中篇小说和短篇小说。novel; fiction

扩展与搭配　一篇～　一部～　写～　看～　读～　发表～

<仿>听力 · 请选出正确答案：

女：我上次借给你的**小说**，你看完了吗？

男：还差一点儿，再有一节课时间就能看完。你着急要？

女：不是，我想告诉你，这本**小说**还改编成了电影呢。

男：是吗？那我以后可得看看。

问：关于男的，下列哪项正确？

A 着急还书　　B 要去上课

C 正在看电影　　D **小说**还没看完　　答案【D】

<仿>阅读 · 请选出正确答案：

小说中的故事也许是虚构的，但情绪是真实的。我小时候刚刚识字，就喜欢看故事书。中学时，放学后喜欢泡在书店里翻**小说**。现在看得没那么多了。

★ 根据这段话，我们可以知道：

A **小说**故事不一定是真的　　B 他喜欢讲故事

C 他常去书店买书　　D 他介绍了一本**小说**　　答案【A】

【演出】 yǎnchū 动 把戏剧、音乐、舞蹈、曲艺、杂技等演给观众欣赏。perform; show; put on a show

扩展与搭配　一场～　看～　正在～　～结束　组织～　参加～　精彩的～

<仿>听力 · 判断对错：

准备了这么多天的**演出**，今天总算是圆满结束了。我们第一次举办这样的活动，经验不足，感谢大家的理解和支持！

★ **演出**顺利结束了。（　　）　　答案【√】

<仿>书写 · 完成句子：

精彩的　大家　**演出**　都期待　京剧团

参考答案：大家都期待京剧团精彩的**演出**。

【演员】 yǎnyuán 名 参加戏剧、影视、歌舞、曲艺、杂技等表演的人员。actor or actress

扩展与搭配　一名~　一位~　电影~　京剧~　著名的~　当~　成为~

<仿>阅读 · 请选出正确答案：

老人杜松叶退休后才开始接触演戏，67岁时被北京电影学院继续教育学院录取，成为北京电影学院建校以来年纪最大的学生。她说："一开始我怕人家笑话我，但错过上大学的机会就真的太遗憾了。"

★ 关于杜松叶，可以知道什么？

A 想学表演　　B 是学校老师

C 爱开玩笑　　D 是专业**演员**　　答案【A】

<仿>阅读 · 排列顺序：

A 作为一名**演员**

B 才是对喜爱他的观众的回报

C 他觉得努力演好每一部戏　　答案【ACB】

【邀请】 yāoqǐng 动 请人到自己的地方来或到约定的地方去。invite

扩展与搭配　~……参加　~……访问　~专家　受~　接受~　发出~　应……的~

<仿>听力 · 判断对错：

应张先生的**邀请**，我们一家四口昨晚去他家做客，两家人聊得特别高兴。

★ 张先生**邀请**我们去他家做客了。(　　)　　答案【√】

<仿>书写 · 完成句子：

他　朋友的　**邀请**　接受了　愉快地

参考答案：他愉快地接受了朋友的**邀请**。

【艺术】 yìshù 名 (a) 用形象来反映现实但比现实有典型性的社会意识形态，包括文学、绘画、雕塑、建筑、音乐、舞蹈、戏剧、电影、曲艺等。arts (b) 指富有创造性的方式、方法。art; skill

扩展与搭配　一门~　~家　~品　~专业　~课　搞~　学~　管理(的)~　说话(的)~　领导(的)~

<仿>听力·判断对错：

舞蹈是一门**艺术**，不分年龄、性别、种族，任何人都可以享受舞蹈带来的快乐。我们用身体动作去表达音乐和情感，身心都感受到自由。

★ 人们可以通过跳舞表达感情。（　　）　　答案【√】

<仿>阅读·请选出正确答案：

说“不”是一种权利，更是一种**艺术**。人一生中遇到的麻烦，有一半是由太快说“好”、太慢说“不”造成的。

★ 这句话的主要意思是：

A 同意是一种礼貌　　B 要勇敢

C 要懂得拒绝　　D 要慢点儿说“不”　　答案【C】

【羽毛球】 yǔmáoqiú 名（a）球类运动项目之一，规则和用具大体上像网球。badminton（b）羽毛球运动使用的球。badminton ball; shuttlecock

扩展与搭配　打～　～比赛　～运动员　～拍

<仿>听力·请选出正确答案：

女：真的是很久没运动了。昨天打了**羽毛球**，今天胳膊都抬不起来了。

男：坚持下去，对身体肯定有好处，昨晚你是不是睡得特别香？

问：男的是什么意思？

A 今晚早点儿睡　　B 运动对健康有帮助

C 他失眠了　　D 今晚还去打球　　答案【B】

<仿>书写·完成句子：

她　**羽毛球**　训练　相当专业的　接受过

参考答案：她接受过相当专业的**羽毛球**训练。

【约会】 yuēhuì ① 动 预先约定相会。arrange a meeting; make an appointment ② 名 预先约定的会晤。appointment; date

扩展与搭配　和/与/跟……～　～对象

一次～　有（个）～

<仿>听力·判断对错：

女儿说今晚约了男朋友，我不用去接她了。

★ 女儿晚上要**约会**。（　　）　　答案【√】

<仿>阅读 · 请选出正确答案：

一项研究显示，如今男性和女性都很在意心爱的人对自己饮食习惯的看法。单身人士与有魅力的**约会**对象用餐时，会选择更健康的食物，并且吃得很少。但他们要是和普通朋友一起用餐，就很可能大吃一顿。

★ 根据短文，下列哪项正确？

A 男性不重视**约会**　　B 女性吃得更健康

C 男性吃得多　　D **约会**对象影响食量　　答案【D】

【杂志】 zázhì 名 按一定时期出版的刊物，又叫期刊。每期按时间顺序编号，收有不同作者的若干篇文章等。magazine

扩展与搭配　一种~　一份~　一本~　看~　电影~　~社

<仿>听力 · 判断对错：

这种**杂志**我每期都买，然后仔细阅读研究，从中我获得了很多知识。

★ 他非常喜欢这种**杂志**。(　　)　　答案【√】

<仿>阅读 · 排列顺序：

A 深受广大英语学习者的喜爱

B 它在中国是很有影响力的双语**杂志**

C 欢迎大家订阅《英语世界》　　答案【CBA】

<仿>书写 · 看图，用词造句：

杂志　　参考答案：我买了很多中文**杂志**。

四、生活常识

15 表达

【按照】 ànzhào 介 根据。according to

扩展与搭配　~要求　~计划　~顺序　~规定

<仿>阅读·请选出正确答案：

工作人员又重新给你拿了一张银行卡申请单，这次你要**按照**要求仔细填写，要小心一点儿，不要再写错了。我在那边坐着等你，你有什么问题可以问工作人员。等你填好后，我们一起走。

★ 重新填申请单是因为上一张：

A 拿错了　　B 忘记了

C 填错了　　D 扔掉了　　答案【C】

<仿>阅读·请选出正确答案：

老师要求完成的口头作业，一般是朗读课文或**按照**给出的语句进行表达练习，孩子们往往不重视。因此家长最好能够**按照**老师的要求检查孩子的完成情况，以便发现他们学习上的问题，从而提高孩子们的语言表达能力。

★ 表达练习一般要根据什么进行？

A 规定的语句　　B 书面作业

C 口头作业　　D 表达能力　　答案【A】

★ 根据这段话，家长应该做什么？

A 批评孩子　　B 夸奖孩子

C 检查孩子作业　　D 照顾孩子生活　　答案【C】

【并且】 bìngqiě 连（a）用于连接并列的动词或形容词等，表示几个动作行为同时进行或几种性质状态同时存在。and（b）用在复句的后一个分句里，表示更进一层的意思。besides

扩展与搭配　既……，又……，~……　不仅……，~……

<仿>听力·请选出正确答案：

男：这个小品让小王来表演吧，您看怎么样？

女：我看行，他表演经验很丰富，**并且**很幽默。

男：我也觉得他前几次演出效果都不错。

女：好，那就去通知他一下。

问：女的觉得小王怎么样？

A 很聪明　　　　B 很可爱

C 很有趣　　　　D 很帅　　　　答案【C】

<仿>阅读·请选出正确答案：

每个人都要学会不断地认识自己，这样才能不断地成长进步。首先要看到自己的优点，增加自己的自信心，更加有信心地面对挑战。同时，也要认识到自己的缺点，**并且**不断地努力改掉这些缺点。

★ 这段话主要告诉我们，要：

A 多挑战自己　　　　B 对人诚实

C 勇敢　　　　D 正确认识自己　　　　答案【D】

【不得不】 bùdébù 不能不；只能。have to

扩展与搭配　~来　~走　~参加　~放弃　~离开

近义词　只好

<仿>阅读·排列顺序：

A 但因为突然生病

B 虽然她十分喜欢跳舞

C 她**不得不**放弃参加今天的舞会　　　　答案【BAC】

<仿>阅读·请选出正确答案：

天突然下起雨来，他本来计划去爬山，现在**不得不**改变计划，去游泳馆。到了那儿之后，他非常高兴，因为他看到许多同学也因为下雨来游泳馆游泳了。

★ 他为什么去游泳馆？

A 他喜欢运动　　　　B 他喜欢爬山

C 他喜欢游泳　　　　D 天气不好　　　　答案【D】

★ 他到了游泳馆后，心情怎么样？

A 很开心　　　　B 很伤心

C 很难过　　　　D 很感动　　　　答案【A】

【不管】 bùguǎn 连 表示在任何情况或条件下，结果都不会改变。多用于口语，下文常常有“都”“总”等词跟它呼应。regardless of; no matter (who, what, where, which, etc.)

扩展与搭配　~谁　~多少　~什么情况　~……，都……

<仿>听力·判断对错：

不管发生什么情况，遇到什么问题，我们都要好好儿照顾自己，好好儿爱自己。因为只有懂得爱自己的人，才会明白别人怎么爱你，也更会明白怎么去爱别人。

★ 无论怎么样都要爱自己。(　　) 答案【√】

<仿>阅读·请选择正确答案：

现在我很少看电视，其中一个原因是，广告太多了，**不管**什么时间，也**不管**什么节目，只要你打开电视，总能看到那么多的广告，浪费我的时间。

★ 他觉得电视广告：

A 很精彩　　B 有意思

C 浪费时间　　D 有点儿多　　答案【C】

【不过】 búguò 连 但是。用在后半句的开头，表示转折，多用于口语。but; however

扩展与搭配　（虽然）……，～……

<仿>阅读·选词填空：

A 按照　B 学生　C 热度　D 确实　E 不是　F 只是

★ A：你不是很喜欢那件衣服吗？怎么不买了？

B：我（　　）很喜欢，**不过**它太贵了，下次再说吧。　答案【D】

<仿>阅读·请选择正确答案：

一次性筷子在生活中使用得很普遍，尤其是在饭店、大排档用得最多。**不过**这种做法非常浪费，因为一次性筷子主要是用木材制作的，它的大量使用将会破坏大片森林。如果一直这样用下去，地球上将不会再有森林。

★ 说话者对使用一次性筷子的态度是：

A 支持　　B 反对

C 不关心　　D 理解　　答案【B】

辨析

不过　然而　但是　可是　却

这几个词都可以表示转折。“不过”“然而”“但是”“可是”都可以做连词，“不过”多用于口语，“然而”多用于书面语，“但是”和“可是”可用于书面语和口语。“可是”还可做副词，表示“确实是”，如“我可是看见了”。“却”是副词，只能放在谓语的前面，不能放在主语的前面，如“不过／然而／但是／可是我却不知道”。

【不仅】 bùjǐn 连 不但。多用于书面语。not only

扩展与搭配　～……，而且……　～……，还……　～……，也……

<仿>听力 · 判断对错：

我打算去台湾玩儿。听说那边有很多好玩儿的地方，**不仅**景色美，而且当地的特色小吃特别多，相信这个假期会十分有趣。

★ 他想去台湾旅游只是因为那儿小吃很多。（　　）　　答案【×】

<仿>阅读 · 请选出正确答案：

“年轻”本来用于年龄不大的人，他们年纪小，很活泼，喜欢新鲜的事物，喜欢挑战。现在我们有时也会说一个 70 岁的老人很年轻，因为人只要有梦想，他就会一直年轻下去。所以“年轻”**不仅**是说年龄小，它更是一种精神。

★ 这段话主要告诉我们：

A 年轻人喜欢新事物　　B 年轻人喜欢挑战

C “年轻”可以是一种态度　　D “年轻”就是年龄小　　答案【C】

【重新】 chóngxīn 副（a）再一次。again（b）从头另行开始（改变方式或内容）。(start) anew; afresh (in terms of method or content)

扩展与搭配　~买 / 写　~计划　~考虑　~制作　~做人

<仿>听力 · 请选出正确答案：

女：那个灯的开关有问题吧？

男：你是说那个白色的吗？

女：是啊，那个灯的开关不能用了。

男：对，这个开关是有问题，得**重新**买一个。

问：灯怎么了？

A 没有颜色　　B 没有问题

C 开关坏了　　D 没有开关　　答案【C】

<仿>书写 · 完成句子：

写　　你　　一篇论文　　**重新**　　最好

参考答案：你最好**重新**写一篇论文。

【从来】 cónglái 副 表示从过去到现在，多用于否定式。all the time; all along (mostly used in a negative sentence)

扩展与搭配　~不 / 没……

<仿>听力 · 判断对错：

爸爸是个不怕辛苦的人，**从来**都是从早忙到晚。每当我特别累想休息的时候，一

想起他，我就能继续坚持下去了。

★ 爸爸每天都很忙。（　　）　　答案【√】

<仿>阅读 · 请选出正确答案：

小艾是老师眼中的好学生，因为她每天都按时上课，按时完成作业。今天，她迟到了十几分钟，老师感到很奇怪。后来才知道，小艾今天早上生病了，妈妈让她在家休息，可是她说自己**从来**都没有请过假，还是坚持去了学校。

★ 小艾今天怎么了？

A 请假了　　B 生病了

C 被妈妈批评了　　D 被老师批评了　　答案【B】

辨析

从来　仍然

两个词都表示没有变化，但是“从来”表示从过去到现在一直这样，而“仍然”表示现在的情况与过去一样，如“我从来就不知道，现在仍然不知道”。

【大概】dàgài ①形 属性词。不十分精确或不十分详尽的。general ②副 表示不很准确的估计。approximately

扩展与搭配　~的情况　~的介绍

~知道　~了解　~明白

<仿>听力 · 请选择正确答案：

女：您是小强的爸爸吧？今天找您来，是因为小强昨天又跟同学打架了。

男：这孩子太不听话了，我回去一定好好儿教育他。

问：说话的两个人**大概**是什么关系？

A 女儿和家长　　B 老师和家长

C 老师和学生　　D 儿子和家长　　答案【B】

<仿>阅读 · 选词填空：

A 性格　B 首先　C 人们　D 道歉　E **大概**　F 趟

★ A：我已经快到了，可是现在有点儿堵车，你们到站了吗？

B：别着急，我们的车晚点了，（　　）还要半个小时才能到呢。

答案【E】

辨析

大概　大约

两个词都可以表示估计，但是“大概”多用于对事情可能性的估计，“大约”多用于对数量、时间等不太准确的估计。

【大约】 dàyuē 副 表示不很准确的估计。approximately

扩展与搭配 ~需要…… ~有…… ~能…… ~几点/趟/本/台/个……

<仿>听力·判断对错：

通过调查，我们发现大部分的女人都想减肥，**大约**五个女人中有四个都考虑过减肥。其实，她们中的很多人都不需要减肥，因为她们并不肥胖。

★ 大概有百分之八十的女人考虑过减肥。（ ） 答案【√】

<仿>阅读·请选择正确答案：

人要生存就需要呼吸空气，一个成年人每天**大约**呼吸两万次。被污染了的空气对人体健康有很大的影响，严重的话甚至会危害人的生命。

★ 一个成年人每天呼吸多少次？

A 两万次 B 一两万次

C 两三万次 D 两万次左右 答案【D】

辨析

大概、大约，见第202页【大概】。

【到底】 dàodǐ 副（a）表示经过种种变化或曲折最后出现某种结果。at last; finally（b）用于问句中，表示深究。(used in a question for emphasis) after all

扩展与搭配 ~还是没去 ~去不去 ~去还是不去

<仿>听力·请选出正确答案：

男：今天是报名的最后一天了，你**到底**想不想参加？

女：我当然想参加，一会儿我和家人商量一下就做决定。

问：女的参不参加，男的知道吗？

A 知道 B 不知道

C 要商量 D 要考虑 答案【B】

<仿>阅读·请选择正确答案：

一个家庭有几个孩子才是最理想的呢？有人说多点儿好，但现在人们工作压力大，父母没有太多的时间照顾更多的孩子。因此，我周围的大多数父母都觉得生两个孩子是最理想的。

★大多数父母认为**到底**有几个孩子最合适？

A 一个 B 两个

C 三个 D 四个 答案【B】

辨析

到底　究竟

两个词都可以做副词，但“到底”多用于口语，“究竟”多用于书面语。“究竟”还有名词的用法，如“这个问题，我一定要问出个究竟”，这里的“究竟”不能换成“到底”。“到底”还有动词用法，如“我帮你一定帮到底”，这里的“到底”不能换成“究竟”。

【得】 děi 动（a）助动词。需要。用于口语。need（b）助动词。表示意志上或事实上的必要。用于口语。must; have to (indicating needs of will or reality)（c）助动词。表示揣测的必然。will; be sure to

扩展与搭配　做这件事～多少人

～去　～买　～换　～借

～生气　～迟到

<仿>听力·请选出正确答案：

男：从这儿坐公交到火车站至少**得** 40 分钟，9 点出门可能来不及。

女：好吧，我明天 8 点就出发。

问：男的是什么意思？

A 很着急　　B 想吃饭

C 要早出门　　D 来不及了　　答案【C】

<仿>阅读·选词填空：

A 可能　B 想　C 不行　D 如果　E 破　F 希望

★ 这是我昨天刚买的鞋子，今天竟然有一只（　　）了，我**得**去修一下。

答案【E】

【等】 děng 助 用在几个并列的词语之后，表示还有同类没说或用于列举煞尾，也可以重叠使用。and so on; etc.

扩展与搭配　红、黄、绿～　美国人、韩国人、俄罗斯人～　美国、俄罗斯～国　等等

<仿>听力·判断对错：

保护野生动物的方法很多，我们可以从自身做起，比如不买动物皮毛做的衣服、不吃野生动物**等等**。

★ 保护野生动物只有两个办法。（　　）　　答案【×】

<仿>阅读·请选出正确答案：

你来过北京吗？有机会一定要来北京看看。如果你来这里，我会带你去一些有名

的地方，如长城、故宫、颐和园、圆明园、鸟巢**等**，你一定会玩儿得特别开心。

★ 北京的名胜古迹：

A 有 4 个　　　　B 有 5 个

C 有 6 个　　　　D 有很多　　　　答案【D】

【对于】 duìyú 介 引进对象或事物的关系者。to; as for

扩展与搭配　~……

<仿>阅读·排列顺序：

A 中秋节**对于**中国人

B 那时全家人会一起吃月饼

C 是最重要的节日之一　　　　答案【ACB】

<仿>阅读·请选出正确答案：

我们打算明年结婚，现在正在考虑买房子的事。我想在市中心买一套房子，这样可以离我的单位近一点儿，可是我的男朋友却不同意，他想选择远一点儿的地方，因为那样价钱会便宜些。

★ **对于**买房子，她男朋友有什么意见？

A 在市中心买　　　　B 不买了

C 便宜了再买　　　　D 在城市郊区买　　　　答案【D】

辨析

对于　对　关于

三个词都可以引进对象，能用“对于”的地方，都能用“对”，但是表示人和人之间的关系时，只能用“对”，不能用“对于”，如“他对我很好”，其中“对”不能换成“对于”。“关于”更注重相关性。

在做状语时，“对于……”可以放在主语的前面，也可以放在主语的后面，但“关于……”只能放在主语的前面，如“对于 / 关于这个问题，他很有研究”，可以说“他对于这个问题很有研究”，但不能说“他关于这个问题很有研究”。而且，“关于……”可以做文章标题，“对于……”不能，如“关于提高教学水平的几点意见”。

【而】 ér 连（a）连接动词、形容词或词组、分句等，表示语义相承、转折、因果等关系。and; but; therefore（b）把表示时间、方式、目的、原因、依据等的成分连接到动词上面。*used to link an adverbial element to a verb*（c）有“到”的意思。(used to indicate change from one state to another) to; towards

扩展与搭配　似是~非　伟大~艰巨的任务　言~无信　视情况~定　从 / 由西~东

<仿>阅读·请选择正确的答案：

现在我经常在网上看电影或电视剧，很方便，只要输入想看的电影或电视剧的名字，就可以马上看到，再也不用为电视上太多的广告**而**烦恼了。

★ 我为什么选择在网上看电影或电视剧？

A 很有趣　　B 节目很多

C 没有广告　　D 看得清楚　　答案【C】

<仿>阅读·请选出正确答案：

中国的黄河是世界第五长河，中国第二长河，全长大约 5464 公里，由西**而**东，流经青海、四川、甘肃、宁夏、内蒙古等 9 个省区，最后流入大海。

★ 根据这段话，黄河：

A 是世界第二长河　　B 从北往南流

C 从西往东流　　D 流经 9 个市　　答案【C】

【否则】 fǒuzé 连 如果不是这样。otherwise; if not

扩展与搭配　……，~……

<仿>阅读·排列顺序：

A 遇到问题就要及时解决

B 朋友之间总会出现一些小问题

C **否则**问题会越来越多　　答案【BAC】

<仿>阅读·请选出正确答案：

与别人签合同之前，一定要认真仔细地看一遍合同的内容，包括时间、地点、具体规定和双方的责任等问题。**否则**，如果由于自己粗心而造成物质、经济等方面的损失，是很不值得的。

★ 这段话主要谈：

A 负责任　　B 签合同

C 赔偿问题　　D 生活态度　　答案【B】

【敢】 gǎn 动（a）助动词。表示有胆量做某种事情。dare; have guts or pluck enough to do something（b）助动词。表示有把握做某种判断。have confidence in a judgment

扩展与搭配　~说　~于……　~做~当　~肯定　~保证　不~……

<仿>听力·判断对错：

第一次跟男朋友一起去见他父母的时候，她害羞极了，几乎不**敢**看男朋友父母的眼睛。

★ 她第一次见男朋友时很紧张。(　　)　　答案【×】

<仿>阅读·请选出正确答案：

在接到新的任务时，不要考虑太多，要赶紧投入到这个任务中来。因为你在考虑这些事情的时候会耽误很多时间，你的想法也会很乱。要**敢**于接受新的任务，**敢**于面对挑战，相信一切皆有可能。

★ 根据这段话，做事情最重要的是：

A 要**敢**于挑战　　B 要提前知道

C 要想到方法　　D 要好好儿考虑　　答案【A】

【光】 guāng ①[副]只。only ②[形]一点儿不剩；全没有了；完了。used up; with nothing left

扩展与搭配　~说　~吃　~看　~想　~玩儿

吃~　用~　花~

<仿>听力·判断对错：

考试成绩只能反映学生一段时间的学习状态，所以要判断一个学生是不是好学生，只看考试成绩是远远不够的。

★ 判断一个学生是不是好学生不能**光**看考试成绩。(　　)　　答案【√】

<仿>阅读·请选出正确答案：

宠物是人类的好朋友，它们能够让我们学会爱与责任，给我们的生活带来阳光和笑声。我们不能**光**让它们陪伴我们，我们还应该学会尊重它们。

★ 根据这段话，宠物：

A 每个人都要养　　B 缺少笑声

C 没人喜欢　　D 值得被爱　　答案【D】

【好像】 hǎoxiàng ①[动]有些像；像。seem; be like ②[副]似乎；仿佛。as if

扩展与搭配　~……一样　~……似的

~见过　~很难

<仿>听力·判断对错：

小张个子不高，长得也很一般，让人觉得他很普通。但他说话的时候，就**好像**换了一个人，人们马上就会被他吸引住。

★ 小张需要说话时，就换一个人帮他说。(　　)　　答案【×】

<仿>阅读·请选出正确答案：

我第一次见到我女朋友的时候，就知道她是我一直在寻找的女孩。她聪明，开朗，说话的时候总是带着浅浅的微笑，**好像**能让人忘记所有的烦恼。

★ 我女朋友：

A 总是在微笑　　B 有点儿内向

C 没有烦恼　　D 又聪明又外向　　答案【D】

【互相】 hùxiāng 副 表示彼此同样对待的关系。mutually; reciprocally

扩展与搭配　~帮助　~理解　~信任　~介绍　~交流　~学习　~联系

<仿>阅读 · 排列顺序：

A 才去考虑结婚

B 不然就是把婚姻当作游戏

C 两个人只有**互相**了解了　　答案【CAB】

<仿>阅读 · 请选择正确答案：

喝酒的人**互相**碰一下杯子，杯子就会发出响声，这样就能听到碰杯的声音了。

★ 碰杯的声音是怎么产生的？

A 两个人碰杯子　　B 杯子碰碗

C 杯子碰桌子　　D 筷子碰杯子　　答案【A】

【即使】 jíshǐ 连 表示对还没有发生的某情况或与现实相反的情况做假设的让步。even if; even though

扩展与搭配　~……，也……

<仿>听力 · 判断对错：

人的感知能力是与生俱来的，**即使**是婴儿，也能够通过眼睛、耳朵、嘴巴和皮肤等感受世界。

★ 刚出生的婴儿没有感觉。（　　）　　答案【×】

<仿>阅读 · 排列顺序：

A 他和朋友约好要在家打游戏

B **即使**今天没下雨

C 孩子也不会出门的　　答案【BCA】

【既然】 jìrán 连 用在上半句，下半句往往有“就”“也”等跟它呼应，表示对现实或已有的结论予以承认，而后进一步做出判断。since; as

扩展与搭配　~……，就……

<仿>听力·判断对错：

事情过去了就算了吧！**既然**你已经知道这件事不是小王的责任，就别再说他了。

★ 这件事是小王的责任。（　　） 答案【×】

<仿>阅读·选词填空：

A 尊重　B 可以　C 温暖　D 服务员　E 打算　F 到

★ A：我考虑了很长时间，还是决定去上海找工作。

B：**既然**这样，那我们（　　）你的想法。 答案【A】

<仿>阅读·排列顺序：

A 就一定要互相信任

B 两个人**既然**已经决定结婚

C 不能经常怀疑对方 答案【BAC】

【尽管】 jǐnguǎn ①副 表示不必考虑别的，放心去做。feel free to ②连 表示暂时承认某种事实，后面常常有“但是”“然而”“还是”等表示转折的连词跟它相呼应。though

扩展与搭配　~说　~吃　~买　~用　~去做

~……，也……　~……，但是/然而/还是……

<仿>阅读·排列顺序：

A 大家有什么建议**尽管**说出来

B 我们可以一起商量商量

C 关于公司的这次会议 答案【CAB】

<仿>阅读·请选择正确答案：

学会合理地安排业余时间，对我们非常重要。比如说，打球可以锻炼身体，看电影或听音乐可以放松心情。但是有的人喜欢喝酒，而且还喝得很多。**尽管**和朋友一起喝酒是一种沟通感情的方式，但经常喝多，对身体也是有害的。

★ 关于经常喝很多酒，我们可以知道什么？

A 可以放松心情　B 可以经常和朋友在一起

C 对身体不好　D 对身体好 答案【C】

★ 这段话主要想告诉我们什么？

A 要安排好业余时间　B 要多喝酒

C 要多听音乐　D 要多锻炼身体 答案【A】

【竟然】 jìngrán 副 表示没想到。unexpectedly; to one's surprise

扩展与搭配　~撒谎　~迟到　~会……　~也……　~有……　~不/没……

<仿>阅读·选词填空：

A 有错　B 想法　C 世界　D 毛　E **竟然**　F 条

★ A：我上次逛街刚买的手机（　　）不到一周就坏了。

B：是在专卖店买的吗？我陪你去换一部吧。　答案【E】

<仿>阅读·请选出正确答案：

原来去这家火锅店吃饭的人特别多，如果不预订位置，就要排队等很长时间。没想到，这几天这样的情况**竟然**没有了。是不是快到春节了，人们都回家乡过年了？

★ 火锅店的顾客减少了，说话人：

A 很羡慕　B 很高兴

C 很想家　D 很吃惊　答案【D】

【究竟】 jiūjìng 副 用在问句中，表示追究。(used in questions to press for an exact answer) actually; exactly

扩展与搭配　~来不来　~来还是不来

<仿>阅读·排列顺序：

A 不同的人会有不同的答案

B 在我看来，得到理解就是快乐

C **究竟**什么是快乐　答案【CAB】

<仿>阅读·请选出正确答案：

邻居们都说，玲玲长大了，她的父母不应该再把她当孩子。但玲玲觉得自己现在还是像孩子一样，她什么时候长大应该由自己决定。其实她父母也很想问她，**究竟**什么时候才能真正长大。

★ 玲玲：

A 早已长大了　B 还没长大

C 认为自己还没长大　D 父母认为她长大了　答案【C】

辨析

到底、究竟，见第203页【到底】。

【可是】 kěshì 连 表示转折，前面常常有“虽然”之类的表示让步的连词呼应。but; however

扩展与搭配　（虽然）……，~……

<仿>听力·请选出正确答案：

男：你陪我去海边走走吧。

女：**可是**你的脚……

男：别担心，已经不疼了，昨天就已经好了。

女：那好，我帮你拿瓶水，外面很热。

问：关于男的，可以知道什么？

A 很渴　　B 在担心女的

C 脚好了　　D 很热　　答案【C】

<仿>阅读·排列顺序：

A **可是**由于身体的原因

B 阿姨一直很想去杭州看看西湖

C 直到现在，她也没去过　　答案【BAC】

辨析

不过、然而、但是、可是、却，见第 200 页【不过】。

【恐怕】 kǒngpà 副 表示估计和担心。probably; (I'm) afraid (that)...

扩展与搭配　~不行　~要迟到　~会下雨　~会堵车

<仿>听力·判断对错：

这个冰箱这么大，我们两个人**恐怕**搬不动，还是等一会儿，大家一起抬吧。

★ 他们在搬空调，但是搬不动。(　　)　　答案【×】

<仿>阅读·排列顺序：

A 如果你不经常练习听说读写

B **恐怕**很难熟练地运用它

C 学习一门语言是很难的一件事　　答案【CAB】

<仿>阅读·请选出正确答案：

小李的汉语书**恐怕**是丢了。他先把书包里的东西全部都拿出来，然后又在自己的书桌里找，都没有找到。现在，小李非常希望他的汉语书在宿舍里。

★ 根据这段话，小李的书：

A 在宿舍里　　B 在书包里

C 在书桌里　　D 可能丢了　　答案【D】

【来自】 láizì 动 从……来。come from

扩展与搭配　~上海　~农村　~城市　~山区　~世界各地

<仿>阅读·请选出正确答案：

一个人是否能够获得成功，主要看他对人生的态度。成功往往**来自**对生活积极的思考，而失败常常是因为生活在消极当中，很难走出来。

★ 根据这段话，成功主要**来自**：

A 过去的失败　　B 积极的态度

C 坚持奋斗　　D 身体健康　　答案【B】

<仿>书写·完成句子：

他　大　中国的　**来自**　城市

参考答案：他**来自**中国的大城市。

【连】 lián ①动 连接。link; join; connect ②副 连续。continuously; one after another ③介 表示强调，后面常常有"也""都"等跟它呼应。even

扩展与搭配　心~心　~上　~着

~~点头

~……都/也……

<仿>听力·请选出正确答案：

男：你不是很喜欢游泳吗？最近怎么没看到你？

女：我最近脚受伤了，**连**走路都得小心，更别说去游泳了。

问：女的怎么了？

A 脚疼　　B 很累

C 很瘦　　D 头疼　　答案【A】

<仿>阅读·请选出正确答案：

关爱父母的人是值得尊重的。我们每一个人都应该关爱父母，因为我们自己也会有老的时候，那个时候我们可能也需要孩子们来关爱我们。一个**连**自己的父母都不尊敬的人，又怎么能真正地善待别人呢？

★ 关爱父母的人：

A 更有名　　B 很幽默

C 勇敢坚强　　D 值得尊重　　答案【D】

【另外】 lìngwài ①代 指示代词。指所说范围以外的人或事物。other ②连 此外。in addition; besides; moreover

扩展与搭配　~一件事

……，~……　除了……，~……　~，……

<仿>听力·请选出正确答案：

一个刚毕业的研究生来到一家公司，公司经理说："你的学历太高了，想要的工资也不低，**另外**，我们最需要的是一个有经验的人。"

★ 公司经理拒绝这个研究生的理由有几个？

A 1个　　B 2个

C 3个　　D 4个　　答案【C】

<仿>阅读·请选出正确答案：

如果你去过广东，你就会知道广东人很喜欢喝凉茶。其实凉茶是一种用中药做成的饮料，不是茶。虽然它的味道有些苦，但是对身体有很多好处。**另外**，凉茶也可以热着喝，味道也是很不错的。

★ 根据这段话，可以知道凉茶：

A 比较酸　　B 是一种饮料

C 必须是凉的　　D 是茶做的　　答案【B】

【难道】 nándào 副 用在反问句中，加强反问语气。*used to emphasize a rhetorical question*

扩展与搭配　~你同意了　他~不知道吗

<仿>阅读·请选出正确答案：

小王因为堵车迟到了半个小时，经理生气地说："小王，最近半年我们每天上午9点准时开会，**难道**你不知道吗？如果明天再迟到，你就再也不用来了！"

★ 公司每天9点开会，小王：

A 不知道　　B 刚知道

C 早就知道　　D 明天会知道　　答案【C】

<仿>书写·完成句子：

先　　**难道**　　吗　　她没有　　回家

参考答案：**难道**她没有先回家吗？

【偶尔】 ǒu'ěr 副 表示不经常；有时候。occasionally; now and then

扩展与搭配　~迟到　~出现　~看看/穿穿/听听/写写/读读……

~见见面/打打球/散散步/听听音乐……

<仿>听力·判断对错：

我最近工作太忙了，只能**偶尔**抽时间去参加朋友的聚会，所以有很多朋友好久都没见面了。等过一段时间，我再去找他们。

★ 他几乎每天都去参加朋友的聚会。（　　）　　答案【×】

＜仿＞阅读 · 请选出正确答案：

三叶草的叶子一般只有三个，但**偶尔**也会有四个叶子。人们把这种四个叶子的三叶草叫做四叶草。大家都认为看到四叶草的人是幸运的，会得到幸福。

★四叶草：

A 有很多叶子　　B 很常见

C 不常见　　D 表示开心　　答案【C】

【其次】 qícì 代 指示代词。第二（用于列举）。next; then; second (used when enumerating items, events, etc.)

扩展与搭配　首先，……；～，……

＜仿＞阅读 · 请选出正确答案：

想做好西红柿炒蛋，最重要的有三点：首先，选择西红柿的时候，要挑熟透的；**其次**，先炒鸡蛋后炒西红柿；另外，盐放得不能太多，也不能太少。

★ 做西红柿炒蛋应该：

A 先炒西红柿　　B 先炒鸡蛋

C 先放盐　　D 西红柿和鸡蛋一起炒　　答案【B】

＜仿＞阅读 · 请选出正确答案：

如果要请别人吃饭，最好提前联系一下。首先，联系你准备请的客人，这样做是对他们的尊重；**其次**，联系你的家人，他们会给你一些很好的建议。这样，你自己也能做出合理的安排。

★ 提前联系邀请的人之后应该做什么？

A 联系朋友　　B 联系家人

C 联系邻居　　D 联系客人　　答案【B】

【其中】 qízhōng 名 方位词。那里面。among them; in it

扩展与搭配　～一个　乐在～　生活在～　……，～……

＜仿＞听力 · 判断对错：

由于时间紧张，我只对**其中**的主要内容简单总结一下。有什么问题，大家可以在会议结束后再交流。

★ 他介绍得很详细。（　　）　　答案【×】

<仿>阅读·请选出正确答案：

家里有了第二个孩子后，妻子比以前更辛苦了，有时忙起来，一天都不能休息。但是看到两个可爱的宝宝，妻子说她一点儿也不觉得累，她忙在**其中**，也乐在**其中**。

★ 家里有两个孩子以后，妻子：

A 很骄傲　　　　B 更辛苦了

C 每天上班　　　　D 变漂亮了　　　　答案【B】

【千万】 qiānwàn 副 一定。多用于劝告或建议。(used for an admonition) must; be sure to

扩展与搭配　~别　~要　~不要　~得

<仿>听力·判断对错：

冬天运动后，**千万**不要急着脱掉大衣。因为天气太冷了很容易感冒，可以到暖和的地方再脱掉。

★ 运动后需要快点儿脱掉大衣。（　　）　　　　答案【×】

<仿>阅读·请选出正确答案：

人的一生很不容易，会有困难的时候，也会有顺利的时候。当你遇到困难时，**千万**不要太伤心难过而不再努力向前，因为也许你已经离成功很近了，鼓励自己再坚持一下；当你做事情很顺利时，**千万**不要骄傲得意，因为接下来你可能会遇到一些不顺利的情况。

★ 根据这段话，遇到困难时要：

A 伤心难过　　　　B 懂得拒绝

C 理解别人　　　　D 鼓励自己　　　　答案【D】

【却】 què 副 表示转折。多用于书面语。but; however

扩展与搭配　（虽然）……，~……

<仿>听力·判断对错：

她总是羡慕别人有好的工作、好的家庭，**却**常常忘记她自己拥有什么。其实，她特别聪明，特别漂亮，对人也很友好，在我眼中她也特别幸福。

★ 她总是觉得别人比自己幸福。（　　）　　　　答案【√】

<仿>阅读·请选出正确答案：

奶奶喜欢给孩子们讲故事，但是她讲故事的水平**却**不高。每次讲着讲着，就忘记自己讲到哪儿了，一个故事还没有结束，另一个故事又开始了，所以孩子们常常理解不了。

★ 奶奶讲故事的时候，孩子们常常：

A 听不懂　　　　B 大笑

C 很开心　　　　D 很伤心　　　　答案【A】

辨析
不过、然而、但是、可是、却，见第 200 页【不过】。

【确实】 quèshí 副 真的。强调情况的真实性。indeed; really

扩展与搭配　~漂亮　~聪明　~干净　~年轻　~热情

<仿>听力·请选出正确答案：

女：好多年没见，你还是这么会说话。

男：没有，我刚刚说的是真的，你**确实**比以前更漂亮、更高了。

问：男的是什么意思？

A 自己说了笑话　　　　B 自己说了实话

C 自己更高了　　　　D 自己更好看了　　　　答案【B】

<仿>阅读·排列顺序：

A 小明这几天总是迟到

B **确实**需要找他谈一谈了

C 而且好几门课都不交作业　　　　答案【ACB】

辨析
诚实、实在、确实，见第 26 页【诚实】。

【然而】 rán'ér 连 用在后半句话的开头，表示转折。多用于书面语。but; however

扩展与搭配　……，~……

<仿>阅读·排列顺序：

A 却是很难做到的

B **然而**，要让伤心的人不再伤心

C 让开心的人更加开心很简单　　　　答案【CBA】

<仿>阅读·请选出正确答案：

人们常说"远亲不如近邻。"有个好邻居是件幸运的事，**然而**很多人都做不到和邻居好好儿相处，有些人只有在需要帮助的时候，才会明白邻居有多么重要。

★ 这段话主要告诉我们，应该：

A 感谢邻居　　　　B 重视邻居

C 和邻居聊天儿　　　　D 和邻居做饭　　　　答案【B】

辨析

不过、然而、但是、可是、却，见第 200 页【不过】。

【仍然】 réngrán 副 表示情况没有变化或恢复原状。(indicating continuity or resumption of a situation) still; yet

扩展与搭配 ~迟到　~这样　~一样　~不同

<仿>听力·判断对错：

王老师最大的爱好就是踢足球，上学时他还多次参加校足球比赛。现在虽然工作很忙，可他**仍然**会在有空的时候约朋友去一起去踢球。

★ 王老师现在还是很喜欢踢足球。(　　)　　答案【√】

<仿>阅读·请选出正确答案：

地球最南和最北的两个地方，分别叫南极和北极，与其他地方不同的是它们常年都有冰雪。就算在一年中最热的时候，南极和北极**仍然**非常寒冷，这是南、北两极共有的特征。

★ 其他地方最热的时候，南极和北极：

A 很糟糕　　B 很暖和

C 还是很冷　　D 有点儿冷　　答案【C】

辨析

从来、仍然，见第 201 页【从来】。

【稍微】 shāowēi 副 有一点儿。表示数量少、时间短、程度低。a little; a bit

扩展与搭配 ~想想　~有点儿……　~……点儿

<仿>阅读·请选出正确答案：

今天是她第一次和自己喜欢的男孩子见面，**稍微**有些激动和紧张。早晨刚起床，她就开始选择自己该穿什么，可是花了好几个小时，还没有选好。

★ 根据这段话，可以知道她：

A 很感动　　B 很漂亮

C 爱穿裙子　　D 有点儿紧张　　答案【D】

<仿>书写·完成句子：

这双　**稍微**　皮鞋　小　有点儿

参考答案：这双皮鞋**稍微**有点儿小。

【甚至】 shènzhì 连 强调突出的事例（有更进一层的意思）。(go) so far as to; even to the extent that (indicating a further degree)

扩展与搭配　～（连）……都 / 也……

＜仿＞阅读 · 请选出正确答案：

小刘既没有高收入的工作，也没有大面积的房子，**甚至**连存款也没有，但是他一点儿也不觉得自己失败，因为他有一个幸福的家庭。

★ 关于小刘，下列哪项不正确？

A 工资不高　　B 房子不大

C 有小汽车　　D 很幸福　　答案【C】

＜仿＞阅读 · 请选出正确答案：

很多人喜欢吉利的号码，如 518、666、999 等。为了得到这些吉利号码，有些人**甚至**愿意花大价钱去买。其实得到这些号码并不能改变什么，所谓带来成功或好运气，也只是人们的心理作用。

★ 有些人为了得到吉利号码，会怎么样？

A 看心理医生　　B 花很长时间

C 去很远的地方　　D 花很多钱　　答案【D】

【十分】 shífēn 副 很。表示程度很高。extremely; very

扩展与搭配　～感谢　～漂亮　～清楚　～有趣　～复杂　～美好　～有害

＜仿＞听力 · 判断对错：

秋天的一切都**十分**美好。花园里的花五颜六色，果园里的果实挂满枝头，田野里的粮食成熟饱满……秋天，带给大地的是美丽和富足，带给我们的是丰收与希望！

★ 说话人非常喜欢秋天。(　　)　　答案【√】

＜仿＞阅读 · 排列顺序：

A 但是如果长时间地使用网络

B 网络丰富了人们的业余生活

C 对身体是**十分**有害的　　答案【BAC】

＜仿＞书写 · 完成句子：

妈妈　　**十分**　　在国外　　想念　　读书的女儿

参考答案：妈妈**十分**想念在国外读书的女儿。

辨析

十分　很　非常　极　挺　尤其

几个词都表示程度高。“十分”“极”和“尤其”一般用于书面语，“挺”常常和“的”组合成“挺……的”结构，一般用于口语。“十分”和“很”跟“不”组合时，可以放在前面也可以放在后面，如“十分/很不满意”“不十分/很满意”。“非常”“极”和“挺”在跟“不”组合时，只能放在前面，如“非常/挺/极不满意”。“尤其”表示相比之下，程度最高。

【使】 shǐ 动 （a）用。use（b）让。cause; make

扩展与搭配　~筷子　~手机　会~　好~　~坏了　~人……

<仿>阅读·请选出正确答案：

电脑和可视电话的出现，**使**我们跟外面世界的距离又一次拉近了，就像大家都生活在一个地球村里，出差、留学已经不再有那种与亲人分离的痛苦了。虽然在遥远的外地，但是每天都可以和想见的人开心地聊天儿。

★ 电脑和可视电话：

A 让人痛苦　　　　B 让出差更容易

C 浪费能源　　　　D 让聊天儿更方便　　　　答案【D】

<仿>书写·完成句子：

玛丽　练习　努力地　正在　**使**筷子

参考答案：玛丽止在努力地练习**使**筷子。

【是否】 shìfǒu 副 是不是。多用于书面语。if; whether (mostly used in written Chinese)

扩展与搭配　~愿意　~同意　~正确　~参加

<仿>阅读·排列顺序：

A 我们问他**是否**有什么难事

B 王老师一上午都坐在那里

C 可他一句话也不说　　　　答案【BAC】

<仿>阅读·请选出正确答案：

一个人**是否**能够获得成功，应该看他对人生的态度如何。成功的人始终用积极的思考、乐观的精神和宝贵的经验去指导自己的人生。失败者却正好相反，他们总是被过去的失败影响着，不能积极地面对未来。

★ 获得成功的关键是：

A 心情　　　　B 经验

C 态度　　　　D 失败　　　　答案【C】

【首先】 shǒuxiān ①副 最早、最先、最重要。firstly; in the first place ②代 第一（用于列举）。first(used in enumeration)

扩展与搭配　~完成　~是……

~，……；其次，……（最后，……）

<仿>阅读·请选出正确答案：

主动的人总是比被动的人容易交到朋友。要知道，对方的心理和你一样，希望得到友谊又感到有些不好意思。所以如果你**首先**积极主动地伸出友谊之手，你就已经成功了一半。

★ 如果你要交朋友，需要怎么做？

A 常打招呼　　　　B 被动等待

C 充满希望　　　　D 先表示友好　　　　答案【D】

<仿>书写·完成句子：

工作　　我们班　　完成了　　**首先**

参考答案：我们班**首先**完成了工作。

【顺序】 shùnxù 名 事物的先和后。sequence; order

扩展与搭配　按~　按……（的）~　时间~　先后~

<仿>阅读·排列顺序：

A 生活中，很多人出场的**顺序**很重要

B 我们的人生就会有所不同

C 如果换一个时间认识他们　　　　答案【ACB】

<仿>阅读·请选出正确答案：

很多人吃饭的时候先吃荤菜，然后吃素菜，喝汤，最后吃水果。事实上，这种**顺序**是不合理的。科学合理的**顺序**是，水果、汤、蔬菜与主食、荤菜。

★ 吃饭时应该：

A 先吃荤菜　　　　B 先吃主食

C 最后吃水果　　　　D 最后吃荤菜　　　　答案【D】

【随着】 suízhe 介 跟着。(along) with

扩展与搭配　~……的发展　~……的进步　~……的提高　~……的增长

<仿>阅读·排列顺序：

A 动物们也都活泼地跑出来了

B **随着**春天的到来

C 孩子们都笑着，奔跑着　　答案【BCA】

<仿>阅读·选择正确的答案：

早晨我在校园散步时，一阵风吹过，有几朵花**随着**风落到地上了。小英拾起刚掉在地上的几朵花，放在手心里，细细观察它们，每朵花都有六七片花瓣，好看极了。

★ 根据这段话，那几朵花是怎么落下的？

A 小英摘的　　B 小英拾的

C 风吹的　　D 太阳照的　　答案【C】

【挺】 tǐng 副 很。多用于口语。quite (mostly used in spoken Chinese)

扩展与搭配　~好　~大　~漂亮　~满意　~熟悉　~方便　~不错　~……的

<仿>听力·判断对错：

我退休后就住在这里，邻居们都很熟悉，能一起聊天儿的人很多。但是，我儿子觉得我一个人住**挺**孤单，想让我和他们一起住。

★ 他儿子认为他很孤独。(　　)　　答案【√】

<仿>阅读·请选出正确答案：

我家孩子以前吃饭的时候，只想着自己。可是现在却不一样了，总是等长辈开始吃以后才拿起筷子。大家都说他长大了，懂事了。我听着心里也**挺**高兴的。

★ 说话人的心情怎么样？

A 很难受　　B 很开心

C 有点儿难受　　D 很失望　　答案【B】

辨析

十分、很、非常、极、挺、尤其，见第 218 页【十分】。

【通过】 tōngguò ① 介 引进达到某个目的的方式、手段。by means of; through; via ② (tōng//guò) 动 (a) 从一边到另一边；穿过。pass through; get past (b) 得到允许或达到了某个目的。pass (a test, etc.)

扩展与搭配　~介绍　~联系　~研究

~不了　无法~　~面试　~考试

<仿>听力 · 判断对错：

我**通过**这次的汉语水平考试了，但是我觉得我考得不太好。如果下次考试再去参加，一定会取得更好的成绩。

★ 他对自己的考试成绩很满意。(　　)　　答案【×】

<仿>阅读 · 请选出正确答案：

近几年，每年有超过10亿人**通过**电视收看春节晚会。我们家常常一边吃饺子，一边看春节联欢晚会。看春节晚会已经成了中国人过春节时不可缺少的一项活动。

★ 根据这段话，大多数人怎么看春节晚会？

A 在电视上看　　B 在电脑上看

C 在手机上看　　D 在网上看　　答案【A】

<仿>书写 · 完成句子：

在第一个路口　　**通过**　　以后　　右转　　红绿灯

参考答案：**通过**红绿灯以后在第一个路口右转。

【往往】 wǎngwǎng 副 表示根据经验，某种情况在一定条件下时常存在或经常发生。usually; frequently

扩展与搭配　~不错　~会……　~被……

<仿>阅读 · 排列顺序：

A 聪明的人**往往**乐于接受合理的建议

B 常常能够帮助自己

C 事实上，接受这样的建议　　答案【ACB】

<仿>阅读 · 请选出正确答案：

关于遵守时间这个问题，有些人可能认为，遵守时间就是不迟到。那么早到行不行呢？有时也不太好。比如去拜访亲戚或朋友，如果去得太早，可能主人还没准备好，这样**往往**会给他们造成一些不方便。一般提前两三分钟到比较好。

★ 做客的时候，到得很早会怎么样？

A 不太好　　B 主人会很开心

C 主人会很生气　　D 主人会很激动　　答案【A】

【无论】 wúlùn 连 表示在任何条件下，情况都不会改变。多用于书面语。regardless of; no matter (who, what, where, which, etc.)

扩展与搭配　~谁　~多少　~什么情况　~任何时候　~什么　~在哪儿

~……，都 / 也……

<仿>听力 · 判断对错：

您放心，只要是在我们商场购买的家电，**无论**价格高低，我们都将为您提供一年的上门修理服务，全部免费。所以请放心购买！

★ 这家商场免费修理的家电都是价格比较贵的。(　　)　　答案【×】

<仿>阅读 · 请选出正确答案：

你去过澳门吗？其实澳门也有很多特色小吃。其中，香滑的炖蛋和双皮奶是澳门非常有名的小吃，**无论**春、夏、秋、冬，都会挤满了排队的人等着品尝。如果你有机会去澳门旅游，记得去尝一下！

★ 炖蛋和双皮奶在什么时候受欢迎？

A 春季和秋季　　B 夏季

C 冬季　　D 一年四季　　答案【D】

【呀】 ya 助 "啊"受前一韵母 a，o，e，i，ü 的影响而发生的变音。*used in place of* 啊 *when the preceding word ends in sound* a，o，e，i *or* ü

扩展与搭配　他~　谁~　哥~　来~　去~

<仿>听力 · 请选出正确答案：

女：小王，刚刚进来的那个人你认识吗？

男：他**呀**，是新来的医生，好像姓杨。

问：他们在说谁？

A 刚刚进来的人　　B 姓王的人

C 王大夫　　D 熟悉的人　　答案【A】

<仿>阅读 · 请选出正确答案：

小明，你才多大就戴眼镜了？是不是总看电脑和手机**呀**？以后少看一点儿吧！你现在可以多锻炼锻炼身体，有时间可以多打打乒乓球，我听说，有些人打了一段时间后，眼睛就好多了。

★ 说话人建议小明怎么做？

A 少看电视　　B 多看书

C 不戴眼镜　　D 多打球　　答案【D】

【要是】 yàoshi 连 如果；如果是。多用于口语。if; in case (mostly used in spoken Chinese)

扩展与搭配　~……（的话），（那 / 那么）就……

<仿>阅读 · 选词填空：

A 难过　B 郊外　C 来　D **要是**　E 难道　F 恐怕

★ A：家里的水果够吗？要不要再买一些？

B：（　　）明天来的客人很多，就会不够，我去超市再买点儿吧。

答案【D】

<仿>阅读 · 排列顺序：

A **要是**到了中国而没去长城

B 长城在世界上非常有名

C 你将会特别后悔　答案【BAC】

【也许】 yěxǔ 副 表示不很肯定。perhaps; probably

扩展与搭配　~去　~了解　~知道　~会

<仿>听力 · 判断对错：

这家商店的衣服怎么不打折啊！咱们再去别的店看看，**也许**会有便宜一点儿的。

★ 别的商店里卖的衣服都可以打折。（　　）　答案【 × 】

<仿>阅读 · 排列顺序：

A **也许**你要找的东西就在眼前

B 当因为粗心而找不到东西的时候

C 要静下心来仔细回忆　答案【BCA】

【以】 yǐ 介（a）用；拿。by; with（b）引进动作行为的条件、根据、方式、工具、原因等。according to; by means of; because of

扩展与搭配　~少胜多　~帮助别人为乐　~貌取人

<仿>阅读 · 请选出正确答案：

在请客吃饭时，有的人总是点很多菜，好像这样才能表达对客人的重视；也有些人点的菜基本上都能吃完，如果吃不完就打包带回家。我觉得后一种做法更好，不能**以**菜的多少来判断人的诚意。

★ 说话人认为不应该根据什么判断对客人的诚意？

A 请客的次数　B 请客的地方

C 请客的态度　D 点菜的数量　答案【D】

＜仿＞书写 · 完成句子：

请　节约　随手关灯　**以**　用电

参考答案：请随手关灯**以**节约用电。

【因此】 yīncǐ 连 因为这个。多用于书面语。so; therefore; for this reason (mostly used in written Chinese)

扩展与搭配　由于……，~……

＜仿＞阅读 · 请选择正确答案：

王哲的父母看起来很严肃，但教育孩子的方式却比较宽松。虽然他们不鼓励儿子玩儿电脑，但他们看到孩子的成绩并没有受到影响，**因此**就让他自由发展了。

★ 王哲的父母为什么允许他玩儿电脑？

A 父母很严肃　　B 父母很严格

C 没影响成绩　　D 他成绩很好　　答案【C】

＜仿＞阅读 · 请选择正确答案：

电话已经成为我们生活中离不开的朋友，但如果我们长期不给这位朋友“洗澡”，不仅会影响它的美观、寿命，也会影响我们的健康，**因此**我们要经常把电话上面的灰尘擦掉，给它“洗澡”。

★ 根据这段话，擦掉电话上面灰尘的原因不包括：

A 影响电话美观　　B 影响电话质量

C 影响电话寿命　　D 影响我们的健康　　答案【B】

辨析

因此　所以

两个词都可以放在表示结果的句子前面或句子开头。但“因此”常常和“由于”一起用，不能和“因为”一起用，而“所以”可以与“因为”“由于”一起使用。

【尤其】 yóuqí 副 表示更进一步。多用于书面语。especially (mostly used in written Chinese)

扩展与搭配　~喜欢　~漂亮　~热闹　~满意　~是……

＜仿＞阅读 · 请选出正确答案：

现在的交通广播很不错，新闻、音乐、交通等各种节目都有，主持人的水平也很高，得到了听众们的喜爱，**尤其**是出租车司机、老年人和孩子们。

★ 关于喜爱交通广播的人，这句话没提到哪一类人？

A 主持人　　B 出租车司机

C 老年人　　　　D 孩子　　　　答案【A】

<仿>阅读·请选出正确答案：

海南属热带气候，雨水较多，一年四季都鲜花盛开，是我国著名的旅游胜地，**尤其**是冬天，很多北方游客都喜欢来到这里感受温暖的阳光。

★ 北方的旅客最喜欢在什么季节去海南旅游？

A 春季　　　　B 夏季

C 冬季　　　　D 一年四季　　　　答案【C】

辨析

十分、很、非常、极、挺、尤其，见第218页【十分】。

【由】 yóu 介 引进动作行为的主体、路线、起点、根据、原因等。by; from

扩展与搭配　~你负责　~前门入场　~北京出发　~此可见　~感冒引起的　~几部分组成

<仿>听力·判断对错：

现在很多家庭夫妻二人都有工作，每天早出晚归。这样不仅没有时间照顾父母，相反，还要请父母帮忙照顾孩子。

★ 现在很多家庭的孩子**由**老人照顾。（　　）　　　　答案【√】

<仿>书写·完成句子：

是　　负责的　　**由**王老师　　这次会议

参考答案：这次会议是**由**王老师负责的。

【由于】 yóuyú ① 连 表示原因，常与"所以""因此"等搭配，多用于书面语。because (mostly used in written Chinese) ② 介 表示原因或理由，多用于书面语。owing to; due to (mostly used in written Chinese)

扩展与搭配　~……，（所以 / 因此）……

<仿>阅读·排列顺序：

A 可是**由于**他的腿不好

B 爷爷一直很想去北京爬长城

C 直到今天，他也没去过　　　　答案【BAC】

<仿>阅读·请选出正确答案：

虽然我们的生活条件变好了，但休息和锻炼的时间也在减少。有时候我们会听到这样的消息，一些人年龄不大，但**由于**过度劳累而突然病倒，甚至死亡。

★ 年轻人身体出现问题的原因主要是什么？

A 有压力　　B 太辛苦

C 生活条件好　　D 年龄不大　　答案【B】

【于是】 yúshì 连 表示两件事连续发生，后一件事往往是前一件事引起的。(indicating the latter immediately follows the former, and is often led to by the former) so; then; hence

扩展与搭配　……，～……

<仿>阅读·请选出正确答案：

一天，小明看到同学小刚家有一个非常好看的足球，上面有好多明星的签名。小明很羡慕那些明星，**于是**他就想学踢足球了。

★ 小明想学踢足球是因为：

A 想当明星　　B 喜欢运动

C 喜欢看足球　　D 喜欢那个足球　　答案【A】

<仿>阅读·排列顺序：

A 我本来是想下了班马上回家的

B **于是**就回来晚了

C 可是下班前经理让我帮他寄快递　　答案【ACB】

<仿>阅读·请选出正确答案：

喝酒时，鼻子可以闻到酒的香气，眼睛可以看到酒的颜色，舌头可以尝到酒的味道，只有耳朵享受不到什么。**于是**聪明的希腊人就想出了一个办法，在喝酒时相互碰一下杯子，杯子发出响声，这样耳朵也能享受一下了。

★ 根据这段话，喝酒时为什么要碰杯？

A 要闻到香气　　B 要看到颜色

C 要尝到味道　　D 要听到响声　　答案【D】

【与】 yǔ ①介 引进动作或比较的对象。with ②连 和。and

扩展与搭配　～……一起　～……不同　～……有关　～……交往

我～你

<仿>阅读·排列顺序：

A 首先要知道自己的兴趣

B 然后，再选择**与**此相关的专业

C 要想在未来选择自己满意的职业　　答案【CAB】

<仿>阅读·请选出正确答案：

我们在**与**别人交往时，要注意一些礼节。比如，在谈话时，不要谈疾病等不愉快的事情，不要询问女士年龄、是否结婚，等等。谈话时的一些礼仪也要注意，如保持微笑，看着对方的眼睛，等等。

★ 与别人谈话时，可以谈什么内容？

A 天气　　B 疾病

C 不愉快的事　　D 女士的年龄　　答案【A】

【咱们】 zánmen 代 人称代词。我们（包括说话人和听话人）。we; us (including both the speaker and the person or people spoken to)

扩展与搭配　~俩　~班　~同学　~学校　~大家　~老师

<仿>听力·请选出正确答案：

女：**咱们**家应该换台电视了吧？我觉得楼下商场新出的那种不错。

男：随你便。这种小事儿，都听你的！

问：谁家要买电视？

A 女的的家　　B 男的的家

C 他们的家　　D 父母家　　答案【C】

<仿>阅读·请选出正确答案：

在外出工作、旅游、探亲、游玩的同时，一定要遵守交通法规，自觉维护交通秩序。这才是**咱们**自我保护的最好的方法。

★ 根据这句话，我们应该：

A 爱护环境　　B 购买保险

C 外出旅游　　D 遵守交通规则　　答案【D】

【真正】 zhēnzhèng ①形 属性词。实质跟名义完全相符。real; true ②副 的确；确实。really

扩展与搭配　~（的）学者/友谊/朋友

~明白

<仿>阅读·请选出正确答案：

我来北京已经两年了，不怕你笑话，我来这里的主要目的就是吃**真正**的中国菜。北京烤鸭就是**真正**的中国菜。今年夏天我父母来看我，第一天晚上我就带他们去吃了北京烤鸭，他们也觉得味道不错，跟我一样爱上了北京和北京烤鸭。

★ 说话人认为**真正**的中国菜是：

A 北京烤鸭　　B 红烧肉

C 西红柿炒蛋　　　　D 宫保鸡丁　　　　答案【A】

<仿>书写·完成句子：

不努力　**真正**的　取得　就不会　成功

参考答案：不努力就不会取得**真正**的成功。

【之】 zhī 助 用在中心语的前面，组成偏正词组。*used between the headword and the word modified*

扩展与搭配　百分~一　千里~外

<仿>听力·判断对错：

去朋友家做客**之**前，最好事先打个电话，看看朋友有没有时间。如果有时间，就先约好再去朋友家，不然会显得不太礼貌。

★ 去朋友家前应该先打电话联系好。(　　)　　答案【√】

<仿>阅读·请选出正确答案：

新疆的吐鲁番市是中国著名的"葡萄**之**都"。由于气候等自然条件较好，特别是日照时间长，那儿的葡萄个儿大，味道香甜，颜色也特别漂亮，很多人都前去购买。

★ 新疆的吐鲁番：

A 空气差　　　　B 常下雪

C 葡萄很有名　　　　D 到处是葡萄树　　　　答案【C】

<仿>书写·完成句子：

朋友　信任　应该　相互　**之**间

参考答案：朋友**之**间应该相互信任。

【只好】 zhǐhǎo 副 表示没有别的选择。have to; be forced to

扩展与搭配　~这样　~离婚　~回国　~放弃

近义词　不得不

<仿>阅读·请选出正确答案：

今天小玉想打印一份材料，却发现办公室的打印机坏了，所以**只好**去隔壁的办公室打印。谁知道隔壁的打印机也坏了，这真是太奇怪了！

★ 小玉为什么去隔壁办公室打印材料？

A 自己的办公室没有打印机　　　　B 打印机没有纸了

C 打印机坏了　　　　D 材料丢了　　　　答案【C】

<仿>阅读 · 请选出正确答案：

五年前，小李本来想考研究生，可是妈妈坚持说工作不好找，让他别失去工作的机会，他**只好**听了妈妈的话。但是工作四年后，经过几个月的努力，小李还是考上了研究生。

★ 小李毕业的时候没有马上读研究生，是因为：

A 已经工作了　　B 妈妈的要求

C 没考上　　D 没努力　　答案【B】

【只要】zhǐyào 连 表示必要的条件（后面常用“就”或者“便”呼应）。as long as (usually used correlatively with “就” or “便”)

扩展与搭配　~……，就 / 便……

<仿>阅读 · 请选择正确答案：

任何事情都有第一次，第一次上学，第一次考试，第一次工作，第一次比赛……当我们面对第一次的时候，不要害怕，不要紧张，因为**只要**走出第一步，以后就会容易得多。

★ 说话人认为什么最难？

A 开始　　B 上学

C 考试　　D 工作　　答案【A】

<仿>阅读 · 请选择正确答案：

每个人在成长的过程中，都会遇到各种各样的烦恼，但我们不能因此对生活感到失望。**只要**我们能勇敢地去面对，就一定能找到解决的办法。要知道，正是这些烦恼丰富了我们的人生，让我们更加珍惜眼前的幸福生活。

★ 遇到烦恼的时候，我们应该：

A 难过　　B 失望

C 勇敢面对　　D 感动　　答案【C】

【至少】zhìshǎo 副 表示最少数量、最短时间、最低程度等。at least

扩展与搭配　~两个　~十天　~得……

<仿>听力 · 判断对错：

我算了一下，每个月要交房租，还有交通费、电话费、上网费、水费、电费等等，**至少**得一千五百块。

★ 房租每个月一千五。（　　）　　答案【×】

<仿>阅读·选词填空：

A **至少**　B 通知　C 米　D 坚持　E 时间　F 多少

★ 我们这儿离机场有 30 多公里，我开车送你，（　　）得提前两个小时出发。

答案【A】

【最好】 zuìhǎo 副 最为适当。had better

扩展与搭配　~别　~不要　~……一下

<仿>听力·判断对错：

老王，你**最好**多抽出点儿时间陪陪孩子，这才是他最希望得到的礼物。

★ 老王平时很少陪孩子。（　　）　答案【√】

<仿>阅读·请选出正确答案：

要想让别人尽快与自己从陌生走向熟悉，然后成为朋友，你**最好**主动表现出友好，因为主动的人总是比被动的人容易交到朋友。

★ 如果你要交朋友，最有效的方法是：

A 常打招呼　B 被动等待

C 充满希望　D 先表示友好　答案【D】

16 时空

【按时】 ànshí 副 依照规定或约定的时间。on time; on schedule

扩展与搭配　~完成　~上班　~起床　~睡觉　~吃药　~起飞　~到达　~举行

<仿>听力·判断对错：

小林真是的，跟他说了好几遍一定要在8点前到学校集合，他还是迟到了，害得大家晚出发了半个小时。

★ 他们没**按时**出发。(　　)　　答案【√】

<仿>阅读·选词填空：

A **按时**　B 博士　C 温度　D 确实　E 盐　F 顺便

★ 我希望同学们这个月能(　　)完成任务。　　答案【A】

【本来】 běnlái ①形 属性词。原有的。original ②副 (a)原先；先前。originally; at first (b)表示理所当然，按照道理应该这样。it goes without saying; of course

扩展与搭配　~的颜色　~的样子　~的打算　~的味道
~打算……　~计划……　~想……　~就……　~(就)应该……
~不应该……

<仿>听力·请选出正确答案：

男：今天的天气真不好，刚刚下着小雨，这会儿越下越大了。

女：**本来**要一起去爬山呢，现在也去不了了。

男：我们可以去图书馆，正好今天图书馆有讲座。

女：好啊，咱们现在就去吧！

问：他们准备去哪里？

A 山上　　B 公园

C 游泳馆　　D 图书馆　　答案【D】

<仿>阅读·排列顺序：

A 但我还是要提醒你，不能骄傲

B 我**本来**应该祝贺你

C 你得了第一名　　答案【CBA】

<仿>阅读·请选出正确答案：

我和妻子终于可以一起休个年假出来逛逛，计划了好几天，没带孩子。**本来**以为会玩儿得很开心，哪知道从出发就满是想念，一路上谈得最多的是孩子，逛街看的也是孩子的东西，吃什么都想着孩子会不会喜欢吃。

★ 根据这段话，可以知道他们：

A 玩儿得很高兴　　B 想念孩子

C 觉得孩子太爱说话　　D 买了很多东西　　答案【B】

辨析

本来　原来

两个词都有"开始、原有"意思，如"我们俩本来/原来不认识，是上个月刚认识的"。"本来"还可以表示"按照道理应该……"，如"我本来应该早点儿告诉你"，这时的"本来"不能换成"原来"。"原来"还有"发现了真实情况"的意思，表示突然明白时，可以说"原来是你呀"，不能说成"本来是你呀"。

【当时】 dāngshí 名 指过去发生某件事情的时候。at that time

扩展与搭配　~的情况

<仿>听力·判断对错：

翻看以前写的文章，很多地方真是幼稚得可笑。可那就是**当时**自己的感受和文字表达水平，虽然很笨拙，却是真实的自己。

★ 他不喜欢看自己以前的文章。（　　）　　答案【×】

<仿>书写·完成句子：

我　一首歌　最喜欢的　这是　**当时**

参考答案：这是我**当时**最喜欢的一首歌。

【到处】 dàochù 副 各处；处处。everywhere

扩展与搭配　~走　~看　~跑　~找　~逛　~都是……

<仿>听力·判断对错：

在大城市生活真是**到处**都要用钱，赚的这点儿钱根本不够花。

★ 在大城市生活花钱的地方多。（　　）　　答案【√】

<仿>阅读·请选出正确答案：

刚参加工作的时候，一篇八百字的新闻稿要写三个小时，还要每天挎着相机**到处**跑新闻、做采访。虽然很累，但是那种顺利完成稿件和访谈的成就感，是任何事都比不上的。

★ 他是做什么工作的？

A 秘书　　B 记者

C 摄影师　　D 编辑　　答案【B】

【底】 dǐ 名（a）物体的最下部分。bottom（b）（年和月的）末尾。end (of a year or month)

扩展与搭配　杯～　河～　海～　心～　年～　月～

<仿>听力·判断对错：

转眼又到年**底**了，回头看看过去的一年，有收获，也有遗憾。希望新的一年顺利，安好！

★ 现在是十二月末。（　　）　　答案【√】

<仿>阅读·排列顺序：

A 在中国，我度过了自己的青春岁月

B 我会把这段回忆一直放在心**底**，永远不会忘记

C 同时也把自己的爱和怀念留在了这里　　答案【ACB】

【地点】 dìdiǎn 名 所在的地方。place; site; locale

扩展与搭配　开会的～　工作的～　事情发生的～　约会～

<仿>听力·请选出正确答案：

男：听说你最近在找房子，有没有合适的？

女：有一个还不错，大小合适，周围环境也很安静。

男：离你公司远不远？

女：有点儿远，不过附近有地铁直达，不用换车。

问：女的觉得那个房子怎么样？

A 有点儿大　　B 交通方便

C 周围环境不好　　D **地点**不好　　答案【B】

<仿>阅读·请选出正确答案：

约会**地点**要以对方为重。你可以选择离对方工作单位或家比较近的地方，这样对方会比较安心，因为人们对自己熟悉的地方更有安全感，拒绝的可能性就会降低。

★ 关于约会的**地点**，应该选择：

A 去过的地方　　B 有熟人的地方

C 没有危险的地方　　D 离对方家近的地方　　答案【D】

【对面】 duìmiàn 名（a）在街道、空地、河流等的一边称另一边。opposite（b）正前方。right in front

扩展与搭配　马路～　街道～　河～　家～　学校～　正～

<仿>听力·请选出正确答案：

男：学校**对面**新开了一家百货商场，里边有超市，顶楼还能看电影，想不想去看看？

女：好啊，逛逛街，买点儿吃的，再顺便看场电影。

问：百货商场在哪儿？

A 学校**对面**　　B 电影院旁边

C 超市旁边　　D 学校东边　　答案【A】

<仿>书写·完成句子：

坐　一个男生　着　我　**对面**

参考答案：我**对面**坐着一个男生。

【方向】 fāngxiàng 名 指东、南、西、北等。direction

扩展与搭配　～正确　～相同　找到～　指明～　前进的～

<仿>阅读·请选出正确答案：

人生中重要的不是你从哪里来，而是你到哪里去。当你埋头努力工作的时候，一定要时不时抬头看看人生的**方向**。

★ 这段话告诉我们：

A 要有**方向**感　　B 要抬起头

C 要明确**方向**　　D 要努力工作　　答案【C】

<仿>阅读·排列顺序：

A 是因为北京城的主路是正东正西或者正南正北**方向**的

B 所以走上主路就可以准确知道**方向**了

C 北京人指路时喜欢说东西南北　　答案【CAB】

【刚】 gāng 副 表示行动或情况发生在不久以前。only a short while ago; just now

扩展与搭配　～来　～出去　～到　～走　刚刚

<仿>听力·请选出正确答案：

女：你怎么又在洗车啊？昨天不是**刚**洗过吗？

男：昨天经过的地方有一段在修路，车身又弄脏了。

问：关于男的的车，下列哪项正确？

A **刚**从外面回来　　B 女的要开

C 是新买的　　D 洗过没多久　　答案【D】

<仿>阅读·请选出正确答案：

各位乘客，大家好，欢迎乘坐本次列车，前方到站是本次列车终点站，请各位乘客带好自己的行李和物品，准备下车，欢迎再次乘坐。

★ 列车：

A 晚点了　　B 提前到达了

C 快到站了　　D **刚**到站　　答案【C】

辨析

刚　刚才

两个词都表示时间很短，都能用在动词前，如“他刚 / 刚才看见你了”。但“刚”是副词，“刚才”是名词。“刚才”可以用在主语前做状语，如“刚才你去哪儿了”；可以在名词前做定语，如“刚才的事儿”；还可以做“比”“跟”等介词的宾语，如“雨现在比刚才小多了”。这些情况中的“刚才”都不能换成“刚”。

【及时】 jíshí ①[形] 正赶上时候，适合需要。in time; timely ②[副] 不拖延；马上；立刻。promptly; without delay

扩展与搭配　很～　来得～　准备得～　～雨

～赶到　～解决　～参加　～复习　～回复

<仿>听力·请选出正确答案：

女：李教授，您来得太**及时**了！我们正不知道怎么解决这个问题呢。

男：别着急，来，我看看毛病出在哪里。

问：根据对话，下列哪项正确？

A 李教授能解决问题　　B 李教授也没办法解决问题

C 任务没完成　　D 女的生病了　　答案【A】

<仿>阅读·请选出正确答案：

分手之后，如果你后悔了，决定挽回你的前女友，这时候切记不要为了挽回她不停地用电话、短信、微信等方式联系她，更不要要求她一定**及时**回复。这样做只会给对方带来更多的压力，使她越来越远离你。

★ 为什么不能要求前女友马上回复自己？

A 你可能会后悔　　　　B 她不会接受

C 会耽误她工作　　　　D 她会有压力　　　　答案【D】

【将来】 jiānglái 名 现在以后的时间（区别于“过去、现在”）。future

扩展与搭配　~的事情　~的工作　孩子的~

<仿>听力·判断对错：

这些材料你要好好儿留着，**将来**也许会用得到，别随便放在什么地方。

★ 这些材料**将来**一定会用得到。（　　）　　　　答案【×】

<仿>阅读·请选出正确答案：

学习的目的是**将来**有能力决定要过怎样的生活，父母的责任是培养孩子把握自己人生的能力。

★ 根据这段话，学习的目的是有能力：

A 决定自己的生活　　　　B 改变历史

C 进名校　　　　D 回报父母　　　　答案【A】

【来不及】 láibují 动 因时间短促，无法顾到或赶上。there's no time (to do something)

扩展与搭配　时间~　~准备

反义词　来得及

<仿>阅读·选词填空：

A 主动　B 重新　C 温度　D **来不及**　E 严重　F 大概

★ 时间过得真快，还（　　）说再见，就要分别了。　　　　答案【D】

<仿>书写·看图，用词造句：

来不及　　　　参考答案：再不出发就**来不及**了。

【来得及】 láidejí 动 还有时间，能够顾到或赶上。there's still time

扩展与搭配　时间~　没~　~准备　还~

反义词　来不及

<仿>听力 · 判断对错：

校园歌手大赛报名今天下午5点就要结束了，你到底想不想参加？

★ 现在报名还**来得及**。（　　）　　答案【√】

<仿>阅读 · 排列顺序：

A 结果照片看起来好笑极了

B 他就按下了相机快门

C 我还没**来得及**摆好动作　　答案【CBA】

【礼拜天】 lǐbàitiān 名 星期日，也叫礼拜日。Sunday

扩展与搭配　一个～　这个～　上个～　下个～

<仿>听力 · 判断对错：

又要到周一了，**礼拜天**的晚上我都舍不得睡觉了，明天要上班而且一上就是五天，喝杯咖啡，缓解一下紧张的心情吧。

★ 他不喜欢过星期一。（　　）　　答案【√】

<仿>书写 · 完成句子：

我　要　**礼拜天**　和以前的同事　聚会

参考答案：我**礼拜天**要和以前的同事聚会。

【内】 nèi 名 里边（跟"外"相对）。in; inside (as opposed to "out" or "outside")

扩展与搭配　国～　校～　市～　室～　院～　车～　年～　入～　在～　～衣　～地　～部　～向

反义词　外

<仿>听力 · 判断对错：

冬天，北方暖气充足，虽然外边冰天雪地，但屋**内**温暖如春；而我们南方，屋**内**屋外一样，又湿又冷，真想到北方过冬。

★ 他很羡慕北方人。（　　）　　答案【√】

<仿>阅读 · 排列顺序：

A 可能很长时间**内**都不会有再见面的机会了

B 所以我不想留下遗憾

C 我们今天告别后　　答案【CAB】

【平时】 píngshí 名 一般的、通常的时候（区别于特定的或特指的时候）；又指平常时期（区别于非常时期，如战时）。at ordinary times; in normal times

扩展与搭配　~的情况

<仿>听力·判断对错：

保证**平时**走路、坐着、躺着的姿态正确，比每天锻炼一个小时要重要得多。

★ 每天锻炼身体最重要。（　　）　答案【×】

<仿>阅读·请选出正确答案：

好人缘是培养出来的，你不可能让公司里的所有人都喜欢你，但你可以让公司里的大部分人喜欢你。所以你**平时**能帮别人就尽量去帮，将心比心，你的善意大家会看在眼里。

★ 关于怎样让别人喜欢自己，我们可以知道：

A 不可能做到　B 要努力工作

C 要多帮助别人　D 要多观察了解　答案【C】

【世纪】 shìjì 名 计算年代的单位，一百年为一个世纪。century

扩展与搭配　一个~　半个~　上（个）~　下个~　本~　21~　新~　~末　~初

<仿>阅读·选词填空：

A 可惜　B 将来　C 商量　D 坚持　E **世纪**　F 提前

★ 这种裤子，是上个（　　）七八十年代流行的。　答案【E】

<仿>阅读·排列顺序：

A 今年是中国建国 70 周年

B 中国各方面都取得了巨大的成就

C 经过半个多**世纪**的努力　答案【ACB】

【提前】 tíqián 动 把预定的时间往前移。shift to an earlier date; move up (the date); do something in advance or ahead of time

扩展与搭配　时间~　假期~　~出发　~完成　~准备　~两天　~了一个月　~到……

反义词　推迟

<仿>阅读·选词填空：

A 可惜　B 将来　C 商量　D 坚持　E 世纪　F **提前**

★ 为了锻炼身体，我每天都（　　）下车，走到学校。　答案【F】

<仿>阅读·请选出正确答案：

从昨天18:30开始，这段高速公路因大雾封闭，目前仍在封闭中。请司机朋友们**提前**安排好出行线路，雨雾天气，一定要保持安全车距，千万不要随意变道！

★ 这段话提醒我们应该：

A 尽量不开车　　B **提前**计划路线

C 注意休息　　D 注意防滑　　答案【B】

【同时】 tóngshí ①名 同一个时候。at the same time ②连 表示并列关系，常含有进一层的意味。moreover; besides; furthermore

扩展与搭配　~入学　~毕业　~出发　~到达　在……的~

~，……

<仿>听力·判断对错：

这家大学生超市从店长到店员都是大学生，他们希望能让自己经济独立，**同时**为同学们提供物美价廉的商品。

★ 这家超市的工作人员都是大学生。（　　）　答案【√】

<仿>阅读·请选出正确答案：

要想学好汉语，平时需要认真听课，多用汉语与别人聊天儿，**同时**，也要练习写汉字。其实无论学习哪一种语言，都离不开认真的态度和自己的努力。

★ 这段话主要是说：

A 怎样写好汉字　　B 与别人聊天儿的好处

C 怎样学好汉语　　D 学习语言很重要　　答案【C】

【推迟】 tuīchí 动 把预定时间向后改动。put off; postpone

扩展与搭配　时间~　假期~　演出~　~举行　~毕业　~两天　~了一个月

~到……

反义词　提前

<仿>听力·判断对错：

今天学校启用了冬季作息时间，**推迟**十分钟上课。

★ 现在上课时间比以前晚十分钟。（　　）　答案【√】

<仿>阅读·选词填空：

A 公里　B 通知　C 永远　D 坚持　E 情况　F **推迟**

★ 由于下大雨，运动会（　　）了三天才举行。　　答案【F】

【永远】 yǒngyuǎn 副 表示时间长久，没有终止。forever

扩展与搭配　~健康　~快乐　~幸福　~记得　~难忘　~不会忘记

<仿>听力·判断对错：

你**永远**都不可能靠别人的翅膀飞上天空，一切只能靠自己。

★ 我们很需要别人的帮助。（　　）　　答案【×】

<仿>阅读·请选出正确答案：

如果我们一直害怕自己无法完成一件事，就**永远**无法成功，而且我们的态度也会影响别人对我们的信任和支持。没有人愿意和一个不自信、过于保守的人交流合作。

★ 这段话主要谈：

A 谁能成功　　B 自信才能成功

C 怎样支持朋友　　D 什么是真朋友　　答案【B】

【原来】 yuánlái ① 形 起初的；没有经过改变的。original ② 副 表示发现真实情况。as a matter of fact; actually ③ 名 开始的时候；从前 the original

扩展与搭配　~的地址　~的名字　~的样子　~的工作　~打算……　~计划……

~如此　~是这样

比~好

<仿>听力·请选出正确答案：

男：妈妈，等我长大了，也要当个售票员！

女：那么，你**原来**想当售货员的事情怎么办呢？

问：关于男的，下列哪项正确？

A 以前想当售票员　　B 想法改变了

C 已经长大了　　D 能实现自己的愿望　　答案【B】

<仿>阅读·排列顺序：

A 可看过他写的这些文章以后

B 我以为我和他很熟悉了

C 忽然发现，**原来**我并不了解他　　答案【BAC】

辨析

本来、原来，见第 232 页【本来】。

【暂时】 zànshí 形 短时间的。temporary; for the time being

扩展与搭配　~的困难　~的失败　只是~的

<仿>阅读·请选出正确答案：

生活就像坐过山车，有高峰，也有低谷。这意味着，无论眼下是好是坏，都只是**暂时**的。

★ 这段话主要告诉我们：

A 要勇敢　　B 困难总会过去

C 要多经历　　D 应该有自信　　答案【B】

<仿>书写·完成句子：

不想　结婚　我　**暂时**　还

参考答案：我**暂时**还不想结婚。

【准时】 zhǔnshí 形 按规定的时间；不迟于也不早于规定的时间。punctual; on time

扩展与搭配　火车~　开会~　吃饭~　睡觉~　~上课　~起飞　~到达　~开始　~举行　很~

<仿>阅读·选词填空：

A **准时**　B 抽烟　C 温度　D 剩　E 肯定　F 直接

★ 你每天都到得那么（　　），从来没见你迟到过。　　答案【A】

<仿>阅读·请选出正确答案：

讲座将按计划在七点**准时**举行。现在还不到六点半，讲座现场就已经全部坐满，连旁边的通道也挤满了人。

★ 这段话谈到了什么？

A 讲座的时间　　B 讲座的内容

C 讲座的时长　　D 讲座的主讲人　　答案【A】

17 事理

【保证】 bǎozhèng ① 动 担保做到。assure; guarantee ② 名 使人放心能做到某事或符合某要求的事物。assurance; guarantee

扩展与搭配　～完成　～做到　～质量
　　　　　　时间～　质量～　有～

<仿>阅读·请选出正确答案：

刚刚接到通知，卫生局明天上午将在全市开展食品安全大检查活动，重点检查酒店、饭馆儿、小吃店和超市熟食区的卫生，以**保证**消费者的身体健康。

★ 这次大检查是为了保护哪类人？

A 顾客　　B 卫生员
C 服务员　　D 警察　　答案【A】

<仿>阅读·请选出正确答案：

我哥哥特别喜欢去商场购物，不是因为商场的环境好，而是因为商场里的东西可以**保证**质量，还可以退换，在商场买东西很放心。

★ 我哥哥为什么喜欢去商场购物？

A 商场环境好　　B 商品样式好
C 服务员态度好　　D 商品质量好　　答案【D】

【成为】 chéngwéi 动 变成。become; change into

扩展与搭配　～老师　～朋友　～经理　～作家　～律师　～演员　～医生

<仿>阅读·请选择正确答案：

我小的时候，妈妈总是生病，爸爸的身体也不好，所以我就想**成为**一名医生，能够给父母治病。当一名优秀的医生是我学习的动力，为了实现这个目标，我需要付出更多的努力。

★ 她的理想是什么？

A 当医生　　B 当好学生
C 当商人　　D 当老师　　答案【A】

<仿>书写 · 完成句子：

一名舞蹈家　就想　丽丽　从小　**成为**

参考答案：丽丽从小就想**成为**一名舞蹈家。

【出现】 chūxiàn 动 显露出来或产生出来。emerge; appear

扩展与搭配　~问题　~新情况　~之后　~过　未~　~在……方面

<仿>阅读 · 请选出正确答案：

开心网作为一个社会交际的网络**出现**在我们的网络生活中，通过它，网民可以与朋友、同学、同事、家人保持联系，及时了解他们的情况，与他们分享自己的生活和快乐。

★ 这段话在介绍什么？

A 电视　B 网站

C 商店　D 朋友　答案【B】

<仿>阅读 · 请选出正确答案：

在中国古代，茶本来是一种药，后来才发展成为饮料。开始时，人们把新鲜的茶叶做成汤喝，后来为了方便保存和运输，才**出现**了我们今天喝的这样的晒干了的茶叶。

★ 根据这段话，**出现**晒干了的茶叶是因为：

A 味道好　B 更好保存

C 原来是药　D 容易冲泡　答案【B】

【发生】 fāshēng 动 原来没有的情况出现了。happen; take place

扩展与搭配　~变化　~作用　~关系

<仿>阅读 · 请选出正确答案：

儿子，我今天回来的时候发现门没锁，这要是进来小偷怎么办啊？今天是我有事情回来得早，没有被人发现门没有锁。以后你可要注意，不能再**发生**这样的事情了！出门时一定要检查一下门关好了没有！

★ 根据这段话，我们可以知道发生了什么事？

A 小偷进来了　B 丢东西了

C 儿子没回家　D 门忘记锁了　答案【D】

<仿>书写 · 完成句子：

发生　勇敢　任何事情　都要　面对

参考答案：**发生**任何事情都要勇敢面对。

【发展】 fāzhǎn 动 事物从小到大、从低级到高级、从简单到复杂的变化。develop

扩展与搭配 全面～ 快速～ 进一步～ ～技术 ～很快 ～成…… ～过程 ～方向 新的～

<仿>阅读·请选出正确答案：

有些大学生毕业后选择留在大城市**发展**。可由于房价太高，他们大多数买不起房子，只好与同学或者朋友合租房子，有些人坚持不下去了，就回到了自己的家乡。

★ 这段话主要介绍有些大学生在大城市：

A 工作和生活　　B 学习

C 投资　　D 买房子　　答案【A】

<仿>书写·完成句子：

你的　**发展**　得　新公司　怎么样

参考答案：你的新公司**发展**得怎么样？

【符合】 fúhé 动（数量、形状、情节等）相合。accord with; conform to

扩展与搭配 ～要求 ～需要 ～条件 ～实际 ～事实 ～规定 不～

<仿>阅读·请选出正确答案：

随着互联网的不断发展，越来越多的人使用电脑打字，这样用手写字的能力就下降了。面对这种情况，今年中央电视台推出了一个特别的节目——《中国汉字听写大会》。这个节目的播出时间为每周五晚上八点，里面出现的汉字都是不容易分清楚、难读、难写和不经常使用的汉字。对于喜欢汉字的人来说，这个节目非常**符合**他们的需要。

★ 根据这段话，《中国汉字听写大会》：

A 每周五早上播出　　B 出现的汉字很简单

C 很适合喜欢汉字的人　　D 很不合适喜欢汉字的人　　答案【C】

<仿>书写·完成句子：

完全　老板的　他这么做　**符合**　要求

参考答案：他这么做完全**符合**老板的要求。

辨析

符合　适合　合适

三个词都可以表示相合，但“符合”和“适合”是动词，“合适”是形容词。“符合”的宾语主要是要求、希望、规定等，一般是名词性的，如“符合要求”“符合学校的规定”。“适合”的宾语主要是情况、环境或条件等，可以是名词性或动词性的，如“适合北京”“适合做老师”。

【改变】 gǎibiàn 动 现在的做法、观点等和原来的做法、观点等不一样，发生了变化。change; alter

扩展与搭配 ~想法 ~计划 ~路线 ~时间 ~不了 有~ 没（有）~ 做出~

<仿>听力·判断对错：

一个人虽然无法**改变**自己的过去，但只要他愿意努力，他就可以**改变**自己的将来。

★ 将来可以因自己而**改变**。（ ） 答案【√】

<仿>阅读·请选出正确答案：

我听说过一句话，很有道理。“如果你不能改变自己，你就**改变**世界；如果你不能**改变**世界，你就**改变**自己。”事实上，很多人都在一边**改变**自己，一边**改变**世界。

★ 实际上，人们：

A 先**改变**世界　　B 先**改变**自己

C 同时**改变**世界和自己　　D **改变**世界或者自己　　答案【C】

【共同】 gòngtóng ①形 属性词。属于大家的；彼此都有的。common; joint ②副 大家一起（做）。jointly; together

扩展与搭配 ~语言 ~之处 ~点 ~爱好
~努力 ~讨论 ~工作 ~生活

<仿>阅读·请选出正确答案：

猫性情温顺，聪明活泼，是人类最喜爱的动物之一。猫的种类有很多，它们的寿命一般为18—20年，青春期则在1—2岁之间。10岁的猫基本上就是老年了，这时就需要主人对它更加小心地照料。让猫咪们快乐地生活是我们所有爱猫人**共同**的心愿。

★ 哪些人希望猫咪生活得快乐？

A 青春期的人　　B 聪明的人

C 爱猫的人　　D 老年人　　答案【C】

<仿>书写·完成句子：

我们　**共同**努力　保护　需要　地球

参考答案：保护地球需要我们**共同**努力。

【故意】 gùyì 副 有意识地（那样做）。intentionally; on purpose

扩展与搭配 ~迟到 ~说谎 ~出错 不是~的

<仿>听力 · 请选出正确答案：

男：小美，我早上我在楼上叫你，你没听见？

女：真是不好意思，我不是**故意**的，早上我戴着耳机听音乐呢。

问：女的为什么没回应男的？

A 生气了　　B 没听到

C 太高兴了　　D 忙着上班　　答案【B】

<仿>阅读 · 请选出正确答案：

爸爸跟爷爷下象棋的时候，经常**故意**输给爷爷，所以爷爷总是觉得自己下棋的水平很高，而且常常在外人面前夸自己。爸爸很喜欢看到爷爷开心的样子。

★ 爸爸是个什么样的人？

A 内向　　B 孝顺

C 幽默　　D 浪漫　　答案【B】

【过程】 guòchéng 名 事情进行或事物发展所经过的程序。course; process

扩展与搭配　全部～　发展～　学习～　在……的～中　～和结果

<仿>阅读 · 排列顺序：

A 虽然我们希望每件事都很顺利

B 所以，学会应对困难和失败才是最重要的

C 但在工作的**过程**中总会遇到困难或失败　　答案【ACB】

<仿>阅读 · 请选出正确答案：

孩子在成长的**过程**中，需要多一些鼓励，少一些批评。记得有个学生刚转到我们班时，没有自信，成绩也很一般。后来老师经常表扬他，鼓励他，很快他就有了学习的热情和自信，成绩也迅速得到了提高。

★ 那个孩子后来怎么样了？

A 进步很大　　B 很开心

C 很伤心　　D 学习不好　　答案【A】

【合格】 hégé 形 符合标准。qualified; up to standard

扩展与搭配　～商品　～证（书）　质量～　产品～　不～

<仿>阅读 · 请选出正确答案：

李女士，您放心，只要是在我们商场里购买的空调，一年之内出现任何质量问题，我们都是免费修理的。这是产品**合格**证、说明书和保修卡，有什么问题可以随时跟我

们的工作人员联系。

★ 什么可以说明空调出厂质量没有问题？

A 会员卡　　B 说明书

C **合格**证　　D 保修卡　　答案【C】

<仿>阅读·排列顺序：

A 为了成为一名**合格**的毕业生

B 更要有适应工作和社会的能力

C 我们不仅要学好书本知识　　答案【ACB】

【合适】 héshì 形 符合实际情况或客观要求；正好。suitable; fit

扩展与搭配　大小～　长短～　不～　正～　～的条件　～的时间　很～　合不～

<仿>听力·判断对错：

小丽，你那件裙子有点儿短了，我又给你买了一件新的。吃过饭后，你试一下，看看大不大。

★ 小丽现在还不知道新裙子是不是**合适**。（　　）　　答案【√】

<仿>阅读·请选择正确答案：

大学毕业生应该认真选择第一份工作，因为这将对他们个人的工作态度和工作习惯产生很大的影响，也可能决定他们将来事业的发展。如果工作几年后，才发现这份工作不**合适**，再想去别的公司，可能就有些晚了。

★ 选择第一份工作：

A 很容易　　B 要认真考虑

C 不**合适**　　D 难度很大　　答案【B】

辨析

符合、合适、适合，见第245页【符合】。

【继续】 jìxù 动（活动）连下去；延长下去；不间断。continue; go on

扩展与搭配　～进行　～做　～工作　～学习　～留学　～上课　～睡觉　正在～　还在～

<仿>阅读·排列顺序：

A 希望大家明天能早点儿来

B 现在已经9点了，看来今天做不完了

C 按照今天的安排**继续**完成自己的工作　　答案【BAC】

<仿>阅读·请选择正确答案：

人们常说"坚持就是胜利"，意思是要想在一件事情上取得成功，就必须把这件事坚持做下去。比如说，考上大学之后，如果不**继续**努力学习，就不能成为有真才实学的人。

★ 这段话主要告诉我们，做事情要：

A 取得成功　　B 胜利

C 真实　　D 坚持下去　　答案【D】

<仿>书写·完成句子：

继续　小王愿意　你姐姐的　租　那套房

参考答案：小王愿意**继续**租你姐姐的那套房。

【坚持】 jiānchí 动 坚决保持、维护、继续；不改变。insist on; adhere to; persist in

扩展与搭配　~原则　~理想　~上课　~工作　~写作　~到底　~不了　~下去

<仿>阅读·排列顺序：

A 还能交到许多新朋友

B 这是提高汉语水平最好的方法

C **坚持**每天说汉语不但能提高口语能力　　答案【CAB】

<仿>阅读·请选出正确答案：

坚持梦想吧，因为梦想能够使人对未来充满希望。一个人在遇到困难时，如果能**坚持**自己的梦想，那么对他来说困难就只是暂时的。

★ 这段话主要告诉我们：

A **坚持**梦想很难　　B **坚持**梦想的原因

C 人总会遇到困难　　D 梦想只是暂时的　　答案【B】

【接着】 jiēzhe ① 副 表示与前面的动作紧紧相连。immediately follow; go on ② 动 连着 follow; carry on

扩展与搭配　~做　~看　~吃　~写　~学

一个~一个

<仿>阅读·请选出正确答案：

这次晚会很精彩，节目一个**接着**一个。你听，歌手们的歌声传遍整个校园；你看，姑娘们的舞姿赢得了观众们热烈的掌声；小品和相声也很有意思，演员们的表演把大家逗得哈哈大笑……

★ 根据这段话，这次晚会有多少个节目？

A 两个　　B 三个

C 四个　　D 很多　　答案【D】

<仿>阅读·排列顺序：

A 炒菜前要先将油倒进锅里烧热

B 等肉基本上熟了再放入青菜

C **接着**放入肉和酱油，并不停地翻炒　　答案【ACB】

<仿>阅读·请选出正确答案：

《捣练图》全图可分为四个部分，按照展开的次序，图中首先描绘了唐代妇女在捣练，**接着**是一个人整理线，然后是一个人在缝制衣服，最后三个人把做好的东西放平。图上的人物表情认真，穿着也很漂亮。虽说人物形体较小，但个个生动形象，特别有趣。

★ 根据这段话，整理线是第几步？

A 第一步　　B 第二步

C 第三步　　D 第四步　　答案【B】

【结果】 jiéguǒ ①名 在一定阶段，事物发展所达到的最后状态。result; outcome of development ②连 用在下半句，表示在某种条件或情况下产生了某种结局。(used in the latter clause) the outcome is that...; as a result

扩展与搭配　有~　好~　面试~　调查~　分析~　~很好　等~　……，~……

<仿>听力·判断对错：

我昨天去了一家公司面试。经理问了我许多问题，对我的工作经历也很感兴趣，最后他们告诉我想让我两天后就去上班。这真是件开心的事情！没想到这次找工作这么顺利。

★ 他在等面试**结果**。（　　）　　答案【×】

<仿>阅读·排列顺序：

A 这让他紧张的心情完全放松下来

B 检查**结果**出来了

C 他的病已经全好了　　答案【BCA】

<仿>阅读·请选出正确答案：

很多父母都认为自己的孩子是天才，所以用天才的标准要求他们。如果所有父母

都这样，**结果**只能是除了天才仍然是天才之外，其他所有孩子都可能被逼疯了。

★ 这段话是要告诉我们，父母对孩子：

A 要求要高　　B 要求不高

C 要求不能太高　　D 要求不能太低　　答案【C】

【目的】 mùdì 名 想要达到的地点或境地；想要得到的结果。purpose; aim

扩展与搭配　有～　达到～　～明确　～地　真正～

<仿>阅读·排列顺序：

A 重要的是从竞赛中得到锻炼

B 成功或失败并不重要

C 这才是我参赛的真正**目的**　　答案【BAC】

<仿>阅读·请选出正确答案：

有些作者是为了追求经济利益而写书，但是读者买他们的书，是为了从书中获得有益的东西。希望他们写书的时候，最好认真地考虑一下自己为什么写作，思考生活中一些真正有价值的东西，然后把这些分享给读者。

★ 说话人不希望作者为了什么**目的**写书？

A 挣钱　　B 读者

C 好玩儿　　D 兴趣　　答案【A】

★ 说话人希望作者写书的时候要好好儿考虑什么？

A 写作**目的**　　B 自己

C 读者　　D 自己的兴趣　　答案【A】

【普遍】 pǔbiàn 形 存在的面很广泛；具有共同性的。universal; common

扩展与搭配　～现象　～问题　～存在　～得很　很～

<仿>阅读·请选出正确答案：

社会竞争越来越激烈，绝大多数大学生毕业时都面临“找工作难”的问题，这给他们带来了很大的压力。所以，大学生们在刚上大四的时候就开始做准备，到各个公司去实习，迎接挑战。

★“找工作难”的现象：

A 很**普遍**　　B 很少见

C 不**普遍**　　D 不多见　　答案【A】

<仿>阅读·请选出正确答案：

随着科学技术，特别是互联网技术的发展，人们**普遍**喜欢发微博或朋友圈。这样既可以记下自己做的事情，又可以与朋友一起分享自己的生活。另外，在网上记录自己的生活还可以节约用纸，这也就保护了环境。

★ 关于在网上记录生活，下列哪项正确？

A 很使人开心　　B 可以发展技术

C 很常见　　D 需要交费　　答案【C】

【适合】 shìhé 动 符合（实际情况或客观要求）。fit; suit

扩展与搭配　~儿童　~男士　~运动　很~　不~

<仿>听力·判断对错：

我觉得这件外套特别**适合**我，去旅游的时候穿肯定特别美，而且价格也很便宜，我现在就买了吧。

★ 说话人对这件外套很满意。（　　）　　答案【√】

<仿>阅读·请选出正确答案：

北方的秋天是一年四季中最美的季节。天气晴朗，天空很蓝，偶尔飘过几朵白云，空气很新鲜。而且不冷不热，很凉快，是最**适合**外出旅行的季节。人们正好可以在旅途中锻炼身体、放松心情。

★ 关于北方的秋天，下列哪项正确？

A **适合**在家　　B **适合**睡觉

C **适合**吃饭　　D **适合**出门　　答案【D】

辨析

符合、合适、适合，见第245页【符合】。

【适应】 shìyìng 动 适合（客观条件或需要）。adapt to; adjust to (the objective conditions or needs)

扩展与搭配　~环境　~气候　~饮食　~条件　~不了　不~　很~

<仿>听力·判断对错：

我从小一直都生活在南方的一个小城市，那儿的气候一点儿也不冷。现在来到北方工作，才发现北方的冬天非常冷，不过时间长了，我发现自己已经慢慢**适应**了。

★ 他还不习惯北方的冬天。（　　）　　答案【×】

<仿>阅读·请选出正确答案：

如果你想快速**适应**新的环境，首先就要与身边的人友好相处。遇到人要打招呼，看到别人有麻烦就去帮忙，多和别人聊天儿，特别是聊他们感兴趣的事，这些都可以让你身边的人更快地接受你。

★ 下列哪项能帮助我们**适应**新环境？

A 要对别人感兴趣　　　　　B 常常搬家

C 多与别人聊天儿　　　　　D 做自己　　　　　答案【C】

【顺便】 shùnbiàn 副 趁做某事的方便（做另一事）。(do something) in addition to what is doing, without much extra effort

扩展与搭配　~买……　~看……　~去……

<仿>听力 · 判断对错：

今天天气不好，外面特别冷。我们现在去吃饭，等吃完饭就**顺便**去图书馆看书吧，你不是也要借书吗？我们正好路过那儿。

★ 他们出去主要是为了去图书馆。（　　）　　　答案【×】

<仿>阅读 · 选词填空：

A 性格　B **顺便**　C 人们　D 道歉　E 差不多　F 生活

★ A：弟弟，你路过操场的时候，记得（　　）把自行车骑回来。

B：你不提醒我，我都要把这件事忘了。　　　答案【B】

【条件】 tiáojiàn 名（a）影响事物存在、发生或发展的因素。condition; requirement（b）情况。situation

扩展与搭配　自然~　必要~　有利~　历史~　创造~　~好　改变~

<仿>阅读 · 排列顺序：

A 别人并不一定会感谢你

B 所以要学会拒绝不合理的**条件**或要求

C 任何**条件**都能接受的人　　　答案【CAB】

<仿>阅读 · 请选出正确答案：

互联网在人们的生活中起到了越来越重要的作用。现在人们在选择餐厅、咖啡厅或者健身房时，除了看环境、服务等**条件**以外，还要看看里面有没有免费的网络。有免费网络，会成为这家店受欢迎的原因之一。

★ 人们在消费时考虑的**条件**不包括下列哪项？

A 免费网络　　　　　B 环境

C 服务　　　　　D 装修　　　　　答案【D】

【相反】 xiāngfǎn ①形 两个事物或事物的两个方面互相矛盾、互相排斥。opposite; contrary ②连 用在下文句首或句中，表示转折或递进。*used at the beginning or in the middle of the following sentence*

扩展与搭配　意见～　想法～　完全～　～方向　与……～　～，……

反义词　相同

<仿>阅读·请选出正确答案：

城市和农村各有各的好处。城市的人口多，工作机会也比农村多，但工作压力比较大，环境也不太好；**相反**，农村的生活环境比较好，污染少，可以自己种蔬菜，生活也比较轻松。

★ 说话人觉得农村：

A 压力大　　B 收入少

C 人很多　　D 生活压力小　　答案【D】

<仿>阅读·请选出正确答案：

一般情况下，飞机起飞时的方向是和风的方向**相反**的，这样飞机就可以获得更多向上的力量，而且也更能保证安全。

★ 如果现在是西风，飞机起飞的方向应该是：

A 东　　B 南

C 西　　D 北　　答案【C】

<仿>书写·完成句子：

我们俩的　完全　做法　**相反**

参考答案：我们俩的做法完全**相反**。

【相同】 xiāngtóng 形 彼此一样，没有区别。same; identical

扩展与搭配　基本～　～条件　～爱好　～之处　～点

反义词　相反

<仿>听力·判断对错：

这次去云南旅行虽然花了很长时间，但在路上我见到了许多美丽的风景，还交了几个有**相同**爱好的朋友，我们在一起玩儿得很开心。

★ 他和几位新朋友的爱好一样。（　）　　答案【√】

<仿>阅读·请选出正确答案：

每个人的饮食习惯各不**相同**，各有各的喜好。有的人喜欢吃甜的，有的人喜欢吃酸的，有的人喜欢吃咸的，有的人喜欢吃辣的，还有人喜欢吃苦的。

★ 根据这段话，人与人的饮食习惯：

A 一样　　B 一致

C 不同　　D 矛盾　　答案【C】

【详细】 xiángxì 形 完整而且能注意每一个微小的情况的。detailed; thorough

扩展与搭配　~情况　~介绍　~解释　~说明　很~　不~　~点儿

<仿>听力·判断对错：

由于时间的原因，这份调查报告的内容我就不一一给大家做介绍了。我已经给每个人复印了一份，如果大家感兴趣，会议结束后再慢慢研究吧。

★ 他把调查报告的内容介绍得很**详细**。(　　)　　答案【×】

<仿>阅读·请选出正确答案：

我出生以来就没看见过几场雪。有一次，我听一个朋友**详细**地介绍过北方的雪，我特别羡慕！如果我能生活在北方，每年都能看见好几场雪，肯定特别美！

★ 通过这段话，可以知道"我"：

A 是北方人　　B 不喜欢南方

C 想看雪　　D 不想去北方　　答案【C】

【效果】 xiàoguǒ 名 某种力量、做法或因素产生的结果（多指好的）。effect; result (usually good) arising from certain strengths, approaches, or factors

扩展与搭配　有~　没（有）~　取得~　~明显　~好　~一般　锻炼~　减肥~

<仿>阅读·请选出正确答案：

自行车作为一种交通工具，被大家广泛使用。最近几年，除了做交通工具外，很多人还用它来锻炼身体。因为它的锻炼**效果**很好，而且不受时间限制。

★ 用自行车锻炼身体：

A 不方便　　B 特别有趣

C 很有**效果**　　D 不受天气影响　　答案【C】

<仿>书写·完成句子：

效果　这种药　特别好　治头疼的

参考答案：这种药治头疼的**效果**特别好。

辨析

效果　作用

"效果"是名词，但"作用"既是名词也是动词，如"作用于社会"。"效果"一般是好的结果，不能说"这个效果让人很不满意"。"作用"既可以是好的结果，也可以是不好的，如"他起了带头作用""这种药有副作用"。

【严重】 yánzhòng 形 程度深；影响大（多指消极的）。serious; grave

扩展与搭配 问题～ 病情～ 很～ ～的后果 ～污染 ～破坏

<仿>阅读 · 请选出正确答案：

塑料袋虽然给我们的日常生活带来方便，普遍受到大家的欢迎，但是也给环境带来**严重**的污染。如果是有风的天气，许多垃圾袋会随风飘起来，影响交通，而埋在土里的垃圾袋很难被吸收，会污染土地。

★ 这段话告诉我们要：

A 保护身体　　B 保护塑料袋

C 保护土地　　D 少用塑料袋　　答案【D】

<仿>阅读 · 请选出正确答案：

吃饭没有规律的人，一般容易感觉累，时间长了也会营养不良或贫血，**严重**时还会得病，所以每天按时吃饭是十分重要的。这样我们的身体才会越来越健康，精神也会越来越好。

★ 如果希望身体健康，吃饭就要：

A 少吃　　B 有营养

C 有规律　　D 不得病　　答案【C】

【引起】 yǐnqǐ 动 一种事情、现象、活动使另一种事情、现象、活动出现或变化。cause; give rise to

扩展与搭配 ～关注 ～麻烦 ～误会 ～兴趣 由……～

<仿>听力 · 判断对错：

有些人很喜欢和别人开玩笑，觉得这很幽默，也很有趣。但实际上并不是每个人都喜欢开玩笑，有时候一些玩笑甚至会**引起**误会。

★所有人都喜欢开玩笑。(　　)　　答案【×】

<仿>阅读 · 请选出正确答案：

许多年轻女孩为了减肥不吃早餐，只吃一点儿水果和蔬菜。营养学家认为，长期不吃早餐会使身体缺乏营养，还容易**引起**很多疾病。

★ 长期不吃早餐可能会怎么样？

A 生病　　B 身体健康

C 感觉有精神　　D 预防疾病　　答案【A】

<仿>书写 · 完成句子：

这篇文章　注意　**引起**　没有　大家的

参考答案：这篇文章没有**引起**大家的注意。

【原因】 yuányīn 名 使某件事发生或某种结果产生的条件。cause; reason

扩展与搭配　有～　个人～　其他～　天气～　主要～　多方面～　～不明
由于……的～　产生的～

<仿>阅读 · 排列顺序：

A 而且一年四季都像春天一样

B 这个城市房价低，生活压力小

C 这些**原因**让我觉得自己很适合住在这里　答案【BAC】

<仿>阅读 · 请选出正确答案：

现在有很多年轻人不找工作，只是吃父母的，穿父母的。有人认为这种情况是社会的责任，有人认为是父母的失败，但我认为主要**原因**还是在于年轻人总觉得父母会一直保护他们。

★ 说话人认为这种情况是谁的**原因**？

A 社会　B 父母

C 单位　D 年轻人自己　答案【D】

【正常】 zhèngcháng 形 符合一般规律或情况。normal; regular

扩展与搭配　～现象　～情况　～进行　～学习　很～　不～　～工作　～使用

<仿>阅读 · 请选出正确答案：

很多人羡慕我们这些给领导开车的人。其实这个工作很累，除了**正常**的工作时间，有时候，即使是休息日，领导叫你，你也得马上就到。另外，车子一定要保持干净，因为领导的车代表着领导的形象。

★ 给领导开车的人要经常：

A 加班　B 休息

C 修车　D 洗澡　答案【A】

<仿>书写 · 完成句子：

手机　**正常**　了　终于　可以　使用

参考答案：手机终于可以**正常**使用了。

【重点】 zhòngdiǎn ①名 同类事物中最重要或主要的部分。emphasis; focal point ②副 有重点地。emphatically; intensively

扩展与搭配 工作～ 学习～ 有～ 抓住～
～计划 ～发展 ～培养

<仿>阅读·排列顺序：

A 可以帮助学生加深对知识的理解
B 也能够更加清楚地明确**重点**和难点
C 在课后多次复习上课学过的内容 答案【CAB】

<仿>阅读·请选出正确答案：

有些人说起话来，好像所有相关内容都说了，但是让人听了半天，也弄不清他到底想表达什么，这样还不如只挑重要的说呢。

★ 根据这段话，有些人说话：

A 只讲**重点** B 没有内容
C 时间很长 D 没有**重点** 答案【D】

【专门】 zhuānmén ①形 属性词。专做某一种工作或只为某种要求服务的。special ②副 表示动作行为只限于某个范围。specially

扩展与搭配 ～人才
～研究 ～讨论 ～学习

<仿>听力·判断对错：

张阿姨，这件事多亏了您帮忙，否则我可能什么都找不到，以后我会**专门**来看您的。

★ 他以后如果来开会就来看望张阿姨。（ ） 答案【×】

<仿>阅读·请选出正确答案：

一年前的今天，我和我爱人在朋友的生日晚会上认识了。当时她**专门**走过来问我："请问，我能知道你的电话号码吗？"我问她为什么，她说："因为你不像坏人啊。"我觉得她很有意思，就把电话号码给了她。

★ 根据这段话，说话人的爱人是个什么样的人？

A 礼貌 B 美丽
C 幽默 D 马虎 答案【C】

【仔细】 zǐxì 形（a）细心。attentive; careful（b）小心。cautious

扩展与搭配 ～想 很～ 不～ ～极了 ～看看 ～点儿

<仿>阅读·排列顺序：

A 你这个题还是没有做对，我再给你讲一遍

B 然后自己再做一遍

C 你要**仔细**看看，自己错在哪里了　　答案【ACB】

<仿>阅读·请选出正确答案：

与别人签合同之前，一定要认真地一条一条地看一遍合同的内容，包括时间、地点、具体规定和双方的责任等。否则，如果由于自己粗心而造成物质、经济等方面的损失，是很不值得的。

★ 签合同的时候，对合同内容要：

A 大概看看　　B **仔细**看看

C 随便看看　　D 多看几遍　　答案【B】

【作用】 zuòyòng 名（a）对他人或别的事物产生的影响。impact; effect（b）对他人或别的事物产生影响的活动。function

扩展与搭配　积极～　消极～　关键～　起～　没～　～很大　～明显　消化～

<仿>阅读·排列顺序：

A 而且还可能在关键的时候起到关键**作用**

B 养成好习惯能够使你更受欢迎

C 甚至改变你的一生　　答案【BAC】

<仿>阅读·请选出正确答案：

年糕是一种用糯米蒸成的传统食物。在春节，中国许多地方都有吃年糕的习俗。年糕不但味道香甜可口，而且营养丰富，不过吃多了不容易消化。

★ 根据这段话，可以知道年糕：

A 不好吃　　B 有保健的**作用**

C 没有营养　　D 吃多了会不舒服　　答案【D】

辨析

效果、作用，见第 255 页【效果】。

18 数量

【百分之】 bǎifēnzhī %，用来表达数。percent

扩展与搭配　~五　~七十　~百　~几

<仿>听力·判断对错：

我刚才查看了一下，电脑教室里一共有五十台电脑，好多台电脑有问题，已经超过**百分之**三十了。所以，我们要赶快找人来修理一下，否则会影响我们上课的。

★ 电脑全部坏了。(　　)　　答案【×】

<仿>阅读·请选出正确答案：

上午部门会议，统计了每个分公司的任务完成情况。到10月底，我们完成了80万的工作任务，但是还没有达到公司的要求，只完成了计划的**百分之**八十，今年年底必须赶快完成任务。

★ 年初计划完成多少任务？

A 60万　　B 80万

C 100万　　D 120万　　答案【C】

【倍】 bèi 量 跟原数相等的数，某数的几倍就是用几乘某数。times; -fold

扩展与搭配　两~　几~　多少~　~数　增加……~

<仿>听力·判断对错：

父亲教训儿子说："老师跟我说，你上课总是爱说话，这个毛病你要改了。"儿子不高兴地说："我为什么要改？上课时老师说的话比我多几**倍**呢！"

★ 儿子认为老师说的话比自己说的多得多。(　　)　　答案【√】

<仿>阅读·请选出正确答案：

我们公司以前的那台复印机已经用了五六年了，不但复印效果特别不好，而且还总是出问题。现在换了新的，复印速度比以前快了两**倍**，不仅节约了大家的时间，还提高了工作效率，公司的员工们都很开心。

★ 公司现在用的复印机比以前的：

A 速度更慢　　B 速度快一点儿

C 更旧　　D 速度快很多　　答案【D】

★ 公司的员工对新的复印机是什么态度？

A 很着急　　B 很激动

C 很难过　　D 很高兴　　答案【D】

<仿>书写 · 完成句子：

收入　比去年　我今年的　增加了**一倍**

参考答案：我今年的收入比去年增加了**一倍**。

【遍】 biàn ①动 普遍；全面。all over; everywhere ②量 一个动作从开始到结束的整个过程。(for an action) a time; once through

扩展与搭配　看～　听～　找～　走～　尝～

写一～　读一～　唱一～　好几～

<仿>阅读 · 请选出正确答案：

李红是一位作家，10年里，他去了许多国家，看**遍**了各地的美景。回来后，他用两年的时间整理了发生在旅途中的有趣的事情，于是就有了现在这本游记。里面的故事特别感人，读过的人都说非常好看。

★ 关于李红，可以知道什么？

A 会弹钢琴　　B 喜欢美食

C 喜欢旅游　　D 在国外留学　　答案【C】

<仿>书写 · 完成句子：

请　看　把这篇文章　**一遍**　从头到尾

参考答案：请把这篇文章从头到尾看**一遍**。

【部分】 bùfen 名 整体中的局部或一些个体。part

扩展与搭配　一～　大/小～　～成员　～责任　～地区　～国家

反义词　全部

注意："部分"的量词是"个"，如"学校分为教学区和生活区两个部分"。但是"部分"在抽象名词前时，只能说"部分……"或"一部分……"，不能说"两部分……""三部分……"，如"部分责任/一部分原因"。

<仿>阅读·请选出正确答案：

大熊猫是中国的国宝，只要一见到它，你就会发现它特别可爱。大熊猫的头大而圆，身体肥胖，尾巴很短，眼睛周围及四肢都是黑色，其余**部分**为白色。

★ 大熊猫的肚子是什么颜色的？

A 黑色　　B 白色

C 红色　　D 棕色　　答案【B】

<仿>阅读·请选出正确答案：

成功和失败都只是人生的**一部分**，没有人会永远成功，也没有人会一直失败。人生的关键就是，只要你相信自己，努力了，不管是成功还是失败，都一样精彩。

★ 根据这段话，可以知道人生：

A 一定要成功　　B 不必失败

C 可以失败　　D 没有失败　　答案【C】

【差不多】 chàbuduō ① 形 相差很少；相近。almost the same; similar ② 副 表示接近；几乎。most; nearly all

扩展与搭配　成绩～　想法～　跟……～　～都来了

<仿>阅读·请选出正确答案：

有些人做事很喜欢说“**差不多**”。如果每天的学习都是完成得**差不多**，每天的工作也是**差不多**，每天的生活也是**差不多**，慢慢积累下来，就会变成什么都差很多了。所以我们做事情的时候要认真，不能只是**差不多**。

★ 这段话主要批评什么样的人？

A 爱笑的人　　B 快乐的人

C 不认真的人　　D 不友好的人　　答案【C】

<仿>书写·完成句子：

跟　小时候　**差不多**　我　妹妹的样子

参考答案：我小时候跟妹妹的样子**差不多**。

【场】 chǎng ① 量 用于有场次或场地的文娱或体育活动。*used as a measure word for entertainment or sports activities* ② 名 表演或比赛的地方。venue; a place for performance or contest

扩展与搭配　一～演出　一～球赛　一～运动会　这～比赛

出～　会～　球～　赛～

<仿>听力·请选出正确答案：

男：妈妈，我去打羽毛球了。

女：等一下，先把你的房间整理一下再出去。

男：已经整理好了。我走了。

女：带手机了吗？早点儿回来。

问：男的最可能去哪儿？

A 公园　　B 体育**场**

C 饭馆儿　　D 办公室　　答案【B】

<仿>书写·完成句子：

这　球赛　精彩　**场**　非常

参考答案：这**场**球赛非常精彩。

【超过】 chāoguò 动（a）由某物的后面赶到了它的前面。overtake; surpass（b）高出……之上。be above; exceed

扩展与搭配　～对方　不能～　没～　～……小时

<仿>听力·判断对错：

我刚才看了一下，全班同学都通过了，**超过**三分之二的同学这次考试都在 90 分以上，我们得好好儿庆祝一下。

★ 这次考试大部分同学的成绩都非常好。（　）　　答案【√】

<仿>阅读·请选出正确答案：

从还在上学的小孩子到老年人，现在几乎都有手机。据调查，有手机的人十之八九都会用它发送微信。因为发微信简单，方便，还省钱，所以，现在它的使用已经大大**超过**了传统的写信和打电话。

★ 根据这段话，人们更喜欢用什么方式联系？

A 写信　　B 发微信

C 打电话　　D 发邮件　　答案【B】

【份】 fèn 量（a）用于整体中的部分。*a measure word for the parts divided from the entirety*（b）用于工作、礼物、报纸或吃的东西等。*a measure word for jobs, gifts, newspapers, portions of food, etc.*

扩展与搭配　几～　这～　那～　一～工作　一～礼物　一～报纸

<仿>听力·判断对错：

由于会议时间有限，表格我就不让大家在会上填写了，给大家一人发一**份**回家再填。如果有什么问题，可以随时问我。

★ 每个人都可以拿两个表格回家。（　　）　　　　答案【×】

<仿>阅读·选词填空：

A **份**　B 老师　C 温度　D 确实　E 油　F 顺利

★ A：那（　　）调查报告今天下午交，你完成了没有？

B：已经完成了，您放心，我一定按时交。　　　　答案【A】

<仿>阅读·请选出正确答案：

过去，只要能使用电脑或者会一点儿外语，就能找到**一份**好工作。而现在不同了，外语和电脑已经成为现代人必备的技能了。正因为这样，我们在上学的时候一定要好好儿学习这些技能，为以后能找到**一份**好工作做好准备。

★ 根据这段话，想找到好工作：

A 会外语就行　　B 会电脑就行

C 会打字就行　　D 必须会外语和电脑　　　　答案【D】

【各】 gè 代 指示代词。表示不止一个（指某一范围里的所有个体）。each; every

扩展与搭配　~位　~班　~人　~种　~处　~地　~国　~方面

<仿>听力·请选出正确答案：

女：我刚做好的简历你看了没？

男：嗯，**各**方面都介绍了，就是还需要一张照片。

女：照片我早就准备好了，就是不知道哪张好，你帮我选一下。

男：这一张就很好。

问：男的认为简历写得怎么样？

A 很乱　　B 太短

C 很详细　　D 不符合实际　　　　答案【C】

<仿>阅读·请选出正确答案：

我们班的班长在**各**个方面都非常优秀。他乐于助人，学习努力，每次考试他都是前三名，这次的数学比赛他还得了金奖。作为他的同学，我们都为他感到骄傲。

★ 这段话主要想告诉我们，班长：

A 每个方面都很优秀　　B 成绩很好

C 愿意帮助人　　D 比赛获得了第三名　　　　答案【A】

辨析

各　全部　任何　所有　完全　一切

这几个词都可以表示"都"，但词性和用法不完全相同。"各"是代词，指每一个，重点在个体，在句中只能做定语，且定语和中心语之间不能加"的"，如"各方面"。"全部"是名词，指每个个体或部分加在一起，一个都不少，与"部分"相对，如"全部同意""全部时间"。"任何"是代词，且在句中只做定语，定语和中心语之间不能加"的"，后面常常和"都""也"等一起使用，如"任何困难都/也不怕"。"所有"是形容词，指每一个，重点在整体，在句中做定语，且定语和中心语之间可以带"的"，如"所有（的）问题"。"完全"可以做形容词，指数量上不缺少，可以做定语，也常常做谓语，如"他的答案不完全""他的材料很完全"。"完全"也可以做副词，指"全部"，常常做状语，如"完全同意""完全没想到"。"一切"是代词，指每一类，可以做定语，定语和中心语之间不能加"的"，而且可以做主语或宾语等，如"一切（都不是）问题""他知道一切"。

【公里】 gōnglǐ 量 千米。kilometre (km)

扩展与搭配　几～　每小时……～　～数

<仿>阅读·请选出正确答案：

珠江是中国第三长河，全长 2214 **公里**，原指广州到东江口的一段水道，因为流经著名的海珠岛而得名，后来逐渐成为西江、东江、北江以及珠江三角洲上各条河流的总称。流经中国六个省区，最后注入南海。

★ 根据这段话，珠江：

A 很窄　　B 从北往南流

C 全长 2000 多里　　D 流经 7 个省　　答案【C】

<仿>书写·完成句子：

大约　他家　离学校　1.5 **公里**

参考答案：他家离学校大约 1.5 **公里**。

【够】 gòu ① 动 数量上可以满足需要，或达到某一标准、程度。be enough; suffice ② 副 表示程度很高。quite; rather

扩展与搭配　不～　～不～　～用　～吃　～水平

～满意　～漂亮　～认真

<仿>听力·请选出正确答案：

女：一共四十三块六。您用现金支付还是用微信支付？

男：我身上的钱不**够**，还是用微信吧。

问：根据对话，男的想做什么？

A 去超市　　B 向女的借钱

C 用现金支付　　D 用微信付钱　　答案【D】

<仿>阅读·排列顺序：

A 只是没想到会发生这样的事情

B 小王他平时做事已经**够**认真了

C 所以，你就别这么批评他了　　答案【BAC】

【减少】 jiǎnshǎo 动 减去一部分。decrease; reduce

扩展与搭配　～烦恼　～痛苦　～疼痛　～浪费　收入～

反义词　增加

<仿>阅读·请选出正确答案：

现在的人们生活节奏快，生活压力大，身体不健康，精神状态也不好，所以要适当地做一些运动。运动可以使身体得到锻炼，也能够减轻人们的心理压力，因此，专家建议人们每天都适当地进行一些运动，如慢跑、打羽毛球、游泳等。

★ 根据这段话，运动可以：

A **减少**疼痛　　B **减少**压力

C 认识朋友　　D 赚钱　　答案【B】

<仿>书写·完成句子：

比去年　今年的　**减少**了　一半儿　收入

参考答案：今年的收入比去年**减少**了一半儿。

【降低】 jiàngdī 动（使）下降。reduce; cut down; lower

扩展与搭配　～标准　～要求　～条件　～水平　温度～　生活质量～

反义词　提高

<仿>阅读·请选出正确答案：

快乐来得快，走得也快，我们要学会**降低**快乐的标准，掌握每个人生阶段的快乐，并紧紧抓住它。只有自己快乐了，身边的人才会更加愿意与你友好相处。

★ 根据这段话，怎样能够抓住快乐？

A 多运动　　B 提高标准

C 放低要求　　D 与朋友友好相处　　答案【C】

<仿>阅读 · 请选出正确答案：

森林有消声的作用。噪声对人的影响很大，特别是城市里面，而城市里的公园或树林可以有效地减少噪声。森林还有调节气候的作用。在高温的夏季，森林内的温度会比周围低3到5℃；而在寒冷多风的冬季，森林能起到**降低**风速、提高气温的作用。

★ 夏季，森林可以：

A **降低**气温　　B 增加雨量

C 改变风向　　D **降低**风速　　答案【A】

【节】 jié ①[量]用于分段的事物或文章。section ②[名]节日。festival; holiday

扩展与搭配　几~课　两~电池

过~　春~　端午~　教师~　国庆~　~假日

<仿>听力 · 判断对错：

端午**节**是中国的传统节日，中国人一般会在家里包粽子吃来过节。

★ 端午**节**时大多数中国人会吃粽子。(　　)　　答案【√】

<仿>阅读 · 请选出正确答案：

在中国，国庆**节**的时候放七天假，人们一般选择和家人、朋友出去旅游，放松放松，所以国内热门景点的游客会特别多。不少出来玩儿的人们不禁后悔，觉得不如在家里待着舒服。

★ 根据这段话，国庆**节**：

A 放三天假　　B 不放假

C 人们会待在家里　　D 热门景点有很多人　　答案【D】

【棵】 kē [量]多用于植物。*a measure word for plants*

扩展与搭配　一~树　一~草　一~白菜

<仿>阅读 · 选词填空：

A **棵**　B 老师　C 温度　D 确实　E 个　F 顺利

★ A：快来看，这（　　）树竟然长出叶子了，之前它都快死了。

B：对啊，我还以为它已经被你扔了呢。　　答案【A】

<仿>阅读 · 请选出正确答案：

我小时候奶奶家院子里有一**棵**石榴树，几乎有两层楼那么高，树叶又多又厚。夏天我们就在树下玩儿游戏，一家人一起聊天儿，一起吃东西，非常凉快。等石榴成熟了，我们就到树上把石榴摘下来，那时候特别开心。

★ 根据这段话，可以知道这**棵**树：

A 很矮　　B 在院子里

C 是苹果树　　D 叶子掉光了　　答案【B】

<仿>书写·完成句子：

大树　　这家公司　　有　　门口　　**一棵**

参考答案：这家公司门口有**一棵**大树。

【俩】 liǎ（数量词）两个。多用于口语。two (mostly used in spoken Chinese)

扩展与搭配　咱～　他们～　兄弟～　哥～　姐～　～苹果　～人

<仿>听力·选择正确答案：

女：这道题这么简单，你怎么还能做错呢？赶快改过来。

男：哎呀，是我太马虎，看错题了，下次我一定认真做。

问：他们**俩**最有可能是什么关系？

A 医生和病人　　B 妻子和丈夫

C 老师和学生　　D 服务员和客人　　答案【C】

<仿>听力·选择正确答案：

女：明天是情人节，你和你女朋友有什么安排呀？

男：我和她约好一起去吃饭、看电影。你们**俩**呢？

女：还不知道，我男朋友说要给我一个惊喜。

男：还挺浪漫呢！

问：根据对话，我们可以知道女的怎么了？

A 不过情人节　　B 跟朋友过情人节

C 跟男朋友过情人节　　D 不知道情人节　　答案【C】

<仿>书写·完成句子：

我们**俩**的　　完全　　衣服　　一样

参考答案：我们**俩**的衣服完全一样。

【秒】 miǎo 量 用于时间，60秒等于一分钟。second (=$\frac{1}{60}$minute)

扩展与搭配　几～（钟）　一分一～　每分每～

<仿>阅读·请选出正确答案：

幼儿园时，认为上小学好。小学时，认为上中学好。中学时，认为上大学好。上了大学，又认为上班好。等上班了，又觉得还是上学好。自己老了，才发现年轻好。

所以，珍惜你现在的每分每**秒**吧，别等到老了后悔。

★ 这段话告诉我们应该珍惜什么？

A 时间　　B 学历

C 金钱　　D 工作　　答案【A】

<仿>阅读·请选出正确答案：

很晚了，6 岁的女儿还在玩儿游戏。我对她说："再玩儿 5 分钟就去洗脸睡觉。"她不高兴地说："5 分钟太短了。"于是我说："那就 300 **秒**，够长了吧？"女儿听后开心地说："够了够了，妈妈真好。"

★ 女儿为什么后来又高兴了？

A 饭做好了　　B 有新游戏了

C 受到表扬了　　D 以为时间增加了　　答案【D】

【篇】 piān 量 用于文章、书页（一篇是两页）等。sheet; leaf; piece (usually in two pages, for papers, articles, or book leaves, etc.)

扩展与搭配　几~　这~　那~　整~

<仿>听力·判断对错：

这位作者我了解，她原来是做生意的，后来根据自己的经历，写了这**篇**小说，没想到受到很多读者的欢迎。

★ 这个作者根据自己的经历写了很多小说。(　　)　　答案【×】

<仿>书写·完成句子：

这**篇**论文　写得　你的　太好了

参考答案：你的这**篇**论文写得太好了。

【全部】 quánbù 名 每个个体或部分加在一起。all; whole; complete

扩展与搭配　~精力　~时间　~内容

反义词　部分

<仿>阅读·请选出正确答案：

小明是一个学习很努力的孩子，他平时就对自己的学习要求很严格，尤其是期末考试前几星期，他每天都会把以前考过的**全部**错题再做几遍，希望在期末考试中做到最好。

★ 考试前，他每天会做哪些错题？

A 背过的　　B 学过的

C 看过的　　D 所有的　　答案【D】

＜仿＞阅读 · 排列顺序：

A 有关部门统计了这个城市的用水情况

B 这真不是一个小数目

C 学校用水占**全部**城市用水的 13%　　答案【ACB】

辨析　各、全部、任何、所有、完全、一切，见第 264 页【各】。

【缺少】 quēshǎo 动 缺乏（多指人或物数量不够）。be short of; lack

扩展与搭配　～淡水　～教师　～知识　～经验　～信心　不可～

＜仿＞听力 · 判断对错：

读书是我生活中不可**缺少**的一部分。无论是烦恼的时候，还是开心的时候，我都会安静下来看会儿书。读书就像和老朋友见面，生活中的问题我都会在书中得到答案。

★ 看书是他生活的一部分。（　　）　　答案【√】

＜仿＞阅读 · 请选出正确答案：

水是我们生活中不可**缺少**的东西。可是你知道吗？水的好坏对身体有很大影响。受到了污染的水，对我们的身体有害，所以我们要喝没有受到污染的水。

★ 水在我们的生活中怎么样？

A 特别重要　　B 不重要

C 很多　　D 很少　　答案【A】

【任何】 rènhé 代 指示代词。不论什么。any; whatever; whichever

扩展与搭配　～人　～事情　～原因　～问题　～条件

＜仿＞听力 · 判断对错：

任何事情都有第一次。当我们面对第一次的时候，不要害怕，不要紧张，每个人都一样，只要走出第一步，以后就容易得多了。

★ 无论做什么事情，开始的时候都应该勇敢。（　　）　　答案【√】

＜仿＞阅读 · 排列顺序：

A“三人行，必有我师”是指别人身上必定有值得学习的地方

B 我们在面对**任何**人时

C 都不要忘记了这句古话　　答案【ABC】

辨析
各、全部、任何、所有、完全、一切，见第264页【各】。

【剩】 shèng [动] 没有用完。remain; be left

扩展与搭配 ~饭 ~菜 ~下 吃~ ~余

<仿>听力·判断对错：

我给妹妹买了条黑色的裙子，可是妹妹不喜欢，觉得颜色太深了。我去商店想换一件别的颜色的，可售货员说这种裙子只**剩**下黑色的了。

★ 这种裙子没有黑色的了。（ ） 答案【×】

<仿>阅读·请选出正确答案：

我喜欢冬天的雪，是因为它把这个世界打扮得漂漂亮亮的。我可以在安静的雪的世界里享受冬天的美丽。可今年冬天雪却很少，只**剩**下并不清新的空气和灰色的天空，让我感到很难过。

★ 今年冬天我看到的最多的是什么？

A 灰色的天空　　B 大雪

C 美丽的姑娘　　D 白色的世界　　答案【A】

<仿>阅读·排列顺序：

A 我晚上加班，晚一点儿才能回去

B 你要是饿了就自己先热了吃

C 桌子上有中午**剩**下的饺子　　答案【ACB】

【数量】 shùliàng [名] 事物数目的多少。quantity

扩展与搭配 一定~ 追求~ 达到~ ~多/少 ~不足 ~有限

<仿>阅读·选词填空：

A **数量**　B 态度　C 名字　D 坚持　E 全部　F 引力

★ 衣服并不是越多越好，购买衣服，不要只看重（ ），更要关心质量。

答案【A】

<仿>阅读·请选出正确答案：

北京年糕是北方年糕的代表。北京年糕一般在小吃店出售，通常在过年过节的时候卖得较多，平时也有卖的，但**数量**比较少。

★ 什么时候年糕卖得比较多？

A 春节　　　　B 月末

C 周末　　　　D 平时　　　　答案【A】

<仿>阅读·排列顺序：

A 大熊猫是中国的国宝

B 但它的**数量**却不是很多

C 受到了很多人的喜爱　　　　答案【ACB】

【数字】 shùzì 名 表示数目的符号或文字，如，1、15、三、拾等。numeral; figure; symbols that denote numbers

扩展与搭配　阿拉伯～　猜～

<仿>听力·判断对错：

很多中国人认为**数字**“八”代表发财，所以他们喜欢在带有“八”的日子开门营业，希望自己的电话号码里有“八”。

★ 很多中国人喜欢“八”这个**数字**。(　　)　　　　答案【√】

<仿>阅读·排列顺序：

A 只是人们的心理作用

B 所谓的能带来成功或好运气

C 吉利的**数字**并不能改变什么　　　　答案【CBA】

【所有】 suǒyǒu 形 属性词。一切的；全部的。all

扩展与搭配　～机会　～学生　～办法　～的……

<仿>阅读·排列顺序：

A 在我认识的**所有**老师中

B 但他也是我最尊敬的一位老师

C 教数学的张老师是最严格的　　　　答案【ACB】

<仿>阅读·请选出正确答案：

现在越来越多的人喜欢在网上购物，因为在网上买东西省时又方便，吃的、喝的、玩的、穿的，什么东西都可以在网上买。我认为除了男朋友以外，几乎**所有**东西都能在网上买到。

★ 我认为网上卖的东西：

A 很贵　　　　B 很少

C 很全　　　　D 很节约　　　　答案【C】

辨析

各、全部、任何、所有、完全、一切，见第 264 页【各】。

【台】 tái ① 量 (a) 用于机器、仪器等。*a measure word for machines, instruments, etc.* (b) 用于表演。*measure word for performances* ② 名 公共场所高出地面便于讲话或表演的设备（常用砖砌或木料建成）。platform; stage

扩展与搭配 一~电脑　一~电视　一~演出
讲~　舞~　上~

<仿>听力·请选出正确答案：

女：咱们家应该换**台**电视了吧？我觉得海尔公司新出的那种不错。

男：随你便。这种小事儿，都听你的！

问：女的想买什么？

A 台灯　　B 电视机

C 洗衣机　　D 冰箱　　答案【B】

<仿>阅读·请选出正确答案：

看到"小天鹅"在舞**台**上优美地跳着，这位教了十几年芭蕾舞的老师特别开心，因为他以后不用担心没有人会跳这种天鹅舞了。

★ 天鹅舞是在哪里表演的？

A 舞**台**上　　B 电视里

C 老师家　　D 教室里　　答案【A】

<仿>书写·完成句子：

这**台**　非常　受　晚会的节目　欢迎

参考答案：这**台**晚会的节目非常受欢迎。

【趟】 tàng 量 用于往返、来回的次数。*a measure word for a round trip*

扩展与搭配 几~　来一~　去一~　走一~　跑一~　一~火车　一~飞机　一~航班

<仿>阅读·选词填空：

A 数量　B 态度　C 名字　D 坚持　E **趟**　F 引力

★ A：你下午有时间吗？我想去一（　　）眼镜店换副好看一点儿的眼镜。

B：你现在的眼镜就很好看啊。　　答案【E】

<仿>阅读·请选出正确答案：

这次出差，我原打算办完事后，顺便回**趟**家乡看看亲戚，可公司来电话告诉我今天晚上必须回去，所以我的计划就得变了。我现在需要看看回去的机票，希望还有票。如果没有的话，我就只能开车回去了。

★ 我原来的计划是：

A 退票　　B 晚上回去

C 去旅游　　D 回家乡　　答案【D】

【完全】 wánquán ①副 全部。totally; entirely ②形 不缺少什么。complete; whole

扩展与搭配　~相同　~不同　~相信　~信任　~明白　完完全全　不~统计

<仿>听力·判断对错：

我今天新买了一个照相机，我很喜欢它，但是这个照相机的说明书是英文的，我不太懂。我知道你的英文很好，你能不能帮我翻译一下？主要是这一段。

★ 我**完全**看不懂说明书。（　　）　　答案【×】

<仿>阅读·请选出正确答案：

很多时候，人们喜欢根据过去做事的经验来判断现在的事情。但有时候不能**完全**相信过去的经验，应该根据现在的情况来选择合适的方法，这样的判断才会更加正确。

★ 根据这段话，过去的经验：

A 无法被证明　　B 值得重视

C 更准确　　D 不一定适合现在　　答案【D】

辨析

各、全部、任何、所有、完全、一切，见第 264 页【各】。

【无】 wú 动 没有。not have

扩展与搭配　~条件　有口~心　可有可~　~关

反义词　有

<仿>阅读·排列顺序：

A 很可能什么事情都做不好

B 因此我们做事要有自己的想法

C 对任何事情都**无**自己见解的人　　答案【CAB】

<仿>阅读·请选出正确答案:

世界各地拥有**无**数海洋城市。在那里，你可以欣赏美丽的景色，可以到海边去游泳，也可以到海底去感受另一个世界的美景。喜欢海的人们，可以在那里好好儿享受一下。

★ 根据这句话，在全世界，海洋城市:

A 很多　　　　B 要买门票

C 很少　　　　D 看不见鱼　　　　答案【A】

【许多】 xǔduō 数 很多。many; much

扩展与搭配　~山　~人　~东西　~年　~次　许许多多

<仿>阅读·选词填空:

A 员工　B 想　C 温度　D **许多**　E 地方　F 说

★ A: 听说这次演唱会要邀请(　　)著名演员，是真的吗?

B: 是真的，而且都是你喜欢的明星，所以一定不要错过啊!　　　　答案【D】

<仿>阅读·请选出正确答案:

以前这个地方是一个大市场，虽然很热闹，但是环境比较差。前几年政府决定进行城市改造，将这儿变成了一个公园。现在这里到处是鲜花和绿草。每到周末，**许多**人就会和家人、朋友一起来这里散步、游玩。

★ 周末这个地方会怎么样?

A 人很多　　　　B 没有人

C 很吵　　　　D 很脏　　　　答案【A】

<仿>书写·完成句子:

共同的爱好　我俩　**许多**　有

参考答案：我俩有**许多**共同的爱好。

【页】 yè 量 用于书或报纸的一面。page; leaf

扩展与搭配　~数　三~　第几~　~码

<仿>阅读·请选出正确答案:

笑笑是个特别认真的孩子，平时老师讲课，她会特别认真地记笔记。最近快期末考试了，她正在**一页一页**地复习自己的笔记。有的同学记的笔记不好，会向她借笔记看。她也很热情，别人不懂的地方，她都会仔细地讲解。

★ 根据这段话，笑笑:

A 不认真　　　　B 很认真

C 不热情　　D 课后不复习　　答案【B】

<仿>书写·完成句子：

认真　阅读　**一页页**　地　他正在

参考答案：他正在**一页页**地认真阅读。

【一切】yíqiè 代 指示代词。全部的事物。everything

扩展与搭配　~机会　~办法　这~　他的~

<仿>听力·请选出正确答案：

女：怎么样？你的手机修好了没？

男：昨天就修好了，现在**一切**都正常。

问：那个手机怎么样了？

A 正在修　　B 弄丢了

C 送人了　　D 没问题了　　答案【D】

<仿>阅读·请选出正确答案：

网上流行的一句话，大家都听说过，那就是“态度决定**一切**”。我有一个好朋友，她不聪明，也不漂亮，但还是有很多人愿意帮助她。她说这是因为她不管做什么事，都很认真。因此，一个受欢迎的人不一定是聪明、漂亮的人，但一定是态度积极的人。

★ 关于说话人的朋友，下列哪项正确？

A 很聪明　　B 很漂亮

C 很认真　　D 愿意帮助别人　　答案【C】

★ 这段话主要谈什么？

A 态度积极的人　　B 优秀的人

C 聪明的人　　D 耐心的人　　答案【A】

辨析

各、全部、任何、所有、完全、一切，见第 264 页【各】。

【增加】zēngjiā 动 在原有的基础上加多。increase; raise

扩展与搭配　~烦恼　~痛苦　~收入　~幸福感　收入~

反义词　减少

<仿>听力·判断对错：

很多人工作压力大，经常加班到很晚。这样一年又一年，得心脏病的风险就**增加**了。

★ 经常加班到很晚比较容易得心脏病。（　　）　　答案【√】

<仿>阅读 · 请选出正确答案：

糖葫芦是中国北方冬天常见的一种小吃。以前的糖葫芦主要是用山楂做成的，酸酸甜甜的，很好吃。现在，人们**增加**了它的种类，苹果、葡萄、橘子、草莓等都可以用来做糖葫芦，而且味道甜美，营养丰富。小孩们见了总是特别喜欢，都会要求爸爸妈妈给他们买一串。

★ 糖葫芦的种类比以前：

A 增多了　　B 减少了

C 没有变化　　D 不知道　　答案【A】

【正好】 zhènghǎo ①形 正合适（时间、位置不前不后，体积不大不小，数量不多不少，程度不高不低等）。just in time; just in place; just enough; just right ②副 恰好；刚巧。happen to; as it happens

扩展与搭配　大小～　长短～　时间～

～遇见　～赶上

<仿>阅读 · 请选出正确答案：

今天天气很好，我跟张东约好去运动场打球。我出门的时候，本来想打电话问问张东出发了没有，没想到，在门口**正好**遇见他。

★ 根据这段话，张东：

A 比我先到　　B 跟我一起去

C 比我后到　　D 迟到了　　答案【B】

<仿>阅读 · 请选出正确答案：

当我不开心的时候，喜欢一个人坐在房间里听音乐，看书或者上网看一些有意思的电影。而我朋友**正好**相反，她喜欢跟一大群人在一起，大家一起唱歌，聊天儿，吃饭。

★ 他朋友不开心的时候会怎么样？

A 跟大家在一起　　B 自己一个人

C 看电影　　D 听音乐　　答案【A】

【左右】 zuǒyòu ①名 用在数量词的后面，表示概数。about; around ②动 支配；操纵。control; manipulate

扩展与搭配　两斤～　二百人～　三点～　一星期～　一年～

被～　～别人　～得了

<仿>听力 · 判断对错：

我在网上给你买了几件衣服，估计六天***左右***就能到。你收到了可以试一试，看看合适不合适，然后记得给我打个电话说一声。

★ 他的衣服有可能五天就到。（　　）　　答案【√】

<仿>阅读 · 请选出正确答案：

宇宙中的水星非常轻，体积也很小，和地球比起来，它只能算是个“小个子”。它上面的环境很糟糕，太阳照到的地方，温度高达420℃以上，照不到的地方，温度会低至零下170℃***左右***。打雷、闪电是我们地球上常见的自然现象，可是在水星上却没有。

★ 关于水星，可以知道：

A 很年轻　　B 环境好

C 气温变化大　　D 体积不大不小　　答案【C】

<仿>书写 · 完成句子：

不应该　　让别人　　想法　　***左右***　　你的

参考答案：不应该让别人***左右***你的想法。

【座】zuò 量 用于高大或固定的物体，如山、楼、桥等。*a measure word for lofty or fixed objects such as mountains, buildings, bridges, etc.*

扩展与搭配　一～山　一～楼　一～桥　～建筑

<仿>阅读 · 选词填空：

A 员工　　B 想　　C 温度　　D ***座***　　E 地方　　F 说

★ 这（　　）桥全长约五公里，像一道美丽的彩虹，连接着天和地。

答案【D】

<仿>阅读 · 请选出正确答案：

山东省有一***座***山，叫泰山，非常有名。每到春天，山上的空气很好，景色特别漂亮。这个季节会有很多人专门从外地赶去爬泰山呢。

★ 根据这段话，泰山：

A 冬天很冷　　B 秋天最美

C 有很多树　　D 春天游客多　　答案【D】

<仿>书写 · 完成句子：

那***座***　　500年　　古老的建筑　　历史　　有　　了

参考答案：那***座***古老的建筑有500年历史了。

19 性状

【安全】 ānquán 形 没有危险；平安。safe

扩展与搭配　~意识　~常识　非常~　不~　人身~　保证~　注意~

反义词　危险

<仿>听力·判断对错：

妈妈，下午我不能去奶奶家了。刚才公司来电话，说有急事，我现在得去公司一趟，您自己去奶奶家吧，路上注意**安全**！

★ 我提醒妈妈路上小心。(　　)　　答案【√】

<仿>阅读·请选出正确答案：

现在，马路加宽了，交通便利了，可是几个孩子一起走着去上学的情况却越来越少。孩子是每个家庭的希望，我们也越来越重视孩子的成长，同时也更加担心他们的**安全**，所以每天都要接送他们。

★ 说话人可能是谁？

A 家长　　B 朋友

C 老师　　D 同学　　答案【A】

★ 根据这段话，可以知道孩子们：

A 成长了　　B 越来越少

C 不**安全**　　D 不自己回家　　答案【D】

<仿>阅读·排列顺序：

A 请大家按照“先下后上”的顺序上下车

B 为了各位旅客的**安全**

C 并注意脚下，不要拥挤　　答案【BAC】

【棒】 bàng 形（情况、成绩、身体、质量等）很好。多用于口语。good; fine; excellent (mostly used in spoken Chinese)

扩展与搭配　真~　非常~　~极了　太~了

<仿>听力·判断对错：

这个音乐剧讲的是一个美女和一个野兽的故事，听说非常**棒**，咱们明天晚上去看看吧。准备好一些纸巾，我觉得你会感动得流泪的！

★ 这个音乐剧让观众很失望。（　　）　　答案【×】

<仿>阅读·请选出正确答案：

现在，每个家庭的孩子都比较少，家长们都非常重视对孩子的教育，特别是在学习上的要求越来越高。很多孩子在上小学的时候，就戴上了近视眼镜。我认为不应该让孩子们的学习压力太大，他们的健康更加重要。

★ 我希望孩子们：

A 学习好　　B 工作忙

C 身体**棒**　　D 压力大　　答案【C】

【标准】 biāozhǔn ① 名 衡量事物的准则。standard; criterion; norm ② 形 本身合于准则，可供同类事物比较核对的。standard

扩展与搭配　有~　符合~　放宽~　一条~　一项~

很~　不~　~音　~的普通话

<仿>听力·请选出正确答案：

女：听说你在自己开店，怎么样？

男：我本来以为很简单，做起来才发现很辛苦，有的时候很麻烦。

女：慢慢来，不要对自己要求太高，我相信会好起来的。

男：是，我也是这样想的。

问：女的认为对自己应该怎么样？

A 放低**标准**　　B 要求比较高

C 没有信心　　D 不怕麻烦　　答案【A】

<仿>阅读·请选出正确答案：

许多人都认为好学生的**标准**是学习好，另一些人认为是能力强。然而，在我眼中，好学生不一定是成绩最好或者最听话的，也不一定是能力最强的，但他一定要有健康的心态，懂得关心别人、理解别人。

★ 我认为好学生的**标准**是：

A 学习好　　B 穿得好

C 心态好　　D 能力强　　答案【C】

<仿>书写·完成句子：

英语　说得　姐姐的　不太**标准**

参考答案：姐姐的英语说得不太**标准**。

【低】 dī ①形（a）从下向上离得很近；离地面近。low（b）在一般标准或平均程度之下。inferior; below average ②动 向下垂。hang down; droop

扩展与搭配 很~ 不~ 工资~ 水平~ 温度~
~点儿 ~头

反义词 高

<仿>阅读·请选出正确答案：

根据19日的天气预报，未来三天全国大部分地区天气晴好，降雨量较少。西北地区和东北部分地区有小到中雪，南方有小雨或阵雨。今后10天，中东部的大部分地区气温将逐步回升，东北地区最**低**气温在零下15到25度左右，华北等地气温将比去年同期高1到3度。

★ 这个时期应该是：

A 春季　　B 夏季
C 秋季　　D 冬季　　答案【D】

<仿>阅读·请选出正确答案：

很多人都喜欢户外活动，最受欢迎的户外活动之一就是爬山。在假期的时候，常常可以看到一家人一起去爬山。专业的爬山者往往喜欢比较高的山。爬山的时候，爬得越高，越会觉得冷。这是因为地面高度每上升1000米，气温就降低6.5度。山越高，山上的气温就越**低**，所以许多高山上常年都有冰雪。夏天的时候，一些人会选择到很高的山上去乘凉，也是这个原因。

★ 当地面高度上升2000米时，气温会：

A 下降6.5度　　B 下降13度
C 下降13.5度　　D 上升6.5度　　答案【B】

★ 根据这段话，可以知道：

A 爬山很危险　　B 山顶温度最**低**
C 山上都是冰雪　　D 人们喜欢夏天　　答案【B】

【丰富】 fēngfù ①形（物质、学识、经验等）种类多或数量大。rich; abundant ②动 使……丰富。enrich

扩展与搭配 内容~ 经验~ 知识~ 经历~ 很~ 越来越~ ~多彩
~生活 ~知识

<仿>阅读·请选出正确答案：

如今，越来越多的城里人希望利用休息日到农村去看看，尝尝农家饭，看看田园景色，去农家院摘水果。他们希望回到自然、绿色的世界，回到轻松愉快的生活状态中。这既**丰富**了城市居民的生活，又推动了农村旅游业的发展。

★ 现在城里人喜欢做什么？

A 休息　　B 去海边玩儿

C 到农村玩儿　　D 吃水果　　答案【C】

＜仿＞阅读 · 请选出正确答案：

A 你不但知识**丰富**，而且能力强

B 上班以后，你的工作也会开展得更顺利

C 所以，就业机会就比一般人多得多　　答案【ACB】

【复杂】 fùzá 形（事物的种类、头绪等）多而杂。complicated; complex

扩展与搭配　思想～　情况～　地形～　问题～　很～

反义词　简单

＜仿＞阅读 · 排列顺序：

A 却不是一件容易的事

B 但要把**复杂**的事情变得简单

C 把简单的事情变得**复杂**不太难　　答案【CBA】

＜仿＞阅读 · 请选出正确答案：

有了笔记本电脑以后，文件可以存在里面。如果需要什么资料，查找起来一点儿也不**复杂**，这大大减少了人们出行的麻烦。

★ 因为有了笔记本电脑，现在出行：

A 很麻烦　　B 很**复杂**

C 很方便　　D 要带资料　　答案【C】

【关键】 guānjiàn 名 比喻事物最关紧要的部分；对事情起决定作用的因素。key; hinge

扩展与搭配　～原因　问题的～　～在于……

＜仿＞阅读 · 请选出正确答案：

一个人是否能够获得成功，主要是看他对人生的态度。成功的人始终用积极的思考、乐观的精神和宝贵的经验去指导自己的人生。失败者却正好相反，他们总是受过去的影响，不能积极地面对未来。

★ 获得成功的**关键**是：

A 心情　　B 态度

C 经验　　D 失败　　答案【B】

< 仿 > 阅读 · 排列顺序：

A 青年人必须有适应社会的能力

B 最**关键**的是必须有努力向上的生活态度

C 有丰富的专业知识和良好的人际关系　　答案【ACB】

【厚】 hòu 形（a）扁平物上下面之间的距离大。thick（b）（感情）深。deep; profound

扩展与搭配　薄～　很～　～衣服　～毛巾　深情～谊

反义词　薄

< 仿 > 听力 · 请选出正确答案：

男：来北方这么久了，你还没适应这里的天气？

女：没办法，我以前就比较怕冷。

男：那你要注意保暖，出门时要穿**厚**一点儿，最近太冷了！

女：好的，我真希望天气能够暖和起来！

问：男的告诉女的要注意什么？

A 多穿点儿　　B 少穿点儿

C 每天要出门　　D 不要出门　　答案【A】

< 仿 > 阅读 · 请选出正确答案：

以前没有笔记本电脑，台式电脑又不方便携带。特别是要去外地开会的时候，我们每次都得带很多打印的文件，又**厚**又重，很不方便。

★ 以前去外地开会需要带的文件：

A 很重要　　B 很多

C 很方便　　D 不用打印　　答案【B】

< 仿 > 书写 · 完成句子：

这件　实在是　羽绒服　了　**厚**　太

参考答案：这件羽绒服实在是太**厚**了。

【空】 ① kōng 形（a）什么也没有。empty（b）语言、文章没有内容。(of language, essays, etc.) empty; devoid of content ② kòng 动 腾出来；使……空。leave empty or blank; make space (for) ③（～儿）kòng 名 没有被占用的时间或地方。多用于口语。free time; empty place (mostly used in spoken Chinese)

扩展与搭配　～手　～箱子　～教室　很～　～话　～想

～出房间

有～

<仿>听力·判断对错：

小王，我明年要出国留学，你坐我的座位吧，我一会儿就收拾，把这个座位**空**出来。

★ 他一会儿就把自己的东西都拿走。（　　）　　答案【√】

<仿>听力·请选出正确答案：

女：你最近忙吗？哪天有**空**？

男：怎么了？有什么事情吗？

女：我家的空调坏了，制冷效果不好，我想去商场看看，买台新的。

男：那明天吧，我和你一起去。

问：男的哪天有时间？

A 今天　　B 月底

C 明天　　D 后天　　答案【C】

<仿>阅读·排列顺序：

A 这本书的内容很**空**，没什么价值

B 再说你这么忙，还是别抽时间看了吧

C 我下午就把它还给图书馆　　答案【ABC】

<仿>阅读·请选出正确答案：

豆浆，是中国的传统饮品。大豆用水泡涨后磨碎、过滤、煮沸后就成了豆浆。许多人喜欢早上喝豆浆。新鲜的豆浆作为日常健康饮品，有较高的营养价值，对身体很有好处，但一定要注意不要**空**着肚子喝豆浆。

★ 需要注意的是，喝豆浆之前应该：

A 先喝酒　　B 先炒菜

C 先做饭　　D 先吃东西　　答案【D】

<仿>书写·完成句子：

是　　这个　　**空**的　　天蓝色的瓶子

参考答案：这个天蓝色的瓶子是**空**的。

【困难】 kùnnan ①名 工作或生活中遇到的难办的事情或难处理的情况。difficulty ②形（a）情况复杂，阻碍多。difficult（b）穷困，日子不好过。(of life) hard; tough

扩展与搭配　有～　生活～　遇到～　解决～　克服～

很～　～极了　～时期

<仿>听力 · 判断对错：

聪明的人不怕失败，不管遇到多大的难题，他们都敢于面对，即使失败了他们也会学到很多东西。

★ 聪明的人不怕**困难**。（　　）　　答案【√】

<仿>阅读 · 请选出正确答案：

生活中，要真正了解一个人是极其复杂的，比如，观察他说话的方式、记住他的小动作、看他说话时的眼神等等。但是，即使用了很多办法，花了很长的时间，也不可能完全了解一个人。

★ 根据这段话，了解一个人：

A 很简单　　B 不复杂

C 很**困难**　　D 很重要　　答案【C】

<仿>阅读 · 排列顺序：

A 可是在帮助学生方面特别大方

B 王老师虽然工资不高

C 他经常资助家庭**困难**的同学　　答案【BAC】

<仿>书写 · 完成句子：

困难　任何　我　克服　都能够

参考答案：我任何**困难**都能够克服。

【厉害】 lìhai 形（a）难以对付或忍受；剧烈；凶猛。difficult to deal with or endure; violent; ferocious（b）非常严格，让人害怕的。serious; frighteningly strict（c）能力强。capable; awesome

扩展与搭配　很~　不~　太~了　病得~

<仿>听力 · 请选出正确答案：

男：小丽，快来看啊！进球了！

女：谁进的？

男：三号王强，接到球后，他用脑袋一顶，就进了！太精彩了！

女：我早就知道他很**厉害**。

问：三号王强踢球水平怎么样？

A 很高　　B 一般

C 很差　　D 很低　　答案【A】

<仿>书写 · 完成句子：

越来越　她　**厉害**了　病得　　参考答案：她病得越来越**厉害**了。

<仿>阅读·排列顺序：

A 男朋友坐的火车马上就要到站了

B 她的心跳得特别**厉害**

C 李丽和男朋友已经半年没有见面了　　答案【CAB】

【麻烦】 máfan ①名复杂难办的事。②动 使人费事或增加负担。bother ③形 烦琐；费事。troublesome

扩展与搭配　添~

~别人

非常~　不~　~事

<仿>听力·请选出正确答案：

女：听说你决定不买车了，是真的吗？

男：是呀，买了车还得洗车、保养什么的，事情太多了。再说，我家离公司也不远。

问：男的为什么不买车了？

A 没有钱　　B 不会开车

C 没有车位　　D 养车**麻烦**　　答案【D】

<仿>阅读·请选出正确答案：

业务员出差一般都坐火车，不过很多业务员都喜欢在火车站买票，而不喜欢在网上订票。他们觉得在网上得自己查找坐哪趟火车更合适，需要的东西也不少，如身份证、银行卡、还要输入用户名和密码等。但实际上，网上预订既可以避免买不到票，还可以省去排队的时间，此外，也不用再为了买票而早早出发了。

★ 根据这段话，业务员觉得在网上买票：

A 很方便　　B 很**麻烦**

C 去车站　　D 省时间　　答案【B】

★ 说话人觉得在网上提前预订火车票怎么样？

A 很方便　　B 很**麻烦**

C 去车站　　D 不方便　　答案【A】

【满】 mǎn ①形（a）能装或能放的最大量。full（b）全；整个。whole ②动（a）到一定的时间。expire; reach the limit（b）满意，达到要求。be satisfied

扩展与搭配　非常~　太~了　坐~　~分　~身

~两个月　不~

<仿>听力·判断对错：

小王来我们公司**满**五年了，已经是老员工了。有什么问题你可以随时向他请教。

★ 小王在公司工作快五年了。(　　) 答案【×】

<仿>听力·请选出正确答案：

男：小李家的房子怎么样啊？

女：非常不错。阳光好，面积也大，客厅布置得特漂亮，就是书房有点儿小。

问：女的对小李家哪个房间不**满**？

A 书房　　B 客厅

C 房子　　D 厨房　　答案【A】

<仿>阅读·选词填空：

A 员工　　B 座　　C 温度　　D **满**　　E 地方　　F 说

★ 花园里花种得太(　　)了，不利于它们的生长，还是移走一些吧。

答案【D】

<仿>阅读·请选出正确答案：

俗话说"**满**桶水不响"，意思是真正有能力的人，一般不爱表现出来。相反，没有能力的人常常说个不停。或者说，做得多的人说得比较少，而做得少的人常常说得比较多。

★ 这段话认为，说得少做得多的人像：

A 整桶水　　B 半桶水

C 两桶水　　D 一点儿水　　答案【A】

【轻】 qīng 形 (a) 不重。light (b) (年龄、工作等) 数量少。(of age, workload, etc.) small; little (c) (伤势等) 不严重。(the condition of an injury) not serious (d) 用力不猛。gently; softly; lightly

扩展与搭配　很~　~重　~活儿　年纪~　~伤　~手~脚

反义词　重

<仿>听力·判断对错：

谢谢您，不用您帮忙，这个箱子非常**轻**，我一个人就能搬回宿舍了。

★ 这个箱子不重。(　　) 答案【√】

<仿>听力·请选出正确答案：

男：这张合影已经好多年了吧？

女：是啊，那时我刚出生。

男：这个是你妈妈吧？真漂亮！

女：唉，时间过得真快，三十年过去了，我觉得自己都老了！

男：你年纪**轻轻**的，可别这么说！

问：男的觉得女的怎么样？

A 年龄不小　　B 年龄很大

C 年龄一样　　D 年龄很小　　答案【D】

<仿>阅读 · 请选出正确答案：

妈妈不希望张华找她爱得很深的人做丈夫。因为妈妈觉得，如果女儿爱对方胜过爱她自己，就可能受很多苦，说不定还会被伤得不**轻**。

★ 妈妈担心女儿：

A 会伤得很重　　B 爱上别人

C 太爱她自己　　D 不会受伤　　答案【A】

【深】 shēn ①形（a）上下或里外的距离大。deep（b）感情或关系非常好。close; intimate（c）深刻 deep; profound（d）（颜色）浓 (of colour) dark; deep ②副 很；非常。very; deeply

扩展与搭配　很～　感情～　误会～　印象～　不知～浅　加～理解　颜色～　～知　～表同情

反义词　浅

<仿>听力 · 请选出正确答案：

男：你在网上买的衣服送来了，快打开看看满意吗？

女：终于到了，我第一眼看见这件衣服的时候就特别喜欢。

男：快打开看看吧！

女：颜色怎么这么**深**？和网上的图片不一样！

问：女的现在是什么心情？

A 很开心　　B 很激动

C 很高兴　　D 很失望　　答案【D】

<仿>书写 · 完成句子：

他们俩　一直　的　感情　很**深**

参考答案：他们俩的感情一直很**深**。

<仿>阅读 · 排列顺序：

A 给我留下了很**深**的印象

B 面试的时候表现得非常出色

C 那个穿绿色衣服的大学生　　答案【CBA】

【随便】 suíbiàn 形（a）不限制；没有明确的目的。random; with no limitation on scope or amount（b）（言行）不多考虑。careless; willful

扩展与搭配　～说　～看　～放　～吃　～拿　～买　～用　很～　不～　随随便便

<仿>听力·判断对错：

和熟悉的人在一起的时候，人们会很自然地开玩笑。但是如果面对一个不熟悉的人时，人们就不会这样**随便**了。

★ 人们一般和不熟悉的人**随便**开玩笑。（　　）　　答案【×】

<仿>阅读·排列顺序：

A 我**随便**什么时候给他打电话

B 他都非常热情

C 我和张明是多年的老朋友了　　答案【CAB】

<仿>阅读·请选出正确答案：

爱开玩笑的人一般会受到人们的欢迎，但实际上并不是每个人都喜欢开玩笑，有的人甚至会因此而生气。这一点应该引起我们的注意，不能太**随便了**。

★ 这段话告诉我们：

A 不能**随便**开玩笑　　B 人们讨厌开玩笑的人

C 每个人都喜欢开玩笑　　D 要注意开玩笑的人　　答案【A】

【特点】 tèdiǎn 名 人或事物与别的人或事物不同的地方。characteristic; feature

扩展与搭配　有～　共同～　～明显

<仿>阅读·请选出正确答案：

我非常喜欢这本杂志，因为它内容丰富，很有时代**特点**。最重要的是，里面有很多文学作品，对我提高汉语水平有很大帮助。

★ 根据这段话可以知道，这本杂志：

A 很重要　　B 是汉语杂志

C 是免费的　　D 很时尚　　答案【B】

<仿>阅读·请选出正确答案：

去咖啡馆除了喝咖啡、吃甜品、上网、聊天儿，还能做什么？现在，有一种猫咪咖啡馆开始流行了。听名字就知道这种咖啡店的**特点**了，店里养了很多可爱的小猫，它们很会陪人，顾客们可以一边喝咖啡，一边跟它们做游戏。这不仅能够吸引来放松心情的大人，还特别吸引那些跟着大人来的孩子们。

★ 在这种咖啡馆，可以做什么？

A 喝茶　　B 和猫咪玩儿游戏

C 看电影　　D 听音乐　　答案【B】

★ 小猫有什么**特点**？

A 很漂亮　　B 很流行

C 很爱吃东西　　D 会陪人　　答案【D】

【危险】 wēixiǎn 形 有受到损失或失败的可能。dangerous; perilous

扩展与搭配　~物品　~期　~动作　~关系　太~　有~　不~　遇到~

反义词　安全

<仿>听力·选出正确的答案：

女：红灯、红灯，快停车！多**危险**啊！

男：不好意思，刚才我没注意。

问：对话可能发生在哪儿？

A 家里　　B 商店里

C 路上　　D 教室里　　答案【C】

<仿>书写·看图，用词造句：

危险　　参考答案：这样太**危险**了，快下来！

【响】 xiǎng ①动 发出声音。make a sound ②形 声音大。noisy; loud ③名 声音。sound

扩展与搭配　~起来　钟~了

~亮　很~　太~了

~声

<仿>听力·请选出正确答案：

男：小王，你家狗的叫声太**响**了，不到六点我就被它吵醒了。

女：哎呀，今天我有事，早上就出门了。因为没有人管它，它才叫的，真对不起！

问：女的为什么要表示抱歉？

A 狗叫声太大　　B 狗叫声太小

C 狗叫得太久　　D 自己出门太早　　答案【A】

<仿>阅读·请选出正确答案：

我一想到今天要跟朋友们一起骑车去长城，就特别兴奋。昨天晚上很早就上床了，可就是睡不着，早上一听到闹钟的**响**声，我马上起来拿起背包就往集合地点跑，到了那里才6点，离出发还有一个小时呢。朋友们一个都没来，想一想我也太心急了，不过真的希望能早点儿看到那里的美景。

★ 闹钟是什么时候**响**的？

A 6点前　　　　B 6点后

C 6点多　　　　D 6点整　　　　答案【A】

【行】 xíng ①动 可以。be OK; be all right ②形 能做一般人不能做的事。capable

扩展与搭配　不～　～了

真～

<仿>听力·请选出正确答案：

女：你怎么又擦车？昨天不是刚擦过吗？

男：不擦不**行**啊！雪全化了，路上都是泥，弄得满车都是。

女：用不用我帮你？

男：不用，马上就完了。

问：男的在做什么？

A 擦车　　　　B 擦玻璃

C 擦桌子　　　　D 擦地　　　　答案【A】

<仿>阅读·选词填空：

A 随时　　B 其实　　C 怎么　　D 确实　　E 盐　　F **行**

★ A：你要去买东西吗？那你顺便帮我买个牙刷好吗？

B：（　　），我马上就回来。　　　　答案【F】

<仿>阅读·排列顺序：

A 你们班张明可真**行**

B 前两天运动会一直在为运动员服务

C 没想到最后跑步还得了第一名　　　　答案【ABC】

【有趣】 yǒuqù（～儿）形 能让人喜欢或有兴趣。interesting; amusing

扩展与搭配　很～　～得很　电影～　讲课～　觉得～　～的事

<仿>阅读·选词填空：

A 随时　　B 其实　　C 怎么　　D 确实　　E 盐　　F **有趣**

★ 刘老师讲课讲得特别（　　）。每次上课，同学们都会被他讲的内容吸引，有时候还会笑出声来。　　　　答案【F】

<仿>阅读·请选出正确答案：

有些事情看起来很**有趣**，可是你没有做过，那么它就不是你的兴趣。只有你做过之后，发现自己真的喜欢它，那才是你的兴趣。

★ 这段话主要谈的是什么？

A 经历　　B 故事

C 事情　　D 兴趣　　答案【D】

<仿>书写·完成句子：

很**有趣**　讲的故事　都　李奶奶

参考答案：李奶奶讲的故事都很**有趣**。

【直接】zhíjiē 形 不经过中间事物发生关系的。direct; immediate

扩展与搭配　太~　~一点儿　~说　~拒绝

<仿>听力·判断对错：

如果你喜欢这首歌，可以买张光盘，也可以**直接**从网上下载，特别方便。我也很喜欢这首歌，听这首歌让人很放松。

★ 从网上下载歌曲很方便。(　　)　　答案【√】

<仿>阅读·排列顺序：

A 金老师教我们做数学题

B 并不是**直接**告诉我们答案

C 而是让我们自己去思考　　答案【ABC】

<仿>书写·完成句子：

有什么　可以　来找我　问题　**直接**

参考答案：有什么问题可以**直接**来找我。

【值得】zhí//dé 动（a）质量和价钱相当，付出和得到相当。be worth（b）有价值，有意义。deserve; be of value

扩展与搭配　非常~　不~　~看　~高兴　~回忆　~学习　~研究

<仿>听力·判断对错：

如果每天早上醒来，你能感到自己还有理想，还需要把事情做得更好，那将是一件多么**值得**高兴的事情啊！

★ 说话人觉得有理想就**值得**高兴。(　　)　　答案【√】

<仿>阅读·请选出正确答案：

我一直都想去旅游，今年终于有机会了。放暑假的时候，我和朋友一起去了四川的九寨沟。那里景色非常美丽，空气也很新鲜，我在那儿拍了很多照片。那里真的很美，我和朋友们玩儿得也很愉快。

★ 根据这段话，可以知道九寨沟：

A 空气不好　　B **值得**去

C 不**值得**去　　D 很少有人去　　答案【B】

【重】 zhòng 形（a）重量大。heavy; weighty（b）程度深；强度大。heavy; serious; deep

扩展与搭配　很~　轻~　任务~　~读　~活儿

反义词　轻

<仿>听力·请选出正确答案：

男：你的箱子里都装什么了啊？我都快搬不动了。

女：除了电脑和衣服，我还带了许多吃的东西。

问：男的觉得箱子怎么样？

A 很**重**　　B 很难看

C 颜色深　　D 太脏　　答案【A】

<仿>阅读·选词填空：

A 对于　B 首先　C 感动　D **重**　E 很　F 地方

★ 大家好！我们今天又接到了新的项目。时间紧，任务（　　），大家都要努力啊！

答案【D】

【著名】 zhùmíng 形 因为优点或成绩，被很多人知道的；有名的。famous; well-known

扩展与搭配　很~　~演员　~运动员　~作家　~学者

<仿>阅读·选词填空：

A 尊重　B 温度　C 乱　D **著名**　E 倒　F 估计

★ 我哥哥今年考上了一所（　　）的大学，他一直都是我们家的骄傲！

答案【D】

<仿>阅读·请选出正确答案：

南京路是上海非常**著名**的一条购物街，每天都吸引着国内外的人们前来购物。据说亚洲的所有品牌几乎都可以在这条街上找到。

★ 南京路：

A 在南京　　B 很有名

C 没人知道　　D 路很窄　　答案【B】

20 自然

【保护】 bǎohù 动 尽力照顾，使不受损害。protect

扩展与搭配 ~眼睛 ~儿童 ~环境 ~野生动物 ~伞 ~色 自然~区

反义词 破坏

<仿>听力·判断对错：

把3月22日定为世界水日，是为了让我们关爱地球，**保护**环境，节约每一滴水。

★ 每个人都节约了一滴水。(　　) 答案【×】

<仿>阅读·请选出正确答案：

水果和蔬菜的颜色越深、越丰富，越有益健康。水果和蔬菜的颜色来源于植物营养素，能**保护**人的不同器官。例如，绿色植物有利于**保护**眼睛，西红柿有利于**保护**心脏。所以常吃"五彩缤纷"的水果会更健康。

★ 根据这段话，蔬菜水果：

A 颜色都很深　　B 绿色的**保护**眼睛

C 西红柿**保护**眼睛　　D 颜色有益健康　　答案【B】

【地球】 dìqiú 名 太阳系八大行星之一，周围有大气圈包围，表面是陆地和海洋，有人类和动植物等生存。the earth; the globe

扩展与搭配 保护~ ~环境 ~村

<仿>阅读·排列顺序：

A 互联网的发展让**地球**村成为了现实

B 但也可能使人们的心越来越疏远

C 拉近了人与人之间的距离　　答案【ACB】

<仿>阅读·请选出正确答案：

这些明信片传达的信息是，不管你是个大人物，还是普通人，你都可以付出属于自己的那份努力，都可以为保护**地球**有所作为。

★ 根据这段话，这些明信片：

A 有大人物的信息　　B 有普通人的信息

C 鼓励人们努力　　D 宣传保护**地球**　　答案【D】

【海洋】 hǎiyáng 名 地球表面连成一体的海和洋的统称。seas and oceans; ocean

扩展与搭配　保护～　～生物　～馆　～气候

<仿>听力·判断对错：

海洋向人类提供食物的能力，相当于全世界耕地所提供食物的1000倍。保护**海洋**环境，让地球更蓝！

★ 保护**海洋**环境很重要。(　　)　　答案【√】

<仿>阅读·请选出正确答案：

资料显示，每年有800多万吨塑料进入**海洋**，如果这样继续下去，到2050年，**海洋**中的塑料垃圾将超过鱼类。我们应该从改善生活习惯开始，拒绝一次性塑料制品，共同减少塑料的使用，为清洁**海洋**贡献力量。

★ 这段话中提到的**海洋**垃圾，主要是指：

A 死的海洋动物　　B 塑料

C 玻璃瓶子　　D 包装纸　　答案【B】

【火】 huǒ ①名（a）物体燃烧时所发的光和焰。fire（b）比喻愤怒的情绪。anger ②形 受欢迎的；兴旺；兴隆。popular; prosperous

扩展与搭配　大～　点～　着～　失～　起～　发～

生意～　电影～　卖得～　很～

<仿>听力·判断对错：

这部电视剧虽然没有**火**起来，但是值得一看！它讲述了父母一代的爱情故事，既平凡真实又热情浪漫。

★ 这部电视剧很感人，所以很**火**。(　　)　　答案【×】

<仿>阅读·排列顺序：

A 大概就是在情绪不好时

B 我们犯过最多的错误

C 向身边最关心我们的人发**火**　　答案【BAC】

【郊区】 jiāoqū 名 城市周围在行政管辖上属这个城市的地区（区别于“城区”）。suburban area; outskirt; suburbs

扩展与搭配 在~ 去~ ~环境 ~住宅

<仿>阅读·选词填空：

A 难受 B **郊区** C 温度 D 流行 E 香 F 恐怕

★ A：听说公司明年要搬到（ ），到时候我又得重新租房子了。

B：这个消息准确吗？我怎么不知道？ 答案【B】

<仿>阅读·请选出正确答案：

未来买房增值的有两个情况：一是大城市化，中青年人在经济潜力好的大城市买优质房产，这是主线；二是逆城市化，富裕或中产中老年人在自然资源较好的大城市郊区买养老养生房产，这是辅线。

★ 根据这段话，谁更可能在**郊区**买房？

A 公司在**郊区**附近的人　　B 青年人

C 富裕的中老年人　　D 乘地铁上班的人 答案【C】

【空气】 kōngqì 名 构成地球周围大气的气体。无色，无味，主要成分是氮气和氧气。air

扩展与搭配 ~新鲜 ~湿润 ~干燥 ~好 ~差 ~污染 冷~

<仿>听力·判断对错：

受强冷**空气**影响，全市未来48小时最低气温将下降8℃，平均风力可达4~5级，阵风6级以上，需注意防范。

★ 降温是受到了冷**空气**的影响。（ ） 答案【√】

<仿>书写·完成句子：

出去 一下 呼吸 新鲜**空气** 我 要

参考答案：我要出去呼吸一下新鲜**空气**。

【老虎】 lǎohǔ 名 哺乳动物，头大而圆，毛黄色，有黑色横纹。听觉和嗅觉都很敏锐，凶猛。tiger

扩展与搭配 一只~ 纸~

<仿>阅读·排列顺序：

A 而是作为森林中的王者，不需要和别人抢食

B 慢慢地就不怎么爬了

C **老虎**其实不是不会爬树　　答案【CAB】

<仿>阅读·请选出正确答案：

当你还只是一只猫的时候，心里得装着一头**老虎**，但是当你成为一只**老虎**的时候，别忘了你也曾经是一只猫。你的内心可以很清高，但是姿态别那么高。别高估自己，也别看轻别人。

★ 这段话主要告诉我们：

A 别看不起别人　　B 向**老虎**学习

C 向猫学习　　D **老虎**很强大　　答案【A】

【凉快】 liángkuai ①形（天气、环境等）清凉爽快。(of weather, environment, etc.) cool ②动 使身体清凉爽快。cool off

扩展与搭配　天气～　觉得～　很～

～一下　～下来

反义词　炎热

<仿>听力·判断对错：

夏季很多人都贪凉。可你知道吗？“以热制热”才最**凉快**！洗热水澡，喝热茶、温姜水或温开水，这些方法能使毛细血管扩张，有利于身体排热，感觉会更舒服。

★ 夏天喝热茶更容易**凉快**。（　　）　　答案【√】

<仿>书写·看图，用词造句：

凉快　　参考答案：父子俩都觉得海边比较**凉快**。

【暖和】 nuǎnhuo ①形（气候、环境等）不冷也不太热。(of weather, environment, etc.) warm ②动 使暖和。warm up

扩展与搭配　天气～　屋里～　觉得～　～起来　～极了

～一下

反义词　寒冷

<仿>阅读·请选出正确答案：

每天天不亮就出门上班，天黑才下班。上班的日子太阳特别好，**暖和**极了。休息日想晒晒太阳吧，偏偏是个阴天！

★ 说话人想做什么？

A 休息　　B 晒太阳

C 出门上班　　D 运动　　答案【B】

<仿>书写 · 完成句子：

北方的早春　南方　**暖和**　那么　没有

参考答案：北方的早春没有南方那么**暖和**。

【气候】 qìhòu 名 一定地区里经过多年观察所得到的概括性的气象情况。climate

扩展与搭配　~湿润　~干燥　~好　~条件　~不正常 / 异常

<仿>听力 · 判断对错：

12月2日，哈尔滨的最高气温竟然达到了零上7℃，而且中午时分还下起了小雨。网友纷纷表示，这雨下得，让暖气怎么生存？

★ 哈尔滨的**气候**不正常。(　　)　　答案【√】

<仿>阅读 · 排列顺序：

A 秋冬季节**气候**比较干燥的时候

B 柚子含有丰富的水分

C 经常食用柚子有利于人体补充水分　　答案【BAC】

辨析

气候　天气

两个词都指的是某地的气象状况，但"气候"指相当长的时期内的气象状况，如"这个地区是台风性气候"，"天气"是指短期内的气象变化，如"今天天气太冷了""天气预报说明天有雨"。

【森林】 sēnlín 名 通常指大片生长的树林。forest

扩展与搭配　一片~　保护~　绿色~　~公园

<仿>阅读 · 请选出正确答案：

这个县面积3437平方公里，总人口28.9万人，**森林**覆盖率达67.4%，被确定为全国生态保护与建设示范区。县境内有世界超级天坑，亚洲最大的木竹林，而且让你不必远行也能欣赏到草原的美景。

★ 关于这个县，下面哪项不正确？

A 有大天坑　　B 有大片**森林**

C 能看到草原　　　　　　　　D 是动物保护区　　　　　　　答案【D】

<仿>书写·完成句子：

住着　　**森林**里　　很多　　野生动物

参考答案：**森林里**住着很多野生动物。

【温度】 wēndù 名 物体冷热的程度。temperature

扩展与搭配　~高/低　室内~　室外~　~计

<仿>阅读·排列顺序：

A 夏天把空调**温度**设置在 26℃

B 还能预防患上“空调病”

C 既节能又环保　　　　　　　　　　　　　　　　答案【ACB】

<仿>阅读·请选出正确答案：

春季时，早晚和中午的**温度**差别很大，容易感冒。大家要注意保暖，也要多到室外呼吸新鲜空气。

★ 这段话告诉我们，春天：

A 很冷　　　　　　　　　　　B 要穿羽绒服

C 早晚**温度**高　　　　　　　D 温差大　　　　　　　　答案【D】

【污染】 wūrǎn 动 有害物质混入空气、土壤、水源等而造成危害。pollute

扩展与搭配　~空气　~环境　~海水　空气~　水~　减轻~　减少~

<仿>阅读·排列顺序：

A 在这次演讲比赛中

B 很多人都站起来为他鼓掌

C 他把环境**污染**问题讲得面面俱到　　　　　　　　答案【ACB】

<仿>阅读·请选出正确答案：

减少白色**污染**，从你身边的小事做起。你可能不能决定工厂冒不冒烟，不能决定汽车上不上路，但是，你可以决定你个人的生活习惯，比如，不再使用一次性塑料盒，少点外卖，少买瓶装水，等等。

★ 这段话主要告诉我们，减少白色**污染**：

A 很困难　　　　　　　　　　B 人人有责

C 需要政府管理　　　　　　　D 要做很多准备　　　　　答案【B】

【阳光】yángguāng ①名 太阳发出的光。sunlight; sunshine ②形 积极开朗、充满青春活力的。lively; active; energetic

扩展与搭配 ～灿烂 ～充足 ～好 充满～
很～

<仿>听力·判断对错：

在父母身边，什么也不做也是快乐的。下午的**阳光**暖洋洋的，我的心里非常温暖。

★ 他感到非常幸福。（ ） 答案【√】

<仿>阅读·请选出正确答案：

残疾人艺术团的姑娘和小伙子们，虽然身体不健全，但是他们**阳光**，快乐，热爱生活，多才多艺。他们通过舞台表演的形式向人们传递着正能量。

★ 艺术团的姑娘和小伙子们：

A 很自信 B 很害羞

C 很**阳光** D 很不幸 答案【C】

【叶子】yèzi 名 植物的叶的通称。叶，植物的营养器官之一，通常由叶片和叶柄组成。(tree) leaf

扩展与搭配 一片～ ～落了 绿色的～ ～变黄/红了

<仿>听力·请选出正确答案：

世界上没有完全相同的两片**叶子**，也没有完全一样的两个人。每个人都是不同的个体，每个孩子都有自己的特点，所以希望父母们不要只注意到孩子身上的缺点，如果可以多多去发现他们的优点，他们一定会更加快乐地成长。

★ 这段话用"世界上没有完全相同的两片**叶子**"来说明什么？

A 要看到自己的优点 B 人各有特点

C 要懂得欣赏别人 D 要看到别人的缺点 答案【B】

<仿>书写·完成句子：

这棵老葡萄树 长出了 **叶子** 竟然 绿绿的

参考答案：这棵老葡萄树竟然长出了绿绿的**叶子**。

【云】yún 名 在空中悬浮的由水滴、冰晶聚集形成的物体。cloud

扩展与搭配 一片～ 一朵～ 白～ 彩～

<仿>阅读·排列顺序：

A 阴雨天气已经持续一周了

B 不过下周三开始，天就转晴了

C 大家无比怀念前几天的蓝天白云 答案【ACB】

<仿>书写·完成句子：

飘着　白云　天空中　几　朵

参考答案：天空中飘着几朵白云。

【植物】zhíwù 名 生物的一大类，这一类生物的细胞多具有细胞壁。一般有叶绿素，多以无机物为养料，没有神经，没有感觉。plant

扩展与搭配　~种类　绿色~　~园

<仿>阅读·请选出正确答案：

随着气温逐渐下降，园林**植物**开始进入冬季休眠期。为确保城区绿化树木安全过冬，连日来，有关部门对城区9万多株行道树启动了“刷白”工作，为这些树木穿上了“冬衣”。

★ 关于这些树木，我们可以知道：

A 喜欢冷　B 穿上了白衣服

C 夏天更美　D 开始进入休眠期　答案【D】

<仿>书写·完成句子：

爷爷的　**植物**　各种各样的　种满了　院子里

参考答案：爷爷的院子里种满了各种各样的**植物**。

【周围】zhōuwéi 名 环绕着中心的部分。circumambience; surroundings

扩展与搭配　~环境　在……~

<仿>听力·请选出正确答案：

男：丽丽刚搬来没几天，对**周围**环境还不太熟悉，有时间你多陪她上街逛逛。

女：放心，我下午就带她出去走走。

问：关于丽丽，下列哪项正确？

A 很诚实　B 很仔细

C 刚搬来不久　D 汉语很流利　答案【C】

<仿>阅读·请选出正确答案：

293路公交车上，一名小学生在坐车时连续4次让座。每次有空座位时，他便坐下，

等到有大人上车，他就主动站起来让座。**周围**的叔叔阿姨发现后，都很感动，让他过去坐，但是被他婉拒，他坚持站着。

★ 这名小学生：

A 让大家很感动　　　　B 不喜欢坐着

C 身体不舒服　　　　D 快到站了　　　　答案【A】

【自然】 zìrán ①名 自然界。natural world; nature ②形 自由发展；不经人力干预（区别于“人工、人造”）。natural; not man-made ③副 表示理所当然。naturally

扩展与搭配　大~　~界　~科学　~保护区

~选择　很~　~美

~会来

<仿>听力·判断对错：

在教师和家长的带领下，孩子们走出教室，走进**自然**，开展“树叶画制作”活动。他们挑选漂亮的落叶，拼成好看的图画，充分感受到大**自然**的美好。

★ 孩子们热爱大**自然**。（　　）　　　　答案【√】

<仿>阅读·排列顺序：

A 女孩子到了一定的年龄

B 只要不过分，不影响正常学习工作就好

C 爱美是极其**自然**的　　　　答案【ACB】

音序表

词条分类表

一、家庭生活

1. 感知

爱情	后悔	理想	心情
猜	怀疑	判断	信心
吃惊	回忆	伤心	兴奋
得意	激动	失望	以为
烦恼	骄傲	受不了	意见
感动	紧张	熟悉	印象
感觉	开心	态度	友谊
感情	看法	讨厌	愉快
感谢	考虑	同情	重视
估计	可怜	无聊	主意
害羞	可惜	羡慕	尊重

2. 个体

抱	国籍	力气	穷
笨	汗	马虎	缺点
诚实	活泼	美丽	实在
粗心	积极	梦	帅
动作	举	民族	抬
肚子	困	耐心	躺
儿童	拉	年龄	提
富	懒	弄	推
干	浪漫	皮肤	脱
胳膊	冷静	脾气	吸引
挂	礼貌	敲	小伙子

醒	养成	幽默	自信
幸福	勇敢	友好	
性别	优点	指	
性格	优秀	转	

3. 购物

打折	盒子	免费	样子
付款	价格	排队	质量
购物	零钱	售货员	
顾客	流行	塑料袋	
逛	毛	现金	

4. 家庭

安排	房东	母亲	受到
擦	放弃	排列	孙子
餐厅	父亲	陪	袜子
厕所	获得	破	卫生间
抽烟	家具	亲戚	牙膏
出生	节约	取	眼镜
厨房	客厅	扔	钥匙
窗户	垃圾桶	沙发	脏
存	浪费	生活	整理
倒	留	使用	租
掉	乱	收	
丢	毛巾	收拾	

5. 健康

打针	护士	咳嗽	生命
大夫	减肥	难受	死

6. 交流

抱歉	对话	交流	联系
表扬	反对	接受	流利
打扰	鼓励	拒绝	批评
打招呼	建议	开玩笑	骗
道歉	交	肯定	普通话

商量	提醒	原谅	
谈	误会	支持	
讨论	笑话	祝贺	

二、社会生活

7. 工作

表格	积累	任务	赢
材料	计划	申请	应聘
成功	记者	生意	责任
出差	技术	失败	招聘
传真	加班	师傅	正式
打印	奖金	收入	职业
当	经济	输	赚
调查	经历	顺利	总结
负责	经验	提供	作家
复印	竞争	辛苦	作者
工资	密码	修理	
管理	能力	压力	

8. 交通

乘坐	高速公路	交通	入口
登机牌	航班	距离	速度
堵车	加油站	迷路	停
赶	降落	桥	座位

9. 教学

报名	方法	解释	说明
比如	方面	科学	硕士
毕业	放暑假	理解	填空
表示	寒假	例如	通知
博士	好处	内容	文章
词语	基础	情况	橡皮
错误	假	区别	学期
答案	教授	日记	严格
翻译	教育	实际	研究

语法	阅读	知识	
语言	正确	专业	
预习	证明	准确	

10. 通信

地址	号码	消息	占线
短信	互联网	信封	
广播	寄	信息	
广告	网站	邮局	

11. 政法

大使馆	禁止	社会	允许
法律	警察	省	
规定	律师	首都	
国际	签证	亚洲	

三、业余生活

12. 餐饮

包子	饺子	巧克力	西红柿
饼干	烤鸭	勺子	咸
尝	苦	酸	香
刀	矿泉水	汤	小吃
干杯	辣	糖	盐
果汁	葡萄	味道	

13. 旅行

参观	长江	导游	旅行
长城	出发	景色	照

14. 娱乐

表演	活动	举行	散步
打扮	进行	聚会	弹钢琴
戴	京剧	理发	网球
放松	精彩	乒乓球	小说
功夫	镜子	轻松	演出
观众	举办	热闹	演员

邀请	羽毛球	杂志	
艺术	约会		

四、生活常识

15. 表达

按照	光	千万	呀
并且	好像	却	要是
不得不	互相	确实	也许
不管	即使	然而	以
不过	既然	仍然	因此
不仅	尽管	稍微	尤其
重新	竟然	甚至	由
从来	究竟	十分	由于
大概	可是	使	于是
大约	恐怕	是否	与
到底	来自	首先	咱们
得	连	顺序	真正
等	另外	随着	之
对于	难道	挺	只好
而	偶尔	通过	只要
否则	其次	往往	至少
敢	其中	无论	最好

16. 时空

按时	对面	来得及	同时
本来	方向	礼拜天	推迟
当时	刚	内	永远
到处	及时	平时	原来
底	将来	世纪	暂时
地点	来不及	提前	准时

17. 事理

保证	发生	改变	过程
成为	发展	共同	合格
出现	符合	故意	合适

继续	适合	详细	重点
坚持	适应	效果	专门
接着	顺便	严重	仔细
结果	条件	引起	作用
目的	相反	原因	
普遍	相同	正常	

18. 数量

百分之	公里	全部	完全
倍	够	缺少	无
遍	减少	任何	许多
部分	降低	剩	页
差不多	节	数量	一切
场	棵	数字	增加
超过	俩	所有	正好
份	秒	台	左右
各	篇	趟	座

19. 性状

安全	厚	深	直接
棒	空	随便	值得
标准	困难	特点	重
低	厉害	危险	著名
丰富	麻烦	响	
复杂	满	行	
关键	轻	有趣	

20. 自然

保护	空气	森林	云
地球	老虎	温度	植物
海洋	凉快	污染	周围
火	暖和	阳光	自然
郊区	气候	叶子	

版权声明